Indicações Geográficas

Indicações Geográficas

A PROTEÇÃO DO PATRIMÔNIO CULTURAL
NA SUA DIVERSIDADE

2017

Sylvio do Amaral Rocha Filho

INDICAÇÕES GEOGRÁFICAS
A PROTEÇÃO DO PATRIMÔNIO CULTURAL NA SUA DIVERSIDADE
© Almedina, 2017
AUTOR: Sylvio do Amaral Rocha Filho
DIAGRAMAÇÃO: Almedina
DESIGN DE CAPA: FBA
ISBN: 978-858-49-3225-2

Dados Internacionais de Catalogação na Publicação (CIP)
(Câmara Brasileira do Livro, SP, Brasil)

Rocha Filho, Sylvio do Amaral
Indicações geográficas : a proteção do patrimônio
cultural na sua diversidade / Sylvio do Amaral Rocha
Filho. -- São Paulo : Almedina, 2017.
Bibliografia.
ISBN: 978-85-8493-225-2
1. Acordo TRIPs (1994) 2. Direito 3. Indicações
geográficas (Marcas de origem) 4. Patrimônio cultural
- Proteção 5. Propriedade imaterial 6. Propriedade
intelectual I. Título.

17-04532   CDU-347.772

Índices para catálogo sistemático:
1. Direitos de propriedade intelectual : Indicações
geográficas : Direito comercial 347.772

Este livro segue as regras do novo Acordo Ortográfico da Língua Portuguesa (1990).

Todos os direitos reservados. Nenhuma parte deste livro, protegido por copyright, pode ser reproduzida, armazenada ou transmitida de alguma forma ou por algum meio, seja eletrônico ou mecânico, inclusive fotocópia, gravação ou qualquer sistema de armazenagem de informações, sem a permissão expressa e por escrito da editora.

Maio, 2017

EDITORA: Almedina Brasil
Rua José Maria Lisboa, 860, Conj.131 e 132, CEP: 01423-001 São Paulo | Brasil
editora@almedina.com.br
www.almedina.com.br

*A figura jurídica da Indicação Geográfica
é uma das mais interessantes do Direito Privado.*

PONTES DE MIRANDA (1971)

À Cristina que sempre cola meus pedaços e é minha eterna revisora.
À Izabel, ao Sylvio, ao Marcos e ao Paulo pelo tanto que me ensinam.
A todos pela paciência que me devotam. A eles meu grande amor.

À Lucia Leomil, minha avó, minha grande lembrança.

Aos meus Pais pela sua busca incansável e imparcial de Justiça.

Ao Professor Márcio Pugliesi sem o qual esta tese não seria composta como foi.

APRESENTAÇÃO

Entre um vinho para se degustar de joelhos e outro que se deve saborear rezando, o dono da fazenda em Camanducaia enriqueceu a conversa na varanda da bela casa com jeitão de antiga com três ou quatro surpreendentes revelações extraídas de sua tese de doutorado em Direito. Quis saber mais sobre o tema, que soara misterioso demais aos meus ouvidos de analfabeto funcional em "indicação geográfica": qual era o exato significado da expressão?, perguntei a Sylvio do Amaral Rocha Filho. Foi a senha para o início da exemplar exposição produzida pelo homem a quem me ligam dois netos comuns – dois sólidos motivos para a consolidação de uma amizade tão recente quanto definitiva. Passadas duas horas e pouco, fui dormir com a sensação de que me tornara bem menos desinformado. E, aqui entre nós, muito mais cosmopolita.

Conversar com Sylvio, e sobretudo ouvi-lo, é sempre prazeroso. Cabeleira farta e barba grisalha de senador do Império, óculos de primeiro da classe, ele advoga causas, opiniões, pontos de vista e idiossincrasias com a veemência convicta que identifica os que assimilaram lições de Direito e caráter na Faculdade do Largo de São Francisco dos anos 60. E se expressa com o didatismo de quem, entre novembro de 1993 e maio de 1996, primeiro no SBT e em seguida na Rede Manchete, escreveu e apresentou um bloco sobre enogastronomia no programa Comando da Madrugada, do jornalista Goulart de Andrade. Mas foi especialmente agradável acompanhar a voz de tenor quebrando o silêncio da noite fria na Serra da Mantiqueira.

Aquilo merecia virar livro, desconfiei em poucos minutos. E que livro!, constatei quando Sylvio encerrou a apresentação resumida do tema exibido em escala ampliada neste Indicações Geográficas – A Proteção do Patrimônio Cultural Brasileiro na sua Diversidade. O leitor haverá de concordar comigo ao estacionar no ponto final. A encantadora travessia das 264 páginas comprova que o autor se manteve permanentemente atento à promessa formulada na introdução. "Procuramos com afinco texto resumido, enxuto e direto. Tivemos que resistir à vontade de mostrar erudição. O resultado seria produzir obra enciclopédica que, mesmo assim, seria insuficiente". A sábia opção pela simplicidade pedagógica ajudou a transformar o que nasceu como tese de doutorado numa aula magna amparada em conhecimentos que abrangem um largo leque de ciências distintas.

A escassa literatura específica de boa qualidade, o emaranhado normativo feito de legislações contraditórias, tratados internacionais confusos e conceituações espertamente dúbias, a ignorância dos burocratas que lidam com um assunto de alta relevância econômica e cultural – nada disso arrefeceu a energia de um especialista decidido a conduzir pela selva aparentemente indevassável tanto os iniciados quanto os leigos, categoria em que se enquadram 999 em cada mil brasileiros. Sylvio vai abrindo picadas na mata num ritmo sempre preciso – não tão vagaroso que possa entediar os conhecedores nem tão apressado que acabe desestimulando os iniciantes. Encerrada a leitura, uns e outros endossam sem restrições a brilhante redefinição da expressão que dá título ao livro, assim sintetizada:

Verificamos que Indicação Geográfica é um conjunto de palavras que visa transmitir um só conceito, mas, na realidade, transmite dois conceitos aparentemente desconexos entre si, mas que não são:

*1. Indicação **Geográfica** é a nomeação oficial de um local certo em que se dá Bem do mesmo nome e que seja típico, regional e peculiar com garantia de procedência e com qualidade tradicional e reconhecida pela repetição leal, responsável e constante.*

(Bordeaux, Bourgogne, Alentejo, Rheinhessen, Rioja, exemplifica o autor, são nomes geográficos que garantem que o vinho que será bebido é bom e correto).

*2. **Indicação** Geográfica é o Bem típico, regional e peculiar, com nome certo e reconhecido oficialmente como originário de local, região ou país nomeado diferentemente, mas que lhe confere qualidade, reputação e característica reconhecida pela repetição leal, responsável e constante.*

(Nessa categoria se enquadram, entre tantos outros, o Vinho do Porto português, o Sekt alemão, o Cava espanhol, o Feta grego e a Cachaça brasileira).

APRESENTAÇÃO

Entre uma fatia de queijo e um gole de champagne, os leitores fazem fascinantes descobertas. Descobrem que o correto é usar o termo Bem, adotado por Sylvio, em vez do impreciso e vago produto, predominante em todos os idiomas. Descobrem que as 35 Indicações Geográficas registradas no Brasil no fim de 2015 configuram uma gota d'água se confrontadas com o oceano formado pelas 3 mil contabilizadas pela Comunidade Europeia. Descobrem que o vinho do Porto não é uma exclusividade das cercanias da cidade portuguesa com o mesmo nome. E descobrem, espantados, que a brasileiríssima Cachaça (grafada sempre em maiúscula pelo autor) é comercializada em outros países como se fosse um tipo de rum e pode cair em domínio público se as autoridades ditas competentes não fecharem as brechas escancaradas pela própria legislação nativa. Porque vive sem saber o que está perdendo, o Brasil pode perder a qualquer momento a propriedade de um tesouro cultural e uma fonte de renda de valor ainda incalculável.

Em abril deste ano, graças à noitada em Camanducaia, não me surpreendi com o tom eufórico adotado por toda a imprensa de Mato Grosso do Sul ao noticiar a conquista do certificado de registro de Indicação Geográfica pela linguiça de Maracaju, iguaria preparada naquele município desde 1890 à base de carne nobre bovina, temperos e suco de laranja azeda. "Hoje o produto é reconhecido dentro e fora do Estado e contribui para movimentar a economia local", festejou um jornal de Campo Grande. Se este livro já existisse, eu teria remetido um exemplar ao redator do texto, com uma única recomendação: que tal trocar produto por Bem? Também encomendaria uma amostra aos que fazem a linguiça de Maracaju. E proporia que erguêssemos juntos um brinde a Sylvio do Amaral Rocha Filho.

AUGUSTO NUNES
Jornalista e Apresentador.

PREFÁCIO

Este livro de lavra de Sylvio do Amaral Rocha Filho, escrito originalmente como tese doutoral em Direito, mostra que o trabalho acadêmico pode, poucas e brilhantes vezes como esta, representar avanço para a sociedade e à atividade do país.

O emprego da denominação geográfica como alavanca de valor remete a um contra fluxo ao processo geral de globalização em andamento – ressaltando as condições locais de produção exclusiva frente ao intento de mesmice generalizada.

O conhecimento científico alcança a quase todos, interferindo no cotidiano e, ao que parece, também no futuro visto que com a oferta da informação em tempos reduzidos e alcançando situações distantes, produz-se um público mais facilmente fidelizável e tudo que sugira interesse coletivo será visto como atual ou contemporâneo.

Desde a implantação de processos de impressão mais eficazes há a possibilidade de disseminar informações e opiniões com maior velocidade. E se há imprensa de notícias no século XVIII será no seguinte, graças à tipografia de tipos móveis em chumbo, estradas de ferro e telégrafo que se desenvolverá a capacidade de a imprensa se tornar influente e produzir, mercê de editoriais, opinião.

A própria ciência, por força de trocas mais intensas de informações, acelera suas crises epistêmicas e novos modelos são apresentados para interpretar a 'realidade'[1] e introduzidas novas opções para a organização econômica da sociedade e de seus processos produtivos.

---

[1] HAWKING, Stephen & MLODINOW, Leonard. **O grande projeto:** *novas respostas para as questões definitivas da vida.* Trad. Mônica G.F. Friaça, Rio de Janeiro: Nova Fronteira, 2011,

A diferença competitiva entre as nações se reveste, desde então, de sua capacidade de produzir ciência e técnica e transformá-las em tecnologia apta a introduzir inovação. Tornam-se extremas, a partir do século XX, as diferenças entre países que produzem tecnologia e aqueles que a empregam, visto que o uso das patentes acarreta, no mínimo, novos investimentos para quem as produz às custas do pagamento dos royalties – sem contar a crescente influência dos produtores de tecnologias sobre os seus consumidores.

A culta prospecção técnica, mediante os contornos impostos pelas condições da civilização, se torna tecnologia e a apropriação do que sói se chamar realidade se torna outra. O mundo contemporâneo passa a ser visto como um mundo de dados ou uma sociedade de controle[2] e conhecimento, visto que a circulação da informação, bem assim as políticas econômicas e industriais tornam-se elementos principais da organização e mantença do poder. Mais que isso, conformam a própria possibilidade de configurar o 'mundo', dando concretude ao imaterial e fazendo, num aparente paradoxo, mais fluida a dominação.

O conhecimento ou sua organização tornam-se o centro da produção e da riqueza. A quantidade de trabalho social geral não é mais a única pauta de formação de valor, mas o preço se desenvolve além da insumição necessária pela quantidade de conhecimentos, informações, de cen-

---

p. 32: Não há conceito da realidade independente de um quadro ou de uma teoria. E prossegue, p. 34: Fazemos modelos não só em ciência, mas na vida quotidiana. O realismo dependente do modelo aplica-se tanto ao conhecimento científico quanto as modelos conscientes e subconscientes que criamos para interpretar e compreender o mundo do dia a dia. Não há como remover o observador – nós – da nossa percepção do mundo, que é criada pelo nosso processamento sensorial e pelo modo como pensamos e raciocinamos. Nossa percepção – e, portanto, as observações nas quais se baseiam nossas teorias – não é direta, mas antes moldada por uma espécie de lente, a estrutura interpretativa do cérebro humano.

Observando que essa citação contém muitas questões com as quais se lidará nesta obra, afirma-se que apresenta o mais importante limitador para as crenças positivistas: a observação depende: primeiro de um problema e, a seguir, de uma teoria (por mais elementar que seja) para efeito de integrar os possíveis conteúdos semânticos com a pragmática atinente ao caso.

[2] GIDDENS, Anthony & LASH, Scott & BECK, Ulrich. **Modernização Reflexiva:** *política, tradição e estética na ordem social moderna*. 2ª Ed., trad. Magda Lopes, rev. tec. Cibele Saliba Rizek, São Paulo: EdUNESP, 2012- apresentam discussão relevante, em que supõem a troca da Modernidade discutida, entre outros por Habermas, por uma nova Modernidade Reflexiva que 'significa a possibilidade de uma (auto)destruição criativa para toda uma era: aquele da sociedade industrial. (p.12)

PREFÁCIO

tralidade de interesses (quer por força de sua utilidade efetiva, quer por inculcação comunicativa).

Os saberes tornam-se o eixo central da sociedade e como estrutura central dessa organização baseada na informação podem permitir avanços e transformações céleres aumentando o poder adaptativo das sociedades. Isso facilita a globalização neoliberal[3], a abertura do mercado mundial, tornando baldados os esforços protecionistas dos países periféricos, entendidos como aqueles simples usuários de tecnologia.

O mercado eletrônico, progressivamente e inexoravelmente, tornará desnecessárias as grandes redes de distribuição de mercadorias, viabilizando logísticas locais e permitindo, no limite, a desurbanização.

Entretanto, pelo caráter localizado dos processos de inovação e difusão das tecnologias de informação e controle (TICs) será possível maior concentração de renda para os países centrais e sua dominação sobre os países periféricos tenderá a crescer.

A globalização se veicula, também, pelos produtos do lazer e acaba por constituir memes planetários e uma dominância cultural pervasiva. A ela buscam responder grupos de manutenção de tradições, de vizinhança e de raízes raciais. E, mesmo esses, acabam se servindo, das ditas, redes sociais para efeito de veiculação de seus programas e objetivos.

O âmbito planetário dessas tensões decorrentes de uma globalização eletrônica configura a era do conhecimento e controle, bem assim, o surgimento de novos processos produtivos (basta pensar na impressão em 3D) e, principalmente, de distribuição de produtos e concentração de renda.

Com raízes no último quarto do século passado (em que se destacaram o crescimento da indústria cultural, os fármacos novos por força do desenvolvimento da pesquisa bioquímica e farmacêutica, a extensão da expectativa de vida, as crises do modelo do capitalismo financeiro) a aplicação do conhecimento e informação para efeito de gerar conhecimentos e dispositivos de comunicação e processamento acaba por permitir, em

---

[3] SOUSA SANTOS, Boaventura de. **A universidade no século XXI:** *para uma reforma democrática e emancipatória da universidade,* 3ª Ed., São Paulo: Cortez, 2010 pontuou: [...] Efetivamente, nos últimos vinte anos, a globalização neoliberal lançou um ataque devastador à ideia de projeto nacional, concebido por ela como grande obstáculo à expansão do capitalismo global. Para o capitalismo neoliberal, o projeto nacional legitima lógicas de produção e de reprodução nacional tendo por referência espaços nacionais, não só heterogêneos entre si, como ciosos dessa heterogeneidade. (p. 47)

tempos cada vez mais reduzidos, um circuito de realimentação cumulativo entre a inovação e os seus usos.

A impressão em 3 D prefigura a possibilidade de ainda maior redução de postos de trabalho e de desperdício. Esse novo tempo requererá transformações importantes no Direito praticado e. ao que parece, a maior parte de seus praticantes sequer suspeita dessa iminência.

O weberiano desencanto do mundo pelo abandono das tradições encontra possibilidades de novos sonhos e nova magia produzindo desejos e estilos de vida que se tornam possíveis pelo imaginário.

A atmosfera semântico-pragmática escapa dos contornos individualizados e torna-se planetária por força dos *big data* e pela viabilização de processamento de informações em tempos cada vez mais reduzidos. Quando a tecnologia do grafeno se tornar economicamente viável e os equipamentos reduzirem ainda mais suas dimensões, o sujeito se tornará mais potente e será mais que o homem burguês imaginado por Rousseau/Kant[4] e do, embora em outro sentido, Übermenschen apregoado por Nietzsche.

Com o acesso à informação (garantido, desde já, por celulares, i-pads, computadores pessoais em suas diferentes versões e portabilidades) a capacidade e a produtividade do homem médio se desenvolvem e a formação de enciclopédias eletrônicas (tenham a qualidade que tiverem) faz com esse processo de produção e disseminação de conhecimento aumentem. Um novo desencantamento do mundo se processa por efeito das tecnologias da comunicação, em suas formas mais visíveis e operativas da Internet, telefonia celular e internacional, TV a cabo/satélite, etc., sugerindo que tenha ocorrido progressiva democratização do saber, o que se não dá.

A criatividade, a produção de inovação e desenvolvimento de novos processos exigem um treinamento apurado e aturado com custos crescentes, haja vista a necessidade de transmissão e aquisição de novas informações com qualidade e pertinência a fim de permitir as qualidades essenciais da nova forma de convívio social: solidariedade, criatividade, projeto e adapta-

---

[4] HAWTHORN, Geoffrey. **Iluminismo e desespero:** *uma história de sociologia.* Trad. Célia Maria Euvaldo, Rio de Janeiro: Paz e Terra, 1982 escreveu: Kant foi o único contemporâneo de Rousseau que o levou absolutamente a sério. Como Rousseau, ele percebeu que a 'única ciência que o homem realmente necessita é a que ensino, isto é, como ocupar aquele lugar na criação destinado ao homem, e de como aprender dessa maneira o que é necessário para ser um homem', e acreditava que em Rousseau, em Rousseau apenas, esse 'Newton do mundo moral', estendiam-se as bases para tal ciência. (p. 39)

PREFÁCIO

ção. Movimento correlato: o crescimento econômico dependerá, progressivamente, de investimento em pesquisa científica, tecnologia e inovação, além de valorização desses aspectos do conhecimento por sua ampla difusão para especialistas e, em vulgata, para todas as pessoas.

Em sua função de reprodução, não apenas do conhecimento[5], mas, bem assim, da própria sociedade, as vias institucionalizadas de educação servem para, por assim dizer, pasteurizar as informações consideradas, por motivos de reposição de mão-de-obra, essenciais para a manutenção do *status quo*.

Os museus – responsáveis pela preservação do que é considerado civilizatoriamente valioso tornam-se não apenas repositórios do passado – albergam projeções do que será: indicando que a técnica, dependendo da materialização de novos recursos promoverá desenvolvimentos tecnológicos conducentes a mudanças radicais nas formas de vida e da organização do trabalho[6].

A democratização do conhecimento por via da difusão de conhecimento por intermédio de canais informais indica que a escola deixou de ser a única via de acesso e de geração de informação. As universidades de prestígio criam cursos *on line* à disposição de todos os interessados, cursos de pós-graduação *lato sensu* podem ser realizados de forma remota apontando para a formação de mentalidade coletiva voltada ao conhecer em conjunto do que a adquirir conteúdos científicos específicos, dado que simples leitura de textos ou a observação de experimentos feitos por terceiros não conseguirá o efeito do fazer/compreender[7] escolar, embora aproxime dos primeiros degraus do fazer acadêmico.

---

[5] Conhecimento pode ser entendido, conforme ZUFFO, João Antonio. **A sociedade e a economia no novo milênio – os empregos e as empresas no *turbulento alvorecer do século XXI. Livro I. A tecnologia e a infossociedade.** Barueri/SP: Manole, 2003: como a forma e a capacidade de utilização das informações para a obtenção de benefícios ou produção de bens para a prestação de serviços. Nessa linha, os conhecimentos podem ser utilizados em benefício próprio, em benefício da comunidade ou mesmo para prejudicar e/ou derrotar adversários ou inimigos, tudo dependendo da ética de quem os utiliza. (p. 44)

[6] ZUFFO, João Antonio. **A sociedade e a economia no novo milênio – os empregos e as empresas no *turbulento alvorecer do século XXI. Livro I. A tecnologia e a infossociedade.** Barueri/SP: Manole, 2003. é referência importante para cogitações sobre nosso tempo.

[7] SARTRE, Jean-Paul. **Questão de Método.** 3ªed., trad. Bento Prado Júnior, São Paulo: Difusão Europeia do Livro, 1972, assim se referiu à compreensão: Para apreender o sentido de uma conduta humana, é preciso dispor do que os psiquiatras e os historiadores alemães denominaram 'compreensão'. Mas não se trata aí nem de um dom particular, nem de uma faculdade especial

INDICAÇÕES GEOGRÁFICAS

As conexões proliferam remetendo mais a um modelo rizomático deleuziano que à concentração civilizatória dominante até os fins do século XX. Os problemas[8] mudaram e, com eles, houve uma ruptura nos processos de observação e compreensão do mundo, sugerindo e exigindo novas formas de organização do conhecimento e das práticas sociais levando à busca de novas habilidades produtivo-cognitivas e de geração dos desejos.

O mundo da publicidade a partir dos objetos civilizacionais impulsiona novos projetos culturais e é retroalimentado, dessarte, pelas novas demandas de consumo. A técnica entrevê, a partir dos resultados da ciência, novas possibilidades tecnológicas e o novo ou, apenas a novidade, impulsionam um mercado cada vez mais desejoso de realizar-se no consumo.

de intuição: este conhecimento é simplesmente o movimento dialético que explica o ato pela sua significação terminal, a partir de suas condições iniciais. É originalmente progressivo. Compreendo o gesto de um amigo que se dirige para a janela a partir da situação material em que ambos estamos: é, por exemplo, porque faz muito calor. Ele vai nos 'dar ar'. Esta ação não está inscrita na temperatura, ela não é 'desencadeada' pelo calor como por um 'estímulo' que provoca reações em cadeia: trata-se de uma conduta sintética, que unifica sob meus olhos o campo prático onde nos encontramos ambos, unificando-se a si mesma; os movimentos são novos, adaptam-se à situação, aos obstáculos particulares: é que as montagens apreendidas são esquemas motores abstratos e insuficientemente determinados, eles se determinam na unidade da empresa: é preciso afastar essa mesa; depois a janela é de batentes, de guilhotina, de corrediças ou talvez – se estamos no estrangeiro – de uma espécie que ainda nos é desconhecida. De qualquer maneira. Para superar a sucessão dos gestos e perceber a unidade que se dão a si mesmos, é preciso que eu sinta a atmosfera superaquecida como uma carência de refrigério, como uma exigência de ar, isto é, que eu mesmo seja a superação vivida de nossa situação material. [...] O movimento da compreensão é simultaneamente progressivo (em direção ao resultado objetivo) e regressivo (remonto em direção da condição original) [...] assim, a *compreensão* nada mais é do que minha vida real, isto é, o movimento totalizador que ajunta a meu próximo, a mim mesmo e ao ambiente na unidade sintética de uma objetivação em curso. Precisamente porque somos pro-jeto, a compreensão pode ser inteiramente regressiva. [...] assim, as significações vêm do homem e de seu projeto, mas se inscrevem por toda parte nas coisas e na ordem das coisas. Tudo, a todo instante, é sempre significante e as significações revelam-nos homens e relações entre homens através das estruturas de nossa sociedade. Mas estas significações não nos aparecem senão na medida em que nós mesmos somos significantes. Nossa compreensão do Outro não é jamais contemplativa: não é senão um momento de nossa práxis, uma maneira de viver, na luta ou na convivência, a relação concreta e humana que nos une a ele. (p. 125-128). Essa posição mostra que, entre outras consequências, não há como se pensar em um processo educativo que não seja prático.

[8] Não por acaso, FEBVRE, Lucien. **Combats pour l'histoire,** Paris: Armand Colin, 1953 disse: Colocar um problema é precisamente o início e o fim de qualquer história. Sem problemas, não há história. (p. 22 – em tradução livre)

A obra deixa de ser a objetivação do sujeito – esse supera os lindes e retro-alimenta seus desejos tornando-se outro a cada segmento de consumo que alcança mediante seu trabalho e suas escolhas.

Assim, a realidade humana, ao se fazer continuamente, também continuamente foge ao saber direto e. em consequência, toda tentativa de prefigurar as condutas padecerá de extemporaneidade. O direito, seja qual for sua urdidura, necessitará admitir a realização de projetos pessoais – pois sem esses, a tirania se implantará e a legitimidade[9] do sistema, seja qual for, será perdida.

Um novo Direito se impõe por força da superação do projeto iluminista e o advento do controle e do conhecimento como pautas da nova organização social. Mas, como se verá, esse movimento abrangente encontra necessárias restrições como aquelas apontadas pelo tema Indicações Geográficas tão bem apresentadas na presente obra de Sylvio do Amaral Rocha Filho.

Sublinhando o fato de que o Estado consiste em *topos* que serve para justificar as ações do Governo (um coletivo estruturado e institucionalizado em toda a sociedade, das formas mais primitivas às mais sofisticadas e complexas) notamos que a ação do indivíduo tem como limite esses campos da sociedade designados pelos nomes de Cultura (equivalente ao Logos) e de Civilidade.

No capitalismo tardio as crises sistêmicas deslocaram-se do sistema econômico para o sistema político e no interior desse último sistema, inicialmente, para o sistema administrativo e, quando esses não resolvem o problema, criam crises de legitimação.

---

[9] Lembrando LEGENDRE, Pierre. **L'autre Bible de l'Occident: le monument romano-canonique – étude sur l'architecture dogmatique des sociétés.** (Leçons IX) – Paris : Fayard, 2009, para enfatizar questão ainda mais candente : Or, il n'est pas possible desormais, pour un Occidental, de jeter un regard sur le gouffre de la legitimité sans avoir affaire à la généalogie de l'État et du Droit dans sa dimension structurale, par conséquent sans prendre conscience d'être lié soi-même à la transmission d'un mode d'accès à l'institutionnalité particulier. Une idéologie de l'homme nouveau, quel que soit le portrait (aujourd'hui sous le déguisement de l'individu autofondé, hors culture imposée), suffit elle pour bannir le passé en renonçant à l'héritage ? (p.10) em tradução livre : Ora, não é mais possível, doravante, para um ocidental lançar um olhar sobre o abismo da legitimidade sem lidar com a genealogia do estado e do Direito em sua dimensão estrutural, consequentemente sem tomar consciência de estar ligado à transmissão de um modo de acesso à institucionalidade particular. Uma ideologia do homem novo, qualquer que seja o retrato (hoje sob o disfarce do indivíduo autofundado, fora da cultura imposta) será suficiente para banir o passado renunciando à herança?

Ou seja, quando o sistema econômico não consegue reduzir, em pleno campo da civilização, as demandas de consumo, tais demandas se politizam, buscam resolver-se com ações no campo da cultura que possibilitem obtenção de satisfação pelo simulacro, pelo substituto. O Estado Providência interfere e oferece seus serviços a fim de reduzir a crise numa ação administrativa, quando falha, por não realizar os objetivos projetados pela cultura, sofre uma crise de legitimidade. Em outras palavras, o potencial de crise do capitalismo avançado deslocou-se do sistema econômico, parte própria do campo da civilização, para o campo da cultura.

De fato, o que se busca entreler e diagnosticar, na direção que a abordagem da psicologia social indica, foi a permanente tensão entre o indivíduo e o Governo por força, inclusive, da permanente necessidade de este último mostrar-se legítimo, isto é, buscando a realização na Civilização dos ditames da Cultura, ou como diriam alguns, da necessidade do Estado do Bem-Estar Social despolitizar o espaço público pelo fornecimento de serviços públicos e emprego.

E se Eros e Tanatos encontram seu abrigo na Cultura, a Civilização alberga Anankê e faz da necessidade a justificativa das ações governamentais empreendidas no seio da sociedade. Mas essas ações encontram obstáculos a seu exercício: (a) não há igualdade de oportunidades porque a segmentação de mercados, compromisso do mercado oligopolista, exclui ao incluir e reciprocamente; (b) o caráter individual da propriedade tem sido negado face à crescente fragmentação e socialização da produção no mercado globalizado; (c) a maciça estrutura de propaganda falseia o conceito de liberdade de escolha do consumidor; (d) larga parte da população passa a depender de dinheiros públicos, isto é, o Governo passa a prover o mercado de recursos para giro imediato e cria, assim, nova dependência; (e) Muitas decisões que deveriam ser tomadas no espaço público com amplo debate dos interessados, a fim de, inclusive, facilitar a tarefa do Executivo, passam a depender da ação de tecnocratas por efeito da má estruturação dos poderes públicos e de seu despreparo para conduzir as questões no espaço público (a tendência ao segredo das tecnoburocracias); (f) Tensão gerada por duas linhas de justificação no Direito: os textos legais, o sistema jurídico como um todo justifica-se por raciocínios éticos. A norma concretizada precisa de justificativa técnica, por raciocínios propriamente jurídicos, no limite superior à ponderação de princípios presentes no texto legal; (g) A progressiva publicitação do direito, uma quase consequência

PREFÁCIO

de (f), bastando constatar que questões de Direito Civil se tornam, cada vez mais, de Direito Constitucional, face à extensa lista das garantias individuais. Essa publicitação além de prenunciar um alongamento das lides jurídicas tenderá a congestionar os tribunais superiores, onerando ainda mais o Governo em seu mister de administração da justiça.

Os intelectuais conservadores têm recrudescido seus esforços na tentativa de manter o individualismo, o privatismo e os valores tradicionais da cultura nacionalizada por via de um liberalismo canhestro e anacrônico, buscando desmobilizar a cidadania e reafirmar a autoridade do Governo. A estratégia de conter a crise econômica por um choque de oferta conduziu, inevitavelmente, à transnacionalização da produção a fim de estabelecer uma economia de escala e por via desse aumento do número de unidades produzidas, aumentar a oferta reduzindo o preço. Tudo para manter o debate no âmbito econômico impedindo que esse avance ao campo da cultura. Tudo em nome da manutenção de uma estabilidade social a qualquer preço.

A 'americanização' do mundo tem sido o grande abantesma a assolar a concepção de uma possível globalização. Propalada tanto pelos adeptos convictos do *american way of life* quanto pelos que denunciam o imperialismo cultural norte-americano, essa concepção tem embalado as mais rasas e prosaicas discussões: filmografia *up-to-date*, jeans, rock, produtos de consumo, *fast & junk food* absconderam fatos mais profundos: a associação da indústria com os interesses militares e a dominação americana da produção e distribuição de filmes, séries de tv, livros, a maciça produção dos centros intelectuais pejados de verbas, publicidade etc.

Os países desenvolvidos que parecem capitanear essa globalização [de resto em andamento (com outros protagonistas) desde as grandes navegações] gerando globalizantes e globalizados, são vistos como núcleos difusores de cultura e o resto do mundo é enfocado como uma periferia utilizadora de tecnologia, quando o é, e simples receptora de influência cultural.

A circulação de idéias e de objetos culturais pode ser melhor compreendida quando analisada em termos de descentramento, o enfraquecimento da idéia de centro, que não significa ausência de poder, mas sim novas formas de dominação baseadas na desterritorialização, isto é, os objetos que fazem parte do cotidiano dos cidadãos perderam a territorialidade, pois, hoje, são utilizados carros japoneses, australianos, brasileiros, argentinos, americanos; produtos europeus, roupas e tecidos asiáticos. Automóveis são projetados num país e têm seus componentes produzidos pelo mundo afora numa pauta de melhor relação custo/benefício. A multinacional 'transnacionalizou-se': não há mais matrizes situadas num território nacional controlando subsidiárias estrangeiras, a globalização impõe mobilidade e descentralização a fim de assegurar competitividade (em outras palavras, a efetiva observância das condições de minimax).

O Homem contemporâneo vive condição paradoxal: esgotaram-se as visões de mundo de validade universal e, ao mesmo tempo, se impõem as pautas de conduta de validade universal. Os grandes mitos, ideologias e religiões universais se diluíram na fragmentação "pós-moderna". A sociedade de massa com sua centralização, padronização, modos produtivos com repetição concentrada de operações (fordismo, taylorismo e assemelhados) cederam lugar, por efeito da redução das perdas, à descentralização, segmentação do mercado, produção "flexível" e pluralismo. Contudo isso não impediu a concentração dos capitais e a formação dos oligopólios que, apesar da crescente legislação de proteção econômica[10], dominam a economia mundial, pois o capitalismo se reproduz por meio de sua ampliação.

Cada ciclo de acumulação de capital começa com o investimento e acaba com a venda do produto, ainda que virtual, a mercadoria. Essa, a mercadoria, por força da segmentação, deve ser vendida globalmente para grupos específicos e isso acentua a exclusão, vez que os pobres de todo o mundo estarão unidos, não para desconstruir as estruturas, mas por essa exclusão crua e dura: os ricos de todo o mundo fruirão os prêmios da civilidade e para os excluídos – desse universal banquete – restarão a revolta e a violência.

Num contraponto, no mínimo interessante, situa-se a variação semântica que a expressão 'humanitária' tem sofrido com as oscilações dos interesses e centros de poder nesse processo de 'globalização', vez que, nesse longo e permanente processo retórico, o uso da linguagem sempre constitui valioso indicador das variações dos referenciais de uma sociedade.

A questão dos direitos humanos tem pautado a imprensa internacional e alcança fatos de todos os tipos, desde catástrofes produzidas por 'fatos

---

[10] Política de âmbito nacional lidando com conglomerados que podem realizar fusões, incorporações e demais operações de empresa em qualquer outra parte do mundo e instalar-se no país com a logística já previamente estabelecida.

de Deus' (terremotos, inundações, 'tsunamis' e fenômenos assemelhados); as catástrofes ecológicas (vazamentos de petróleo, queimadas extensas e ações de diferente origem que violam a integridade do ambiente) e, as catástrofes causadas por decisões e ações consequentes (guerras, genocídios, invasões territoriais, terrorismo e ações assemelhadas).

Humanitário em alguns casos consiste em socorrer os flagelados com medicamentos, dinheiro, voluntariado; em outros com manifestos e ações coletivas de repúdio e exigência de aplicação de multas aos infratores e, em outras, execrar o terrorismo, propor medidas de contenção de produção e distribuição de armamentos e explosivos; recrudescimento da ação do Governo para impedir novos ataques etc. sempre no exercício de um poder pervasivo – que ao submeter vincula à ideologia do dominante.

E a palavra torna-se envoltório para uma gama de significados e parece sugerir um 'declínio' da civilização mundial, pois registra, se observarmos bem, um progressivo aumento na violação dos direitos humanos e de seu conexo, da dignidade da pessoa humana. Mas, traz consigo outra interpretação possível, considerando-se a complexidade das sociedades e de nosso conhecimento, parece que aguçamos nossa capacidade de entreler as violações contra a pessoa humana e seus direitos. Tornamo-nos mais sensíveis e se nos apresentam mais fatos e informações por todos os mass media disponíveis. Cresceu nosso universo e hoje, como sempre, as notícias que mais promovem vendas são as que apresentam: catástrofes, o inesperado, o escandaloso, o anormal. Aquilo que se pode classificar como normal não apresenta interesse.

Mas, quanto aos direitos humanos, a imprensa, via-de-regra fala desses direitos, estribada na dogmática e retórica liberal, situando-os na esfera da exigibilidade plena pelo simples fato de ser humano; de outra parte, a politicologia prefere, em consonância com o liberalismo, situá-los na bilateralidade contraprestativa dos deveres à comunidade que atua como garantia de tais direitos. O ser humano ou indivíduo, não representa, como se sabe, uma unidade semântica ou pragmática, isto é, trata-se de construto de dilatado processo genético e adaptativo. A Ilustração buscou substituir o referencial divino pelo da Humanidade e da Razão, hispostasiando esse último referencial como universal e de validade extensiva a todo o gênero humano.

Neste tempo, esse modelo parece ter esgotado suas possibilidades e há desafios inusitados: realidades virtuais a complicarem a tradicional crença nos sentidos; acesso vertiginoso a informações e novas culturas; impacto de gestão mundial da economia monetária; sistemas tributários conflitantes e sugerindo a produção flexível; descentramento e a busca incansável de segurança do 'indivíduo' mercê de conscientização progressiva de todos por via de discursos éticos e jurídicos.

Um movimento com raízes, em sua totalidade, na Cultura, como projeto, e que se objetualiza, segundo as possibilidades locais, na Civilização. O 'descentramento' eliminou a possibilidade de se estabelecer um referencial que permita generalizações e estabelecimento de aspirações e normas válidas para todos. Por um lado, o marketing/merchandising projetados para alcançar determinados segmentos de mercado criando 'exclusividades', seleciona os 'mais iguais'.

Esses indivíduos, construtos teóricos, participam de sistemas sociais e por sua ação concreta passam a operá-los por força de políticas desenvolvidas a fim de obter homeostase no interior desses sistemas frente a uma outra homeostase, frequentemente esquecida, composta pela relação sistema social/ sistema da natureza.

No interior dos sistemas sociais interagem os campos da Cultura e da Civilização produzindo-se a objetivação civilizada dos projetos culturais. Buscando obter alguma segurança, os textos legais introduzidos na esfera da cultura são tornados normas concretizadas, graças à hermenêutica, parte própria da política, e a ação de operadores do Direito buscando reduzir complexidade sistêmica e atender às expectativas normativas de supressão da contingência. O projeto de operar com uma ordem justa permanente sobrecarrega o sistema social e, o Direito delimita o âmbito do projeto mediante a concretização dos textos legais pela análise da conformidade ou desconformidade da situação ou cenário (conjunto de situações) aos textos legais.

Como não há um *Lebenswelt* comum a todos os homens (essa seria uma suposição etnocêntrica), mas uma pluralidade desses, decorrente, pelo menos, das diferentes atmosferas semânticas a construí-lo, mais, ainda, a complexidade crescente das sociedades e a explosiva multiplicação dos processos comunicativos (atmosfera semântica/atmosfera semântica; atmosfera semântica/cultura; atmosfera semântica/civilização; atmosfera semântica/sistema social; sistema social/sistema social) deixa de ter sentido pensar-se numa orientação simplesmente evolutiva (do pior para o melhor) e se deve pensar em 'coevolução', isto é, um sistema é entorno

PREFÁCIO

imprescindível a cada um dos demais, isto é, os sistemas sociais e as atmosferas semânticas (individuais ou coletivas) proporcionam sentido uns aos outros devido à complexidade e autorreferência.

O sentido subsiste apenas na complexidade, mas é implicado pela História, ou seja, as relações interpessoais no aperfeiçoamento de políticas visando realizar ('objetualizar') no campo da Civilização os projetos da Cultura inscrevem, contemporaneamente, seus logros na História e dão identidade aos atores envolvidos. O 'sentido[11]' surge como um excedente de referências a outras possibilidades situacionais e de ação, pois a História, o mundo de todas as situações escolhidas entre as compossíveis (e em consequência, de toda referência) surge como fruto de escolha, como seleção decorrente do sentido.

O ponto alcançado pela História, conhecido como o presente, abre-se para as compossibilidades de novas situações e, novamente, o sentido seleciona as configurações desejáveis por via da decisão e as consolida por políticas que visam objetivos: o êxito final, a escolha ótima ao final do processo de todos os jogos disputados. A situação subsequente está em foco, no centro da atenção. Tantas situações em foco quanto os subjogos jogados. Mas, já se percebe, a partir da próxima situação a alcançar as compossibilidades a surgir, em virtude dessa escolha. E, se essa abertura garante a atualidade das compossíveis situações do mundo e sua atualidade como/ sob forma de acessibilidade, traz consigo, também, o presumivelmente real, o possível e o presumivelmente impossível ou irreal.

Com isso se quer dizer, as compossíveis situações apresentadas após a determinação de uma situação, com exclusão das demais ou, pelo menos, com o afastamento provisório dessas compossíveis, traz essa variedade de escolha para a composição da próxima situação, muito maior variedade que será possível realizar, ou seja, o sentido dota a ação praticada, atualmente, de possibilidades redundantes, compensando, se isso for possível, a insegurança da decisão. Pois, por força da redundância, pode-se errar, sem que com isso se esteja condenado, sempre, a posições irreparáveis.

---

[11] GUMBRECHT, Hans Ulrich. **Produção de presença – *o que o sentido não consegue transmitir.*** Trad. Ana Isabel Soares, Rio de Janeiro: Contraponto/PUC-RIO, 2010 afirma: Se atribuirmos um sentido a alguma coisa presente, isto é, se formarmos uma ideia do que essa coisa pode ser em relação a nós mesmos, parece que atenuamos inevitavelmente o impacto dessa coisa sobre o nosso corpo e os nossos sentidos (p. 14).

A mundialização da cultura significa diferenciação, descentramento, padronização e segmentação e, ao romper com as fronteiras nacionais, elimina a divisão interno/externo: o local é influenciado pelo global, ao mesmo tempo que o influencia. Essa diferenciação significa apartar os beneficiários dos 'prêmios' da civilização e a padronização significa a 'pasteurização' do gosto e do sentido.

O 'mercado' (outro construto teórico, simples *topos* para absconder a presença dos grandes grupos de interesse movimentando bolsas, sistemas legais, corações e mentes) manteve e ampliou sua influência como matriz estruturante da vida da Humanidade extrapolando as fronteiras nacionais. Divinizou-se, assumiu as rédeas dos Governos particulares, que em função de seu balanço interno, FMIs, *the London City,* Bretton Woods, e outros aparelhos mundiais de controle, submetem-se a essa 'doce' tirania e acatam as traquinagens da 'mão invisível' como se fossem 'virtudes' universais.

O comando da economia global pertence, progressiva e, parece, inevitavelmente, ao mercado financeiro, posto que, em última análise, são as grandes corporações, e não os Governos (que teimam em figurar o contrário), que decidem sobre câmbio, taxas de juros, rendimento dos investimentos, valor das commodities etc. Interferem, mesmo, sobre a escolha dos gestores do sistema de governo e, conforme se espera na economia que se implanta na infosociedade, nos processos de e-commerce que tende a substituir as estruturas existentes de distribuição.

Se o sistema internacional foi definido basicamente no século XVI pelo tratado de Westfália (que conferia a cada Estado o direito de exercer sua soberania sobre territórios e populações com a inexistência de uma autoridade mundial superior), na segunda metade do século XX, implantaram-se instituições intergovernamentais de caráter global ou regional (ONU, União Europeia etc.) a fim de regular, pacificamente, os conflitos internacionais. Mas essas instâncias internacionais não têm poder real que vá além daquele outorgado pelos diferentes Estados. Constatamos que há a formação, em termos práticos, de uma estrutura social de acumulação, de alcance mundial, e que pode ser definida a partir de um conjunto de relações: (a) aquelas dos capitalistas entre si; (b) as relações dos trabalhadores entre si; (c) as dos capitalistas e dos trabalhadores; (d) aquelas dos Governos com a economia; (e) relações das unidades produtivas entre si; (f) a relação dos segmentos fruidores do sistema com os despossuídos e, enfim, (g) as relações Governo/transnacionais para determinação de novas áreas de investimento.

É, assim, fora do sistema 'estatal' internacional que está sendo criado um espaço público transnacional, tornado ainda mais invisível pelas transações comerciais realizadas por intermédio da web e pelo dinheiro eletrônico viabilizador das transações realizadas em ambiente seguro e que retornam informação privilegiada aos controladores do sistema produtivo acerca das escolhas realizadas pelos partícipes do mercado e que correspondem, espera-se, cada vez mais, à larga parte da população economicamente ativa. A acumulação capitalista não pode depender da produção de bens para um mercado homogeneizado: precisa segmentá-lo – transnacionalmente – a fim de viabilizar a produção de bens que alcancem maior espectro de consumidores, com redução de custos de propaganda (é produzida para alcançar todos os segmentos e traduzida às línguas locais) e de logística. Os produtos são pensados para distribuição em escala mundial, a publicidade é feita na mesma escala e a propaganda visa alcançar os consumidores precisamente enquanto consumidores. Nesse quadro cobra significado um poema (sem título) devido a Bertolt Brecht[12]:

> Tão perigosa quanto útil é a criação
> de imagens explicativas.
> Assim cria-se o cosmos.
> Lado a lado, exigindo-se umas às outras, ficam as coisas.
> Muitas coisas servem para tornar o todo compreensível.
> Depois da criação, o espírito goza das delícias do criar.
> Tudo lhe parece subordinado vez que ele é que ordena.
> Tudo o que não combina, deixa de lado e chama de 'ínfimo'.
> Ou, então, cria-se a história. Diante de todos os olhos
> As situações se sucedem. Somente algumas leis fundamentais,
> Que sempre se repetem, dirigem os acontecimentos.
> Tais imagens são úteis enquanto ajudam. Não mais que isso.
> Mas anteriormente também úteis, é que têm utilidade.
> Lutando contra novas situações, jamais experimentadas,
> Lutam os homens também contra as velhas imagens e criam
> Novas imagens, para mostrar aquilo que se tornou
> Possível, para mostrar como já afastado
> O insustentável em desaparecimento. Em amplos modelos

---

[12] Conforme apresentada por HAVEMANN, Robert. **Dialektik ohne Dogma? – Naturwissenschaft und Weltanschauung,** Hamburg: Rowohlt, 1964 e aqui em tradução livre.

> Mostram assim a si mesmos o novo tão difícil de compreender
> Como já funcionando. Mas esses novos modelos
> Quase sempre são feitos segundo os velhos, os existentes,
> Parecem ser falsos, mas não o são. Tornaram-se.

O Homem gestado, por essa civilização de consumo, para tornar-se consumidor ótimo, consome-se. As estruturas de acumulação funcionam e tornam-se outras para efeito de ainda mais acumular. As estruturas antigas são abandonadas após terem frutificado e essa prática predatória deixa seu rastro. Os governos não representam seus povos, nem perseguem os objetivos prefixados pela cultura. Embalam-se nas artimanhas do poder e esse é doce porque ordena e tudo lhe parece subordinado. A forma de produção insumo intensiva e com a inversão de altas potências destrói o meio ambiente e os governos instituem práticas ambientalistas que buscam regular esses excessos, mas os problemas colocados pela desordem global da biosfera além de complexos exigem uma abordagem interdisciplinar, intercultural, que as elites políticas geralmente não oferecem, mesmo porque não lobrigam, ou não têm interesse em ver, que muitas soluções poderiam ser alcançadas com a regionalização da produção e com a inversão de baixa insumição e emprego de baixas potências.

Mas, o movimento mundial aponta para outros rumos, escolher a soberania, que corresponde ao consenso do Velho Mundo do século XVI, significa perder o movimento da História e os investimentos de quem pode investir. A busca pelo emprego, pelo pleno emprego da economia sediada no território do país, faz com que os governantes sejam levados a aderir ao modelo globalizante. Entretanto, se assim agem para efeito de produzir novos postos de trabalho, deixam de perceber que o atual padrão mundial de acumulação e desenvolvimento, aquele da sociedade do conhecimento, assentado no domínio das informações, do saber e das novas tecnologias – e não apenas do capital e do poder de coerção – promove a redução da oferta de empregos repetitivos e reforça as tendências de exclusão social.

Zuffo[13] assim apresentou a questão:

> Implicitamente a tudo que apresentamos e discutimos, existe um fator--chave que será a motivação basilar da **Infoera** e que transformará, enfim,

---

[13] ZUFFO, João Antonio. **A sociedade e a economia do novo milênio. Os empregos e as empresas do turbulento alvorecer do século XXI.** *Livro I – A tecnologia e a infossociedade.* Barueri/ SP: Manole, 2003, p. XXIII/XIV.

PREFÁCIO

seres humanos em cidadãos do amanhã: a **Educação**. Sem nível educacional adequado e sem recursos humanos competentes, as organizações e os países submergirão em um oceano de dificuldades econômicas, numa avalanche de diferenças sociais que poderão eventualmente se cristalizar em rígidas castas sociais. Essas características sociais estarão forçosamente presas a um atavismo persistente e maldito, que manterá as classes não-educadas alienadas e excluídas do mundo moderno. Na Era da Informação, a **Infoera**, a própria informação para as castas sociais inferiores transformar-se-á em algo sem valor, pois, para quem não for instruído e educado, as informações disponíveis nunca serão estruturadas e utilizadas como matéria-prima na consolidação de novos conhecimentos. O infoignorante viverá alienado num mundo de alta tecnologia.

Ao enfatizar a competição que favorece o mais poderoso e/ou mais apto (valorizando a desigualdade em detrimento da solidariedade, da justiça e da equidade), a reestruturação do sistema produtivo, em andamento, estimula a manutenção de um certo nível de conflitividade social – tido por muitos como positivo para o 'desenvolvimento' – e acirra confrontos sociais, religiosos, nacionais, étnicos e transforma os trabalhadores não--especializados em população descartável[14].

Contudo, como o processo ainda está em andamento, houve, no último quartel do século passado, massiva transferência de investimentos para o chamado Terceiro Mundo com a localização de unidades produtivas das transnacionais, nessa área, em que o salário-hora do operariado situa-se em valores inferiores a um dólar. Além da baixa produtividade[15] desse

---

[14] A Organização Mundial de Saúde (OMS) tem divulgado índices alarmantes de abortos em camadas despossuídas. O salário percebido por essa mão-de-obra progressivamente desnecessária também se avilta e em países como a Índia, Malásia, Vietnã, China, Rússia, Indonésia chega a ser inferior a U$ 1. por hora.

[15] Conforme observa Michael E. Porter em *Atitudes, Valores, Crenças e a Microeconomia da Prosperidade* em Lawrence E. Harrison & Samuel P. Huntington (2002) (p.53-70): *"Na economia global de hoje, empresas de praticamente qualquer ramo industrial podem tornar-se mais produtivas adotando estratégias mais sofisticadas e investimentos em tecnologias modernas. [...] Por isso o conceito de objetivo setorial, pelo qual os governos buscam favorecer setores bem sucedidos, é deficiente. . Não existe setor* bom nem setor ruim no novo 'paradigma da produtividade'. Em vez disso, a questão é saber se as empresas são capazes de empregar os melhores métodos, reunir as melhores capacidades e utilizar as melhores técnicas para fazer aquilo que fazem, em níveis de produtividade cada vez mais altos. Não importa se o país tem uma economia *agrícola, uma economia de serviços ou*

quase-escravo trabalho, o fenômeno da segmentação de mercado, praticamente inviabiliza o funcionamento do mercado desses países em que o poder aquisitivo se torna, na média, muito baixo.

É preciso não esquecer que as tecnologias que dispensam trabalho humano direto (os efeitos da robótica) nos países industrializados (face aos altos custos salariais e à concorrência) geram desemprego interno e promovem a consequente limitação de imigrações. Segundo a Organização de Cooperação e Desenvolvimento Econômico, OCDE, há, dados de 2004, face a condições conjunturais (redução de postos de trabalho por efeito da automatização de processos, crescimento vegetativo da população) mais de 50 milhões de desempregados nos países desenvolvidos. Como a OIT – Organização Internacional do Trabalho prevê a entrada de mais de 1,2 bilhão de pessoas no mercado de trabalho até o ano 2025: o desemprego urbano será, juntamente com a progressiva falta de água potável, o principal problema das cidades no século XXI.

Insiste-se: para a nova realidade das relações de produção, o Direito do Trabalho tal qual formalizado à época do estado industrial é precário, de fato, todo o Direito tornou-se insuficiente para a cobertura dos novos processos defluentes da telemática. Mas o Direito do Trabalho foi, pelo seu caráter único: apenas esse ramo do Direito contempla a mão-de-obra, os demais voltam-se a relações patrimoniais, o mais atingido pelas novéis relações. CASTELLS[16] (2003) afirma que: *A nova economia tomou forma primeiro em dois ramos importantes que, além de inovar em produtos e métodos, também aplicou essas invenções a si mesmos, incentivando assim o crescimento e a produtividade, e, por meio da concorrência difundindo um novo modelo empresarial em grande parte da economia.* Infelizmente o modelo, embora tenha gerado 'crescimento e produtividade', reduziu o emprego, particularmente, o urbano.

A comunicação em rede e em tempo real, a desregulamentação anglo--americana do mercado financeiro e a possibilidade de negociar 'commo-

---

uma economia industrial. O que importa é a sua capacidade de organizar-se com eficácia em torno da premissa de que a produtividade determina a prosperidade dos indivíduos."(p.55) Temos, aqui, o credo subjacente ao movimento de globalização como solução para a manutenção do processo de acumulação no capitalismo tardio. A produtividade a qualquer preço, a escala na produção dos produtos e serviços, eis o abracadabra da nova ordem mundial.

[16] CASTELLS, Manuel – **A era da informação: economia, sociedade e cultura, vol.I – *A sociedade em rede*,** trad. Roneide Venâncio Majer e colab. Klauss Brandini Gerhardt, Rio de Janeiro, Paz e Terra, 2003, p.190.

dities' em quase todos os grandes centros de mercado mundiais acabam por afastar, face à dimensão do investimento necessário a essas operações, larga parte dos países 'emergentes' dessa arena de decisões. A renda tende a concentrar-se ainda mais e o desemprego a crescer e isso introduz um novo problema para a vida citadina (de resto desnecessária com a implantação de unidades de trabalho remotas), para a civilização, a violência.

Segundo estatísticas recentes, nos Estados Unidos, por exemplo, há mais de 100 000 novos presos por ano, num agregado de 1,8 milhões de pessoas sujeitas a apenamento prisional, gerando o dispêndio de cerca de 45 bilhões de dólares anuais. Coibir a violência despertada pela má gestão dos recursos é necessidade que a civilização incorpora, os órgãos de governo executam e a Cultura execra.

A força integrativa da Cultura desfaz-se diante da segregação das minorias que são alijadas da esfera pública e da cidadania por efeito de uma reestruturação da economia mundial, sob a orientação do capital financeiro e suas instituições financeiras, que nega cada vez mais as condições de estabelecimento e sobrevivência de uma economia nacional: a internacionalização da política macroeconômica transforma países em territórios econômicos abertos e economias nacionais em "reservas" de mão-de-obra barata e de insumos.

O sistema econômico global persiste no estabelecimento de uma estrutura desigual de comércio, produção e crédito que define o papel e a posição dos países na economia global e, ao mesmo tempo, movido pelas pretensões do campo da cultura, procura legitimar-se incorporando um discurso do 'desenvolvimento sustentável' e da 'diminuição da pobreza' e uma prática que distorce as questões políticas referentes à pobreza, à proteção do meio ambiente e à participação nas benesses da produção capitalista mantendo intocado o dogma neoliberal oficial e, parte integrante desse, as pretensões do sistema financeiro internacional de concentrar riqueza. A razão positiva e instrumental que norteia esse sistema produtivo cria um mercado exclusivo, o 'segmentado', precisamente esse em que se concentra a renda, em que se confrontam, em busca de maior lucro, os oligopólios.

Os Governos administram o restante do mercado, aquele da concorrência e posto à disposição dos que estão afastados do consumo conspícuo e, em consequência, as tendências de crise econômica. Para tanto, cobra tributos a fim de providenciar serviços (prestações) que, num conceito de Estado de Bem-Estar social, isto é, uma conjuntura em que serviços devem ser prestados pelo Governo aos particulares (algo como previdência, atendimento médico, transporte subsidiado etc.) a fim de retardar ou controlar a eclosão de conflitos de origem econômica e, também por isso, acabam por lhe conferir, ao Governo, uma legitimidade instrumental.

Crises de racionalidade administrativa podem ocorrer quando crises econômicas impõem, ao Governo, intervenções sujeitas a imperativos contraditórios. Como exemplo lembramos a necessidade de elevar o valor do salário mínimo e, em consequência, o aumento do desencaixe da Previdência, com o pagamento de pensões indexadas por salário-mínimo.

A legitimação do Governo se produz não apenas pela integração social, mas principalmente, pela continuada busca dos objetivos fixados na Cultura. Jamais negaremos que tais objetivos possam ser manipulados pelos detentores dos instrumentos de comunicação em massa, mas sempre aceitaremos que só a manifesta aceitação dos valores perseguidos pelo Governo, por parte do povo, atribuem legitimidade a seus atos. Governo que persegue metas fixadas na Cultura – tem legitimidade.

E, por exemplo, a nova Constituição da Comunidade Europeia apresenta inúmeras falhas de estrutura e a pior delas, deixa de levar em conta particularidades dos países-membro e manifestando aberto compromisso com a concentração dos diferentes tipos de capital. E, então, como disse MÉSZÁROS[17], algumas questões ficam sem resposta nessa racionalidade sistêmica onicompreensiva:

> [...] não recebemos qualquer explicação sobre como é possível manter as pretensões democráticas de um sistema social que se baseia, para a sua reprodução, em um modo de produção (e distribuição) ligado a uma estrutura de comando profundamente antidemocrática, autoritária; nem sobre o que aconteceria se irrompessem conflitos importantes em relação à legitimidade e à viabilidade da própria estrutura autoritária de comando.

mas, podem ser vistas, nesta conjectura, como decorrentes desse harmônico dialético da cultura e da civilidade. A organização das forças produtivas, do mercado e da distribuição de seus benefícios vinculam-se ao campo da civilidade e, as pretensões de maior eticidade, equitatividade, proporcionalidade, razoabilidade[18], encontram-se no campo da Cultura.

---

[17] MÉSZAROS, István – **O poder da ideologia**, trad. Magda Lopes, São Paulo: Ensaio, 1996, p. 577.
[18] No dizer de Serge LATOUCHE (2001) : *"Le 'raisonnable', précisément parce qu'il inclut une composante axiologique, permet de suppléer au vide juridique, voire d'excéder le droit dans son interprétation,*

PREFÁCIO

Nesse sentido, na obra de Amaral Rocha Filho se vislumbra uma contra-corrente relevante: a indicação geográfica visa circunscrever, entre outros fatores, condições únicas, exclusivas e pertinentes à situação da produção. Há aquelas atinentes à cultura local de produção e processos repetidos e mantidos (com pequenas variações) sob controle de uma tradição do pro-duzir – ensejando uma qualidade aferida ao longo de anos. Por outra parte, há condições de natureza (como o terroir – por exemplo) que predetermi-nam e conformam a possibilidade de produzir. Há fermentos, leveduras e outras cepas responsáveis pelo sabor e aspecto final do produto que se circunscrevem regionalmente.

Esse movimento representa uma resistência insuperável às possibilida-des da reprodução técnica. A denominação de origem controlada (DOC) aponta para a qualidade que o produto só pode obter na região e que afe-tarão a quantidade a ofertar e sua qualidade – bem assim, seu preço.

Como bem aponta o autor, há no conceito de indicação geográfica uma bipartição de sentido – de um lado, em suas palavras: a nomeação oficial de um local certo em que se dá Bem do mesmo nome e que seja típico, regional e peculiar com garantia de procedência e com qualidade tradi-

---

en s'appuyant sur des arguments d'ordre moral ou éthique. 'Dans les affaires relatives à la délimitation de plateaux continentaux, dit Olivier Corten, la Cour internationale de justice interpréte la règle des 'principles équitables', dont nous avons vu qu'elle renvoyait à plusiers critères incluant la notion de 'rai-sonnable', notamment pour qualifier le résultat de la délimitation.' Et il ajoute en note: 'Pour rappel, les 'principes équitables' ont été interprétés comme prescrivant une 'délimitation raisonnable', que inclut une 'évaluation raisonnable des effets des accidents naturels', dont la mise en oeuvre aboutit a un 'résultat raisonnable', qui doit notamment s'apprécier sur base d'un 'rapport raisonnable de proportionnalité' entre les zones attibuées, critère de proportionnalité qui ne doit lui-même intervenir que 'dans une mesure raisonnable compte dûment tenu des autres circonstances de l'espèce.». (p.136) (O 'razoável'. Preci-samente porque inclui um componente ideológico, permite preencher o vácuo jurídico, até excedendo ao Direito em sua interpretação, apoiando-se em argumentos de ordem moral ou ética. 'Nos negócios relativos à delimitação de plataformas continentais, diz Olivier Corten, a Corte internacional de justiça interpreta a regra dos 'princípios equitativos', que vimos, remetia a vários critérios incluindo a noção de 'razoável', particularmente para qualificar o resultado da delimitação. E acrescenta em nota: 'Para lembrar, os 'princípios equitativos' foram interpretados como prescrevendo uma 'delimitação razoável', que inclui uma 'avaliação razoável dos efeitos dos acidentes naturais', cuja aplicação chega a um 'resultado razoável', que deve ser, claro, apreciado segundo 'uma relação razoável de proporcionalidade' entre as zonas atribuídas, critério de proporcionalidade que não deve, por si, intervir senão 'em medida razoável levando em conta, devidamente, as outras circunstâncias da espécie'.)

Os constitucionalistas têm olhado, com grandes esperanças, na direção desses mais que vagos conceitos para regular e ponderar questões constitucionais difíceis.

cional e reconhecida pela repetição leal, responsável e constante e, ainda, por outra parte, Bem típico, regional e peculiar, com nome certo e reconhecido oficialmente como originário de local, região ou país nomeado diferentemente, mas que lhe confere qualidade, reputação e característica reconhecida pela repetição leal, responsável e constante.

Além dessas condições que atribuem ao bem produzido características de unicidade, há – ainda – outras classificações internas que apuram a qualificação do produto – tornando-o ainda mais valioso por sua especificidade.

Deixando ao autor – em sua brilhante exposição – o detalhamento técnico da questão – o que se visa apontar é a produção de valor agregado pela devida e completa adoção da indicação geográfica para qualificar a produção regional, bem assim, pelas suas características, a manutenção de emprego e geração de produtos exclusivos de alto valor agregado e aptos a consumo conspícuo, como diria Veblen.

Assim, como se vê no mercado das aguardentes nacionais, a indicação da região de produção afeta o preço de mercado e dá ao consumidor informações sobre a qualidade esperável tendo em vista se constituir em Bem típico, regional e peculiar, com nome certo e reconhecido oficialmente como originário de local, região ou país nomeado diferentemente, mas que lhe confere qualidade, reputação e característica reconhecida pela repetição leal, responsável e constante.

Essa condição só pode ser assumida mediante a institucionalização do controle regional e local sobre a produção com a criação de marcas e distinções e classificações que permitam bem informar ao consumidor sobre o produto que consome e suas características.

O valor agregado por esse procedimento e para premiar a constante manutenção de processos de produção e controle de qualidade afetará o valor de venda e a lucratividade dos produtores.

Dessarte, a obra de Amaral Rocha Filho deve incluir-se no restrito círculo de obras capazes de influir sobre o futuro da produção e gerar valor a todos que, atentamente, se debrucem sobre o texto e o tornem, por feito da alta qualidade de seu saber-fazer, instrumento de aumento de riqueza no contra fluxo da mundialização e banalização da produção.

MÁRCIO PUGLIESI
Filósofo, Advogado, Engenheiro e Professor.

GLOSSÁRIO DE SIGLAS

ADPIC	– Acordo sobre os Aspectos dos Direitos de Propriedade Intelectual relacionados com o Comércio
AOC	– *Appellation d'Origine Contrôlée*
APROVALE	– Associação dos Produtores de Vinhos Finos do Vale dos Vinhedos
CDC	– Código de Defesa do Consumidor
CE	– Comunidade Europeia
CUP	– Convenção da União de Paris
DO	– Denominação de Origem
DOU	– Diário Oficial da União
DS	– *Dispute Settlement*
GATT	– *General Agreement on Tariffs and Trade*
IG	– Indicação Geográfica
INAO	– *Institut National des Appellations d'Origine*
INPI	– Instituto Nacional da Propriedade Industrial
IP	– Indicação de Procedência
IPHAN	– Instituto do Patrimônio Histórico e Artístico Nacional
IPVV	– Indicação de Procedência Vale dos Vinhedos
IWO	– *International Wine Office*
LPI	– Lei de Propriedade Industrial (lei 9279 de 14/05/1996)
MAPA	– Ministério da Agricultura, Pecuária e Abastecimento
MERCOSUL	– Mercado Comum do Sul/ *Mercado Común del Sur*
OIV	– *Organization Internationale de La Vigne et Du Vin/International Organization of Vine and Wine*
OMC	– Organização Mundial do Comércio
OMPI	– Organização Mundial da Propriedade Intelectual
TRIPS	– *Trade Related Aspects on Intellectual Property Rights*
UE	– União Europeia
WIPO	– *World Intellectual Property Organization*
WTO	– *World Trade Organization*

SUMÁRIO

INTRODUÇÃO	41
CONSIDERAÇÕES PRELIMINARES	45

PARTE 1
CONSIDERAÇÕES FUNDAMENTAIS QUE DELIMITAM
A VASTIDÃO DO INSTITUTO

1. INDICAÇÕES GEOGRÁFICAS	55
1.1. O que é uma IG?	59
1.2. O que emana de uma IG?	73
1.3. Bem	75
1.4. Fundamentos da IG	80
1.5. A IG sofre oposição	84
1.6. A IG não é de aplicação simples	87
1.7. Breves palavras sobre 'marca', 'homonímia' e 'nome genérico'	90
1.8 Marcas. Marcas Coletivas e de Certificação	96
1.9 Cultura. Folclore. IPHAN	106
2. NATUREZA JURÍDICA	119
2.1. As diversas teorias	121
2.2. Direito de participação numa sociedade pública	121
2.3. Direito mobiliário	121
2.4. Direito acessório de um direito de propriedade sobre uma coisa móvel	122
2.5. Direito imobiliário	123
2.6. Direito real e institucional	124
2.7. Monopólio concedido pela autoridade pública	124
2.8. Denominação de origem como marca coletiva que constitui um direito absoluto de natureza fundiária	126

INDICAÇÕES GEOGRÁFICAS

2.9. Direito de propriedade — 129

2.10. Natureza jurídica da denominação de origem (cont.). A titularidade de Denominação de Origem — 130

2.11. Direito *à* denominação de origem e direito *sobre* a denominação de origem — 130

2.12. A denominação de origem como elemento do domínio de uma pessoa coletiva de direito público — 131

2.13. A denominação de origem como elemento do patrimônio nacional — 132

2.14. Denominação de origem: propriedade dos produtores: comunhão individualística ou comunhão coletivística? — 132

2.15. Posição de Ribeiro de Almeida — 135

2.16. Posição de Pontes de Miranda — 135

2.17. Obrigação de fazer — 136

PARTE 2
COMO SE MANIFESTAM NO MUNDO

1. DEFINIÇÕES LEGAIS — 155

1.1. A Convenção de Paris — 161

1.2. Acordo de *Madrid* — 167

1.3. A Convenção de *Stresa* — 170

1.4. O Acordo de Lisboa — 171

1.5. TRIPS — 176

1.6. Brasil — 184

    1.6.1. O CDC — 184

    1.6.2. A LPI — 185

    1.6.3. O decreto da cachaça — 188

    1.6.4. O INPI — 191

    1.6.5. O MAPA — 196

    1.6.6. Posição do tribunal brasileiro — 197

1.7. Outros países — 200

1.8. MERCOSUL — 201

2. WIPO. WTO. IWO — 205

2.1. WIPO/OMPI — 205

2.2. WTO/OMC — 208

2.3. IWO/OIV — 211

2.4. INAO — 213

3. SOB A UE		215
3.1. Regulamentos UE 2091/92, 2082/92, 1151/12, 1308/13, 668/14		217
3.2. Regulamento UE 509/06 e 510/06		222
3.3. Regulamentos UE 1493/99, 479/08 e alterações		225
3.4. Regulamentos UE 1576/89, 110/08 e alterações		241

CONCLUSÃO	251
REFERÊNCIAS	253
SOBRE O AUTOR	261

INTRODUÇÃO

Para desenvolver o tema como nos propusemos valemo-nos dos seguintes capítulos cujo resumo vem a seguir; antes, porém breves comentários:

a) Procuramos com afinco texto resumido, enxuto e direto.
Tentamos simplificar cada frase. O tema é vasto e confusamente referido tanto no Brasil quanto no resto do mundo por conta, basicamente, de três atitudes: uma que acompanha o grande conhecimento do tema e a conseqüente luta pela preservação das próprias Indicações com postura previsível de superioridade em relação a dos demais, situação de alguns países europeus; outra que acompanha o pouco uso e certa indiferença causada por desconhecimento e muita preguiça de saber do que se trata, situação de vários países espalhados pelo planeta; e outra, ainda, que por excesso de conhecimento e mal dissimulada vontade de benefício, perpetra apropriação indébita do que é de outros.

b) Bordejar a linha de demarcação é um permanente desafio.
Explicamos: o tema é tão vasto e, ao mesmo tempo, possibilita tanta especialização que qualquer autor de estudo sobre a matéria se pretender falar da temática geral não pode quebrar-se à tentação de explicar cada verbete sob pena de escrever muitas e muitas páginas só sobre este verbete específico e mesmo assim deixar a desejar.
O presente estudo tem a ambição de tratar do tema como tal e tivemos que resistir à vontade de mostrar erudição. O resultado seria produzir obra enciclopédica que, mesmo assim, seria insuficiente.

Exemplificamos: no capítulo III, da Parte II – Sob a UE tentamos abordagem abrangente. Se fosse pinçado um assunto apenas, se houvesse detalhamento do tema "vinho" e fosse possível falar somente do Regulamento (CE) nº 1493/1999, com suas sucessivas alterações e respectivas normas de execução, muito seria preciso escrever e o objetivo, ainda assim, não seria alcançado, como se verá adiante. Tentamos, portanto, sempre estabelecer as bases, os fundamentos e não ultrapassar a linha de demarcação imposta ao trabalho e apresentar os temas de tal maneira que ficasse sempre aberta a possibilidade de aprofundamento por quem o desejasse.

c) Outra preocupação foi a de deixar o trabalho minimamente datado: explanar estudos e controvérsias a caminho de resolução, por exemplo, faria melhor a um estudo pontual que a uma defesa de tese e procuramos fugir desta forma de abordagem. Há, todavia, extensa pesquisa de tratados e, principalmente, de regulamentos europeus, o que foi feito para facilitar a pesquisa de quem se deparar com algum caso concreto a resolver. Não aprofundamos a incursão em leis locais, mas sabemos imprescindível tal pesquisa na busca de solução para fato concreto. O motivo de não o termos feito é que o estrangeiro nem sempre tem a atualização legal a tempo. Percebemos muita desatenção quando outros falaram sobre nossa legislação interna e não quisemos correr o risco.

Posto isto, aos capítulos:

Parte 1
- no I, procuramos fundamentar o instituto da IG e delimitar sua abrangência segundo nossa visão particular; cotejar EUA e UE e, sem isenção, dizer que as propostas podem coexistir, mas não se excluem; tratar de alternativas importantes à manutenção da cultura; e
- no II, procuramos analisar sua natureza jurídica, tarefa ciclópica pela diversidade dos pontos de vista inclusive o nosso.

Parte 2
- no 1, procuramos com isenção mostrar as soluções legais oriundas de tratados internacionais que fizeram o possível à época, mas sempre

se mostraram insuficientes, ou seja, reclamam todos, os que podem contribuir e não o fazem ou não podem fazê-lo, os que não querem contribuição e a brecam;

- no 2, a visão sempre bem intencionada de organismos internacionais; e
- no 3, o que se passa sob UE com produtos agrícolas e agroindustriais.

Finalmente, iremos contribuir com nossas conclusões ao final deste trabalho.

CONSIDERAÇÕES PRELIMINARES

Quem estuda Indicação Geográfica precisa aprender História, Geografia, Geologia, Agronomia, Agricultura, Enologia, Fitossociologia, Ecologia, Religião, Filosofia, Psicologia, Economia, Negócios, *Marketing*, Etiqueta, Estilo, Gastronomia, Enofilia, Sociologia, Antropologia, Zoologia, Literatura, Línguas, Política, Direito, Relações Internacionais e tantas outras matérias de interesse humano. Só por este motivo já se vê quão interessante é o estudo da IG, um dos mais interessantes em Direito, aliás.

A relevância do tema escolhido aparece por si com a evolução da narrativa sumarizada a seguir. É imensa para um país como o Brasil.

Indicações Geográficas são instrumentos de grande serventia de que se valem europeus desde tempos imemoriais para angariar, hoje, bilhões de euros; conferem também vantagens sociológicas, além das econômicas, e, de acordo com ponto que defenderemos, motivam evolução espiritual e considerável aumento na qualidade de vida dos participantes. Tais vantagens parecem ser as razões fundamentais para que os brasileiros se apropriem das qualidades sistêmicas do instituto.

À guisa de apresentação do tema e do propósito a ser alcançado preparamos, para facilitar a compreensão do leitor, o seguinte comentário que, embora longo, torna mais pontual o objetivo[1].

Indicação Geográfica é uma expressão que visa transmitir um só conceito, mas, na realidade, transmite dois conceitos[2] aparentemente desconexos entre si.[3]

---

[1] Texto atualizado de Rocha Filho (2006, p. A3).
[2] Os conceitos são de nossa lavra.
[3] Texto atualizado de Rocha Filho (2006, p. A3).

INDICAÇÕES GEOGRÁFICAS

Indicação Geográfica é a nomeação oficial de um local certo em que se dá Bem do mesmo nome e que seja típico, regional e peculiar com garantia de procedência e com qualidade tradicional e reconhecida pela repetição leal, responsável e constante.[4]

Bordeaux, Bourgogne, Alentejo, Rheinhessen, Rioja, neste caso, são nomes geográficos que garantem que o vinho que será bebido é bom e correto.[5]

Tal definição, no Brasil, está consagrada pela Lei 9279/96 nos seus artigos 176 e seguintes bem como pela Instrução Normativa n. 25 de 2013 do INPI, que estabelece as condições para o registro das IG's.[6]

Há, porém, o que ainda provoca enorme confusão entre especialistas, outra definição e que parte de outro ponto de vista: pelo art. 22 do TRIPS[7] (incorporado ao Direito pátrio) Indicação Geográfica é o Bem (*'good'* no texto em inglês, o que faz diferença, pois a melhor tradução para o vernáculo não é exatamente "produto", escolha do tradutor, mas Bem) típico, regional e peculiar, com nome certo e reconhecido oficialmente como originário de local, região ou país nomeado diferentemente, mas que lhe confere qualidade, reputação e característica reconhecida pela repetição leal, responsável e constante.[8]

O Vinho do Porto português, o *Sekt* alemão, o *Cava* espanhol, o *Feta* grego e a Cachaça brasileira, dentre outros, estão compreendidos pelo conceito.[9]

Assim, enquanto um sentido tem sua ênfase no Local, o outro tem sua ênfase no Bem; ambos os sentidos convivem e descrevem situações diferentes, porém conexas entre si.[10]

A Comunidade Europeia tem quase 3.000 indicações geográficas[11] e o Brasil apenas trinta e seis indicações de procedência e nove denominações de origem até o fim de 2.015 (já tinha – desde 19/11/02 – o Vale dos Vinhedos para vinhos, tinha – desde 14/04/05 – Café do Cerrado para café,

---

[4] Texto atualizado de Rocha Filho (2006, p. A3).

[5] Idem.

[6] Disponível em: <http://www.inpi.gov.br/legislacao-1/in_25_21_de_agosto_de_2013.pdf>. Acesso em: 12 jan. 2016.

[7] Acordo sobre Aspectos dos Direitos de Propriedade Intelectual relacionados ao Comércio (WTO, 1994a).

[8] Texto atualizado de Rocha Filho (2006, p. A3).

[9] Idem.

[10] Idem.

[11] Idem.

tinha – desde 12/12/06 – Carne dos Pampas para carne e Paraty – desde 10/07/07 – para aguardentes do tipo cachaça e composta azul) o que é um dos problemas que ajuda a emperrar nossas negociações comerciais internacionais.[12]

Bens garantidos por Indicação Geográfica têm seu *marketing* desvinculado da tradicional política globalizada de marcas, conceito a que o brasileiro está mais afeito.[13]

Claro: quando há junção da matéria prima com o solo, com o clima, com o homem que produz para o homem que aproveita, chegamos a um resultado mágico, chegamos à exposição da cultura e do estilo do homem que faz para apreciação da cultura e do estilo do homem que consome.[14]

Isto faz a diferença: há um método ancestral e tradicional (ao contrário do nosso conceito de crescimento em que se cresce para o futuro, os romanos compreendiam o crescimento como um movimento no sentido do passado), profunda identidade cultural (e daí *ex facto oritur* jus, ou seja, do fato nasce o direito), uso local, leal e constante (com aumento do respeito e da autoestima), mais segurança e responsabilidade (o autor do bem ou serviço sofre a constante vigilância e censura de seus pares), ausência de imitações (pois é único) e uma constante oposição à globalização (pois se trata de algo típico, regional e peculiar que luta contra o banal, contra o standard, contra o industrial e tem horror à fraude).[15]

Tais bens são sempre Embaixadores do seu país de origem e por isso mesmo têm alta relevância interna; são condicionantes da maneira pela qual este país é visto e implicam sua relação com outras comunidades.[16]

Conferem, também, segurança aos que da Indicação Geográfica se aproveitam, pois os bens sob denominação têm preços maiores e mais garantidos que os genéricos e os ativos locais são mais valorizados. É impressionante, no Brasil, por exemplo, a evolução qualitativa e quantitativa dos vinhos protegidos pela Indicação de Procedência Vale dos Vinhedos e dos ativos locais que tiveram valorização de até 500% em 5 anos após o reconhecimento da região, taxa impressionantemente muito mais alta que a média

---

[12] Texto atualizado de Rocha Filho (2006, p. A3).
[13] Idem.
[14] Idem.
[15] Idem.
[16] Idem.

das outras regiões não integrantes[17]. Há, também, uma patente melhoria na qualidade de vida dos integrantes da Região Demarcada, pessoas que se distanciam enormemente das outras regiões.[18]

O Brasil tem um potencial imenso para configurar Indicações Geográficas e não o faz por inércia, por desatino, por desídia e por desconhecimento.[19]

Se nosso país já sofre com concorrência ilegal e desleal de empresas estrangeiras que se apossam de algumas de nossas tradições para com elas nomearem produtos feitos fora da região que lhes deu reconhecimento, o que se dirá da perda internacional, e nesse caso irreversível, de alguns nomes que, hoje amparados pelo art. 22 do TRIPS[20], podem perder sua condição especial, o que pode acontecer com a cachaça, por exemplo. O Peru, onde nasceu o Pisco, brigou durante muitos anos com o Chile por esta denominação e, perante a Corte Internacional de Justiça de Haia, em 27 de janeiro de 2014, conquistou o direito de "patenteamento e reconhecimento internacional do Pisco, [...] como produto genuinamente peruano desde o séc. XVI"[21]. O queijo *Camembert*[22], que é feito em *Camembert*, foi, por inércia dos franceses locais, reconhecido em 1926 pela *Cour d'Appel d'Orléans* como termo genérico e de domínio público. Foi resgatado pelos locais somente em 1983 com o artifício da adição "de *Normandie*" ao nome, sendo hoje reconhecido como "*Camembert de Normandie*" e de novo consagrado como o queijo verdadeiro, típico, regional e peculiar que dá a este bem o seu prestígio.[23]

Os líderes regionais brasileiros precisam despertar e defender suas realidades próprias dentro da lei para, a partir da concessão da proteção,

---

[17] Informação da própria APROVALE – Associação dos Produtores de Vinhos Finos do Vale dos Vinhedos. Dados atualizados para os anos 2001 a 2009 Disponível em: <http://www.valedosvinhedos.com.br/vale/conteudo.php? view=96&idpai=132#null >. Acesso em: 12 jan. 2016.

[18] Texto atualizado de Rocha Filho (2006, p. A3).

[19] Idem.

[20] WTO (1994a). Disponível em: <https://www.wto.org/spanish/docs_s/legal_s/27-trips_04b_s.htm#top >. Acesso em: 12 jan. 2016.

[21] Disponível em: <http://jornalggn.com.br/noticia/o-efeito-pisco-a-disputa-diplomatica-entre-peru-e-chile>. Acesso em: 13 de janeiro de 2016.

[22] Disponível em: <http://www.fromage-normandie.com/fr/camembert-normandie/>. Acesso em: 12 jan. 2016.

[23] Texto atualizado de Rocha Filho (2006, p. A3).

poderem, com orgulho, apresentar seus feitos e exibi-los mundo afora, valendo-se da força da comunidade e da sua indicação geográfica.[24]

O motivo da nossa escolha é que o tema da Indicação Geográfica mal começa a ser elaborado no Brasil. Isto dificulta os estudos a respeito e amplia os horizontes do desafio. Há muito desconhecimento do que seja o instituto e muito preconceito.

Mesmo fora do Brasil a Indicação Geográfica vincula-se ao nome geográfico do sítio de onde provém algo que é entendido como um produto (e nunca um Bem), sem maiores explicações ou aprofundamentos que elucidem o tema e o que se passa verdadeiramente como fato da vida real. Quando o nome veiculado não é o mesmo da região de onde provém o produto (Vinho do Porto, por exemplo, aqui tomado como produto e não como Bem) nada se fala a respeito e o tema é circundado sem menção deixando a contradição de lado na esperança que ninguém se dê conta (e, aparentemente, ninguém se dá...).

Essa circunstância vem de séculos (o Vinho do Porto é referido antes, mas foi protegido oficialmente em 1756) e as soluções são sempre criativas e de cada país interessado, antecedendo de muito a possibilidade legal do TRIPS que data de 1994[25]. Essa possibilidade aparentemente permite que um nome desvinculado do sítio de onde provém possa ser uma Indicação Geográfica e é a primeira vez que a possibilidade internacional se curva à hipótese.

Antes, sem tratados internacionais e sem a criatividade interna brasileira, Bens brasileiros como rapadura, cachaça e cupuaçu ficam de fora sem maior aprofundamento técnico sobre a possibilidade.

Vamos abordar este assunto pelos seus vários ângulos. Como encontramos grande dissintonia entre o que se fala na doutrina e o que ocorre no campo – nosso objetivo é registrar nossa experiência no campo – há vários textos nossos que simplesmente, não podem percorrer textos de outros porque este ângulo nunca foi abordado assim antes.

Com este estudo, esperamos poder ajudar no esclarecimento dos conceitos e na disseminação de um tema que, ver-se-á, se reveste de imensa importância na atual quadra da produção de bens em nosso país.

---

[24] Idem.
[25] WTO (1994a).

INDICAÇÕES GEOGRÁFICAS

O método de pesquisa utilizado compreende a leitura das obras doutrinárias relacionadas com a matéria, mas que são muito escassas no Brasil e, surpreendentemente, no exterior também; são ainda mais escassas no Brasil onde não é encontrada a grande maioria das obras dos poucos autores europeus sobre o tema o que não seria, talvez, grande problema em tempos de Internet, não fora a volatilidade das informações encontradas por esse meio.

Assim, autores franceses, alemães, húngaros, italianos, espanhóis não são diretamente citados por inexistentes suas obras no Brasil ou por falarem de outra coisa, tão grande às vezes a distância entre a sua posição e a nossa.

Autores portugueses são mais facilmente encontrados e são mencionados, um deles, principalmente, Almeida[26] na esteira de Ascenção por trabalhar em órgão público, o Instituto do Vinho do Porto, o que lhe dá abrangência e autoridade que outros autores não têm.

Um excelente manual editado por um escritório belga (O'Connor[27]) nos foi enviado por imensa cortesia desse escritório e tornou-se muito útil na apresentação das idéias.

Autores brasileiros, notadamente Pontes de Miranda[28], têm suas idéias apresentadas em destaque no texto.

Mas a grande fonte do instituto continua sendo, por falta de obras vultosas sobre o tema, os Tratados Internacionais.

Por mais que doutrinadores abordem o tema de maneira original, eles acabam sempre finalizando seus pensamentos com a citação literal de Tratados e Acordos Internacionais, notadamente o Acordo de Lisboa[29] que forneceu uma definição de DO que é bastante usada; este ponto foi bastante remarcado.

Como novo sopro, o TRIPS e seu famigerado artigo 22[30] trazem mais alento ao Instituto.

Conseguimos encontrar no Brasil, em maior número, resumos, relatórios e resultados de participação em congressos e seminários, monografias, dissertações de Mestrado e assemelhados.

---

[26] Almeida (1997,1998,1999).
[27] O'Connor (2003).
[28] Miranda (1971).
[29] ONU (1958).
[30] WTO (1994a).

CONSIDERAÇÕES PRELIMINARES

O enfoque da leitura foram as obras jurídicas, leis e explicações insertas em sites referentes ao tema em países onde a legislação é avançada e que podem ser consideradas fontes primárias da pesquisa.

As tais obras jurídicas, todavia, notadamente as mais antigas, retratam uma realidade a que não damos conhecimento – nem nunca demos – sobretudo quando refletem um tempo que não existe mais; mesmo quando refletiam seu tempo retratavam uma falsa, ou equivocada, ou enevoada, idéia do instituto, segundo nossa visão.

Valemo-nos, sempre, da nossa própria experiência na área, experiência esta que foi sempre desenvolvida no campo, nos locais onde se processava o movimento.

Diversas viagens exploratórias, e preparadoras, em campo, do presente texto, desde 1982, foram feitas ao Chile, Argentina, Estados Unidos, Inglaterra, Portugal, França, Alemanha, Itália, Espanha, Hungria e Suíça. A Região Serrana no Brasil começamos a explorar em 1966.

Nestas viagens conversamos várias vezes com muitas pessoas mundialmente notórias e bastante reconhecidas, líderes locais, diretores de associações, assessores jurídicos, enólogos, produtores, *negociants, vignerons*, comerciantes, enófilos, consumidores, proprietários, *restaurateurs, sommeliers* e outros assemelhados e foram eles que moldaram nossa visão do Instituto.

Nossa própria experiência como integrantes, durante anos, de várias Associações de Classe ligadas à área foi crucial para o aperfeiçoamento deste trabalho.

Esta experiência nos demonstrou que o método a ser utilizado para análise deveria ser o da leitura extensa do material concernente para, exatamente, poder criticá-lo; essa pesquisa teria um caráter mais dogmático, minimamente zetético. Mas o maior valor de pesquisa adviria da outra, daquela desenvolvida no campo: o que realmente acontecia para a formação de Indicação Geográfica que os livros não retratavam?

Parte 1
Considerações Fundamentais que Delimitam a Vastidão do Instituto

1
Indicações Geográficas

O mármore é de Carrara e com ele se construiu o Panteon na Antiga Roma em 118 DC; já era conhecido desde há muito e tinha Carrara como Procedência.

O primeiro *Grand* Cru de que se tem notícia é o Vinho de *Falerno*; famosíssimo e muito caro foi sempre referido desde há muitos anos antes de Cristo, pelos Romanos, como excelência em vinho; tinha *Falerno* como Procedência.

Os gregos adicionavam ao prenome do filósofo a sua cidade de origem: Tales de Mileto; Heráclito de Éfeso; Parmênides de Eleia; Aristóteles de Estagira.

Alguém ou algo era famoso? Tinha qualidade e categoria? Lá vinha sua indicação com conotação geográfica a fazer a distinção.

A Comissão Europeia denomina a indicação geográfica como um sinal distintivo, que é usado para identificar um produto como original de determinado território num país, região ou localidade, garantindo qualidade, reputação ou outras características que conectam tal produto a uma origem geográfica[31].

Indicações Geográficas (IG's) não têm tratamento uniforme na doutrina mundial o que se reflete nas diversas manifestações a respeito fazendo do tema uma demonstração de si mesmo, pois em cada lugar o instituto é tratado como peculiar e único.

---

[31] Disponível em: <http://ec.europa.eu/trade/policy/accessing-markets/intellectual-property/geographical-indications/>. Acesso em: 13 jan. 2016.

Mesmo dentro de um país as IG's têm, muitas vezes, tratamentos diferentes. Normalmente torna-se necessário estudar e compreender a regulamentação local ou regional, para bem entender o funcionamento, o processamento de uma IG determinada.

O apelo do topônimo é muito forte e parece encantar os doutrinadores e legisladores que escrevem seu saber e suas leis tendo nomes geográficos como tônica exclusiva.

Países como o Brasil, que têm uma imensidade de nomes não geográficos (cachaça, rapadura...) disputando reconhecimento como Indicação Geográfica, ficam desamparados.

Portugal com seu Vinho do Porto e Espanha com seu Cava são alguns dos variados exemplos internacionais de nomes não vinculados diretamente a sítios geográficos que tiveram seu reconhecimento através de leis que os consideram Denominação de Origem independentemente de não o serem, pelo menos aos olhos dos tratados internacionais então vigentes que sempre enfocam o topônimo.

O pouco cuidado com nomes que não tinham vinculação geográfica direta – como *whisky*, por exemplo – parece explicar o motivo de terem caído em domínio público[32], perdendo sua característica de Indicação, apresentando inúmeros problemas posteriores que tiveram de ser criativamente contornados.

A preocupação doutrinária e mesmo legal aponta para uma tripartição que fica jogada aos olhos das pessoas, mesmo especializadas: Indicação Geográfica (IG) como gênero de que defluem, imediatamente, suas duas espécies, Indicação de Procedência (IP) e Denominação de Origem[33] (DO) que é, aliás, a posição brasileira. Doutrinadores há que tomam Indicação Geográfica como sinônimo mais erudito de Indicação de Procedência e outros que intentam colocar a Indicação Geográfica como algo a mais que a Indicação de Procedência e menos, porém, que a Denominação de Origem.

---

[32] Mais informações sobre o assunto podem ser consultadas em documento da Comissão Europeia, Brasil, *Help Desk Mercosur*. IPR PME. Disponível em: <http://www.latinamerica-ipr-helpdesk.eu/sites/default/files/factsheets/ pt_brasil_factsheet_vf_traduzido.pdf>. Acesso em: 12 jan. 2016.

[33] Esta denominação pode, mais modernamente, ter acréscimos qualificativos, tais como o da recente DOCG, na Itália, Denominação de Origem Controlada e Garantida, para ficar apenas em um exemplo, o que abunda e não traz nenhum grande benéfico teórico ao Instituto, pois nada lhe acrescenta a não ser a sensação gerada pelo *marketing* de que algo de mais refinado se apresenta sob a novel denominação.

INDICAÇÕES GEOGRÁFICAS

A doutrina, aliás, tem influência menor na elucidação do Instituto, restando aos Tratados Internacionais, verdadeira Fonte, a maior responsabilidade em sua delimitação.

Os Tratados, todavia, como se verá, não concordam entre si, apresentando visões díspares a respeito do mesmo.

São "emendados" por Regulamentos e Acordos bilaterais: uns e outros podem sofrer oposição de países que se sentem prejudicados e oferecem esta oposição nos Foros competentes.

A Lei de Propriedade Industrial brasileira (LPI)[34] é, na esteira da Convenção de Paris[35], do Acordo de Madrid[36] e do Acordo de Lisboa[37], tributária das ideias nestes tratados veiculadas: o seu Art. 176 informa secamente que constitui indicação geográfica a indicação de procedência ou a denominação de origem, sem tipificar o que seja Indicação Geográfica, propriamente, o que contribui, por certo, para ampliar a confusão em assunto não pacificado.

No seu Art. 177 há o salto que considera indicação de procedência o nome geográfico de país, cidade, região ou localidade de seu território, que se tenha tornado conhecido como centro de extração, produção ou fabricação de determinado produto ou de prestação de determinado serviço.

A ênfase que a doutrina internacional confere ao texto é que *ou* a extração *ou* a produção *ou* a fabricação (*ou* uma combinação delas) deve ter características tais que confiram reconhecimento a um local como centro de extração, produção ou fabricação.

Entra aqui um componente lingüístico, a noção de fama contrapondo-se à noção de notoriedade, distinção cara aos textos legais quando abordam marca, por exemplo[38].

A fama[39] seria atributo da Indicação de Procedência (que alguns não traduzem tão bem do francês *Indication de Provenance*, pois o fazem literalmente como Indicação de Proveniência[40]).

---

[34] Brasil (1996).

[35] ONU (1883).

[36] ONU (1891).

[37] ONU (1958).

[38] Nem sempre nos escritos doutrinários sobre IG percebe-se a distinção entre fama e notoriedade: Gonçalves (2007), na esteira de outros autores, não parece preocupado com a distinção.

[39] Fama entra aqui como a do local conhecido, como a do local de que se ouviu falar, mas que pode, eventualmente, ser esquecido, contrapondo-se à notoriedade do local que é reconhecido e respeitado por características fundamentais e profundas que lhe conferem admiração enraizada e evidente por lembrança espontânea.

A notoriedade é atributo da Denominação de Origem que é, pelo seu Art. 178, assim definida:

> Considera-se denominação de origem o nome geográfico de país, cidade, região ou localidade de seu território, que designe produto ou serviço cujas qualidades ou características se devam exclusiva ou essencialmente ao meio geográfico, incluídos fatores naturais e humanos.[41]

Esta definição festejada mundialmente é cópia literal da definição inserta no Acordo de Lisboa[42].

Traduz o **local**, de onde se origina um **produto**, com **qualidades** ou **características**, que, beneficiado **exclusiva** *ou* **essencialmente** por seu meio geográfico, ou seja, por **fatores naturais** encontrados neste ponto específico que são **humanizados** pela ação inventiva do ser humano, seja notoriamente reconhecido como importante.

Aqui surge uma dúvida prática que contrapõe "origem" a "meio geográfico". No primeiro caso está a se falar do local de nascimento, de onde se origina o produto em questão. No segundo caso está a se falar daquilo que é meio para atingimento de um fim, ou seja, dos fatores geográficos e humanos que, justapostos, contribuem para o surgimento de um Bem.

Algo, todavia, não se explica com clareza: fala-se afinal de "um produto que nasce em um local que lhe dá o nome" ou de "um local onde nasce um produto que lhe toma o nome"?

Ou seja, quando falamos em *Bordeaux*, falamos de um vinho que se origina em *Bordeaux* (vinho *Bordeaux* é um vinho que com tais características nasce em *Bordeaux* o local que lhe confere seu nome) ou falamos de *Bordeaux*, local onde nasce um vinho que só pode lá se originar, sem qualquer contestação, e por isto toma seu nome?

Aparentemente fala-se sempre de um local e não de um produto (ou *corpus mechanicum – que* é o suporte material, a coisa em si que circula livremente induzindo seu consumo e seu uso, conforme a necessidade e desejo – e que se difere da coisa incorpórea, do *corpus mysthicum* – é a criação intelectual ela mesma, a apresentação imaterial, metafísica da ideia que se corporificará – e, que na prática, pela repetição, acaba sendo a

---

[40] Como faz Miranda (1971), por exemplo, mas acompanhado por vários outros.
[41] Brasil (1996).
[42] ONU (1958).

mesma coisa[43]): mas como ficam, então, o citado *Whisky*, o Vinho do Porto, o Cava, a Cachaça, a Rapadura, e tantos outros produtos que nomeados diferentemente do local de onde se originam não podem ser esquecidos, pois existem, e, se simplesmente são jogados para debaixo do tapete, são ao mesmo tempo, reconhecidos como Denominação de Origem por meio de decretos ou leis?

Os Autores, e menos ainda as legislações diversas, não se debruçam sobre o tema.

A noção de produto, assim, permeia sempre o tema e favorece inúmeras confusões que ainda persistem.

É com o TRIPS[44], no seu art. 22[45], que nasce a oportunidade de distinguir um local do produto que lá se origina (ou de um Bem, como com propriedade denomina o texto em inglês, mal traduzido para alguns vernáculos, inclusive o nosso).

Quanto à classificação do Instituto há sugestões: surge, entretanto, uma tentativa de simplificação na medida em que alguns sugerem que Indicação Geográfica seja mais que Indicação de Procedência e menos que Denominação de Origem[46]; ou que Indicação de Procedência tenha seu nome alterado para Indicação Geográfica[47] para citar alguns autores.

Tentamos a seguir aclarar os temas que aqui abordamos, principalmente para criar um sistema que auxilie o Brasil (e outros países similares) a perseguir sadiamente as vantagens da Indicação Geográfica.

A visão que será passada é peculiar e espelha as reflexões que temos sobre o tema.

1.1. O que é uma IG?

O que é realmente Indicação Geográfica não parece tema fácil de ser desenvolvido pela doutrina em geral. Não há definições conclusivas na literatura mundial. Aliás, muitos autores discorrem sobre o tema como se todos soubessem o que é uma Indicação Geográfica e não se preocupam em con-

---

[43] Almeida (1999, p. 105) e Gonçalves (2007, p. 85), citando a mesma fonte, trocam inadvertidamente o 'incorpóreo' pelo 'corpóreo' o que confunde a leitura de seus textos.

[44] WTO (1994a).

[45] Adiante comentado no item 3.5.

[46] O'Connor (2003), a que adiante se referirá a *Geographical Indications in National and International Law*.

[47] Gonçalves (2007, p. 314) na esteira de portugueses.

ceituá-la, indo simplesmente adiante. Entendemos que em Direito *ex facto oritur jus* (do fato nasce o direito) e daí criamos nosso entendimento do que se passa no domínio das Indicações Geográficas. Por essa razão, na falta de literatura mais conforme fomos ao campo observar o Instituto e ver como ele se manifesta em diversas regiões de diversos países.

Verificamos que Indicação Geográfica é um conjunto de palavras que visa transmitir um só conceito, mas, na realidade, transmite dois conceitos aparentemente desconexos entre si, mas que não são[48]:

1. Indicação **Geográfica** é a nomeação oficial de um *local certo* em que se dá Bem do mesmo nome e que seja típico, regional e peculiar com garantia de procedência e com qualidade tradicional e reconhecida pela repetição leal, responsável e constante.

2. **Indicação** Geográfica é o ***Bem típico, regional e peculiar***, com nome certo e reconhecido oficialmente como originário de local, região ou país nomeado diferentemente, mas que lhe confere qualidade, reputação e característica reconhecida pela repetição leal, responsável e constante.

Linguisticamente explicando o que parece ser diferença inexpugnável temos que na primeira definição de Indicação Geográfica a ênfase está na palavra **Geográfica**; na segunda definição de Indicação Geográfica a ênfase está na palavra **Indicação**: reunimos assim o que antes parecia nunca poder ser composto.

Há deste modo as duas ênfases: na primeira definição a ênfase está na palavra "**local**" (*Bordeaux, Bourgogne, Alentejo, Rheinhessen, Rioja* etc) e na segunda definição a ênfase está na palavra "**Bem**" (o Vinho do Porto português[49], o *Sekt* alemão, o *Cava* espanhol, o *Feta* grego e a Cachaça brasileira, dentre outros, estão compreendidos pelo conceito).

---

[48] Como dito antes, estes conceitos são de nossa lavra.

[49] O Vinho do Porto nasce e cresce no Douro, é elevado no Douro ou em Vila Nova de Gaia e exportado por meio do porto de Leixões. A cidade do Porto não tem conexão com o famoso vinho, portanto. Se teve, e grifamos o SE, foi há muito tempo, antes de 1750, quando diz a lenda os ingleses iam ao porto da cidade do Porto buscar seu vinho, porto este de onde o vinho era ex-port-ado.

De outro modo: na primeira acepção o Bem toma o nome geográfico do local[50] em que se origina; na segunda acepção o Bem tem nome próprio e é referido como originário de um local determinado.

A doutrina e os textos legais referem somente a IG com ênfase na palavra **local**.

Quando surge o Bem com nome diferente do local de onde se origina há silêncio e constrangimento e nenhuma alusão ao tema: com força legal este Bem é guindado ao status de DO e assim é estabelecido sem maior comentário.

Podemos exemplificar.

Já sabemos que sempre surge o problema quando a IG é um Bem e não um local.

Como fazer quando o nome do Bem não é o mesmo do local geográfico de onde se origina?

Em Espanha, dentre várias soluções de vários outros países, a Lei 24/2003[51] (*Ley de La Viña y Del Vino*), trazia sua solução para o *Cava* que não referia, como o Vinho do Porto também não refere, qualquer origem geográfica, ou seja, não havia um local denominado Cava: no seu derrogado artigo 13 item 1 especificavam-se os níveis do sistema dividindo os vinhos em Vinhos de Mesa (*Vinos de mesa* e *Vinos de la tierra*) e Vinhos de qualidade produzidos em uma região demarcada v.c.p.r.d. (*vinos de calidad con indicación geográfica, vinos con denominación de origen, vinos con denominación de origen calificada* e *Vinos de pago*). Nada obstante a colação para fins didáticos, o sistema de proteção de origem e qualidade dos vinhos espanhóis foi derrogado pela *Ley* n. 6 de 12 de *mayo* de 2015, vigente desde 2 de junho de 2015[52].

O item 2 do mesmo derrogado artigo 13 dizia que "a denominação Cava tem em todos os seus efeitos a consideração de denominação de origem."[53]

---

[50] 'Local' aqui não significa a demarcação territorial político-administrativa definida em constituição nacional, estadual ou municipal ou lei; significa a porção geográfica que se convencionou denominar desta forma: por exemplo, no Brasil, a IP Vale dos Vinhedos, na Serra Gaúcha, no Rio Grande do Sul, originalmente um distrito de Bento Gonçalves, é formada pela junção de parte dos municípios de Bento Gonçalves, Garibaldi e Monte Belo do Sul e nomeia os espumantes, vinhos tintos e brancos de lá provenientes.

[51] Espanha (2003).

[52] Disponível em: <http://noticias.juridicas.com/base_datos/Admin/l24-2003.html>. Acesso em: 12 jan. 2016.

[53] Espanha (2003).

Atualmente, a disposição adicional primeira do art. 38 da *Ley* 6 de 12 de *mayo* de 2015 considera como 'corporação de direito público' o Conselho Regulador da Denominação de Origem Protegida Cava[54].

Notem a criatividade: com a fundação da associação, que fiscaliza todo o processo, o Conselho Regulador Cava estabelece a expressão *"zona de producción de cava"* que compreende 159 municípios diferentes, nenhum deles chamado Cava.[55]

A maioria se concentra na *Catalunya* onde se elabora 99% da produção total; a maior expressão é *Penedés* mais concretamente em *Sant Sadurní d'Anoia* capital do Cava.

Existem as indicações de vinhos espumosos de qualidade: Premium e reserva, definidos na normativa européia e vinhos espumosos com DO; e gran reserva que podem utilizar os vinhos com DOP Cava.

É de se ver que dentro das especificidades da denominação de origem protegida Cava, por sua condição de unidade geográfica menor, o chamado *paraje* vitícola, pode ter seu nome alocado depois da expressão Cava junto com o termo Qualificado, conforme especificações legais para as DO's Qualificadas (cf. Regulamento UE 1308 de 17 de dezembro de 2013[56]).

Em Portugal, o Vinho do Porto e a Região Demarcada do Douro são regulamentados e demarcados pelo decreto-lei 166/86 de 26.06.1986[57].

Diz seu artigo 1º:

> 1 – A cultura da vinha na Região Demarcada do Douro fica subordinada às disposições do presente diploma e outros diplomas regulamentares. 2 – Para todos os efeitos legais, são confirmadas como denominações de origem, com as consequências dai resultantes, as designações "Vinho do Porto", *"Vin* de Porto", *"Port Wine"*, "Porto", *"Port"* (ou seus equivalentes noutras línguas), as quais só poderão ser usadas, em relação a produtos vínicos, para o vinho generoso que a tradição firmou com esse nome produzido na Região Demarcada do Douro e que satisfaça as exigências estabelecidas neste diplôma e na demais legislação em vigor. 3 – Fica proibida a utilização em outros produtos vínicos

---

[54] Disponível em: <https://www.boe.es/boe/dias/2015/05/13/pdfs/BOE-A-2015-5288.pdf>. Acesso em: 12 jan. 2016

[55] Idem.

[56] Disponível em: <https://www.portugal2020.pt/Portal2020/Media/Default/docs/Legislacao/Regula mento_1308-2013_PARLAMENTO_EUROPEU_E_DO_CONSELHO. pdf>. Acesso em: 13 jan. 2016.

[57] Portugal (1986).

de nomes, marcas, termos, expressões ou símbolos susceptíveis de, pela sua similitude fonética ou gráfica com os protegidos neste diploma, induzirem a confusão do consumidor, mesmo que precedidos dos termos "tipo", "estilo", "engarrafado em" ou outros análogos.[58]

O Decreto-Lei n. 254 de 11 de agosto de 1998 reconhece Porto e Douro como denominações de origem controlada, estabelecendo regras sobre a delimitação da região, dos solos, das castas, das praticas culturais, e sobre a vinificação, inscrição e classificação dos vinhos, o que vem depois regulamentado por meio de portarias como a Portaria n. 413 de 18 de abril de 2001, que aprova o regulamento de classificação de parcelas com cultura de vinha para a produção de vinho susceptível de obtenção da denominação de origem Porto e do Regulamento n. 242 de 15 de março de 2010 que dispõe sobre a apresentação e proteção da denominação de origem Porto[59].

Como se vê cada país, cada solução.

O Brasil não tem grande posicionamento[60] na área e, até o momento[61], o INPI não aceita IG que não contenha topônimo. Dessa forma não passam nem por análise do órgão (o que se dirá de registro) casos como o da Cachaça, da Rapadura, e outros congêneres que referem um Bem sem conotação geográfica direta. Assim nosso INPI, fosse estrangeiro, recusaria reconhecer nomes como Vinho do Porto, Cava etc. equívoco grave que, evidentemente, não cometeram os outros países de onde se originaram tais Bens recepcionados e protegidos com orgulho, garantia e segurança.

Quando se realça a IG com ênfase na palavra **local** há sempre uma gradação de intensidade: indicação geográfica, indicação de procedência e denominação de origem são, com pequenas variações semânticas de país para país, de região para região, os nomes de que se valem os legisladores, doutrinadores e usuários para especializar o conceito, o que ficará mais claro nos próximos capítulos.

Como são aceitas mundialmente, sem maiores contestações, tendo-se mesmo incorporado ao entendimento universal, ficamos com as defini-

---

[58] Idem.

[59] Disponível em: <http://www.ivdp.pt/pagina.asp?idioma=0&codPag=48&>. Acesso em: 12 jan. 2016

[60] Exceto o decreto da cachaça, vide item 1.6.3, da Parte II.

[61] Fim de 2008.

ções já apresentadas quando, no preâmbulo, introduzimos os artigos 177 e 178 da LPI.

Relembrando, o Art. 177[62] considera indicação de procedência o nome geográfico de país, cidade, região ou localidade de seu território, que se tenha tornado conhecido como centro de extração, produção ou fabricação de determinado produto ou de prestação de determinado serviço.

O Art. 178[63] considera denominação de origem o nome geográfico de país, cidade, região ou localidade de seu território, que designe produto ou serviço cujas qualidades ou características se devam exclusiva ou essencialmente ao meio geográfico, incluídos fatores naturais e humanos.

Esta festejada definição inserta neste artigo 178, como dissemos, é cópia literal da que foi apresentada no Acordo de Lisboa[64].

Uma DO é a simbiose da geografia local com a humanização do produtor; é a sutil relação essencial *sine qua non* que se estabelece entre o Bem e sua origem que não pode ser reproduzida fora dali, fora do ponto preciso em que se dá a extração, produção, transformação e elaboração desejadas, sem qualquer adição de ajuda e ou matéria prima estrangeira.

Mas que fique claro: é **esta** exibição, fruto de repetição leal, segura e constante que se traduz em tal Bem reconhecido por todos.

Expliquemos: caso se fale de um produto *in natura*, uma laranja[65], por exemplo, ela será sempre a expressão do local, com qualidade ou característica constante, o que se deve exclusivamente ou essencialmente ao meio geográfico, aí incluídos fatores naturais e humanos. Os fatores humanos se restringirão às técnicas que melhor atenderem à necessidade do pé de laranja que melhor se adaptou ao sítio em questão e os fatores naturais àqueles presentes no solo da região sempre afetado pelo clima local.

Isto quer dizer que, quando há extração, o meio geográfico entendido como fator natural prepondera.

Neste caso – quando prepondera o fator natural – entendemos que há uma IP e somente uma IP; este não é, todavia, o sentimento do nosso INPI e de muitos outros Institutos estrangeiros.

---

[62] Brasil (1996).

[63] Idem.

[64] ONU (1958).

[65] Lembremos da famosa *Jaffa* (ou *shamouti*) israelense uma DO muito reconhecida e que está ao redor da cidade de *Jaffa*. Mais informações consultar Donadio (1999). Disponível em: <http://www.estacaoexperimental.com.br/documentos/BC_11.pdf>. Acesso em: 13 jan. 2016.

INDICAÇÕES GEOGRÁFICAS

Quando, nos casos de produção, fabricação ou manufatura, ao solo e ao clima se agregarem a escolha da matéria prima e o homem que faz (o fator humano como fator cultural), teremos além do fator natural a adição da técnica que convencionaram usar e que é **esta** e não outra.

Outra exibição – ou até outras – teria sido possível se a convenção tivesse sido diferente, mas não foi: não foi outra a solução local que foi encontrada, foi **esta** e assim ficou ela caracterizada como expressão máxima da DO.

Um dia alguém optou *por* **uma** solução que se provou adequada, mesmo mágica, e os outros habitantes do mesmo sítio, observadores, começaram a copiar; depois começaram a trocar idéias a respeito do resultado. Daí a técnica adotada corporificou-se e tornou-se por uso prolongado, tradicional do lugar.

Poderia ter sido outra a técnica consagrada, mas não foi.

O vinho de *Bordeaux* é assim e toda a gente o sabe, mas poderia ser outro se as técnicas inventadas fossem diferentes e daí ele seria reconhecido por ser outra coisa (e talvez até tenha sido quando a *assemblage* incluía a *carmenère*[66]!).

Como o método que se entendeu como o mais apropriado para a região foi **este** ele passou a ser repetido com lealdade e constância e tornou-se referência. Se outro método fosse escolhido – e, talvez, fosse possível escolher outro –, técnica diversa teria sido desenvolvida e outro referencial teria a região.

A chave do entendimento do que se falou acima está na palavra 'técnica'.

Já em uma IP a relação geografia/homem se dá em menor grau, mas suficiente para conferir ao Bem uma característica peculiar e típica; algumas das fases de extração, produção, transformação e elaboração, ou todas elas, se dão neste ponto particular e ajudam o Bem a se apresentar assim e não de outra forma. É o nome de uma região, de um local ou, excepcionalmente, de um país, que denomina um Bem de qualidade reconhecida que deve sua reputação a esta origem geográfica[67].

---

[66] Uva que se pensava extinta desde a época da filoxera (mais ou menos em 1865), que participava da *assemblage* de um *Bordeaux* e que foi encontrada de novo no Chile ao redor de 1990.

[67] As uvas que compõem um vinho proveniente da IP Vale dos Vinhedos no Brasil devem ser 85% procedentes do local reconhecido como vale dos Vinhedos; 15% pode vir de outras plagas e compor a *assemblage* ao gosto do produtor.

Não há, como já se expôs, nem na doutrina nem nas leis e tratados qualquer referência ao Bem como IG (até o TRIPS[68]) e menos ainda à sua divisão em IP e DO eis que todas as menções privilegiam *o* **local** como IG (tratamento dado ao topônimo); é mesmo impossível tratar o Bem como IG no Brasil porquanto as modificações devidas à adesão ao TRIPS[69] ainda não se concretizaram[70], apenas o art. 24 menciona as negociações internacionais e suas exceções como a possibilidade de acordos bilaterais ou multilaterais[71].

Já demonstramos com o exemplo do Cava que ele se 'transformou' em DO por força legal interna.

Mas poderia ser a IG com ênfase no Bem dividida em IP e em DO?

Cremos que sim.

E de maneira muito natural, pois esta IG sempre é referência do sítio de onde procede.

Quer seja usada com ênfase em local, quer seja em Bem, esta divisão simples e elucidativa entre IP e DO é comum em países quc dão inicio ao instituto ou naqueles com diversidade geográfica e cultural menos sofisticada.

Uma pergunta se impõe: pode uma IG abordar mais de um Bem?

Sempre se viu a IG vocacionada para uma coisa só, ou seja, uma região não deveria ter tanta força espiritual que permitisse o nascer de duas tendências não ligadas (cutelaria e queijos, por exemplo), dando nascimento à afirmação de que uma IG não pode comportar duas especialidades diferentes: pesquisando Parma, cidade italiana, verifica-se que a cidade é famosa pelo seu **queijo** *Parmigiano-Reggiano*, o nosso popular **parmesão**, além do **presunto crú** (Presunto de Parma) e também pela marca internacional de lacticínios **Parmalat** (o que poderia conferir – mas não confere – outro status aos laticínios locais).

---

[68] WTO (1994a).

[69] Idem.

[70] Até agosto de 2008 nada permite ao Bem ter o tratamento de IG e este é o entendimento do INPI. Claro que um jurista consciencioso fará prevalecer sua posição se requerer ao Bem tratamento de IG com base no TRIPS (WTO, 1994a) desde que não há mais, como havia antes de 1994, óbice legal.

[71] Disponível em: <https://www.wto.org/spanish/docs_s/legal_s/27-trips_04b_s.htm>. Acesso em: 12 jan. 2016.

INDICAÇÕES GEOGRÁFICAS

Há, todavia, em cada sítio um jeito particular de enfocar o tema o que impossibilita a um estudioso achar que por entender uma especial maneira entendeu todas as demais. E mais. Já que se fala de qualidade local não será compreendendo os critérios de IG, IP e DO que um estudioso perceberá de qual qualidade se fala: será adentrando o critério particular de cada IG que o estudioso captará de que qualidade se fala!

Em países com diversidade geográfica e muita tradição no uso constante e diversificado do instituto é importante considerar que:

(1) uma IG, quer seja indicação de um "local" quer seja indicação de um "Bem", normalmente se desdobra c 'desce' de um termo mais alto, mais abrangente para vários outros cada vez mais específicos[72];

(2) são estes desdobramentos que tornam sofisticado o que em outros lugares pode ser muito simples que dificultam a compreensão do instituto inclusive quando acoplados a critérios próprios de qualidade aplicados no interior de cada região;

(3) as duas formas de IG's (ênfase em "local" e ênfase em "Bem") e seus conceitos podem ser e muitas vezes são usados concomitantemente sem qualquer regra que os enquadre ou classifique e podem ser usados, também, sob marca que os assinale[73]; e

(4) propomos que, algumas vezes, o uso da IG como "Bem" ou da IG como "local ou pequeno ponto determinado" possa ser propriedade de uma só pessoa jurídica ou física o que afronta o que se lê na doutrina, ou seja, que a IG é sempre propriedade comum dos integrantes da área delimitada.

Não é assim em França ou em Portugal, por exemplo, mas é na Alemanha onde se vê a seguinte divisão que apresentamos exemplificativamente: com imenso aumento do caráter individual o conceito 'desce' de Vinho Alemão, para Região (*bestimmte Anbaugebiete*, b.A.), para Distrito (*Bereiche*), para Vinhedos Coletivos (*Grosslagen*) e, por fim, para Vinhedos Individuais (*Einzellagen*).

---

[72] Exemplo: Vinho Francês, *Bordeaux* AC, *Médoc* AC, *Haut Médoc* AC, *Pauillac* AC, classificação de 1855, *Château Latour*, ou seja, o valor do Bem aumenta exponencialmente conforme o conceito 'desce' e se especializa.

[73] Exemplo: Vinho do Porto, Douro Superior, Quinta da Ervamoira, Tawny, Indicação de Idade 10 anos, Adriano Ramos Pinto.

INDICAÇÕES GEOGRÁFICAS

Assim um vinho alemão será um Mosel-Saar-Ruwer, Bereich Bernkastel, Bernkasteler Badstube e, finalmente, Bernkasteler Doktor como vinhedo individual. Casos de somente um proprietário deter o uso da IG toda – como acontece com o *Château-Grillet*, perto de *Condrieu*, norte do *Rhône*, em França – deixariam de ser raríssimos se aceita nossa apresentação.

A doutrina sempre pensou uma IG como local genérico de onde emana um produto (não um Bem como propomos) e nunca cogitou que um Bem pudesse ser ele mesmo uma IG e que tal IG pudesse, dentro do critério de especialização a que aludimos, denominar diferentes categorias.

A lei de Propriedade Industrial brasileira e os Tratados e Convenções antes do TRIPS[74] não enquadram o "Bem" e sim o "Local" e tal postura legislativa tirou de nossa cachaça, por exemplo, o reconhecimento do INPI.

A postura doutrinária – e mesmo legal – de tentar sistematizar um tema que é impossível de ser sistematizado, a não ser localmente, ajuda a atrapalhar e não colabora para melhorar a percepção do instituto com suas duas acepções.

O tema é visto no mundo real com a maior liberdade e, exatamente por isto, confunde os menos avisados. Tal assunto não é passível de enquadramento e não pode ser visto como se classificável fosse: cada caso deve ser estudado de per si desde que se tenha compreensão do instituto como um todo.

O tema, portanto, comporta matizes em países com rica diversidade.

Podemos exemplificar valendo-nos de nomes famosos: quem fala em *Romanée-Conti* (e estamos a falar dentro da classificação interna local, de um Grand Cru) refere um vinho da *Bourgogne* (uma IG) que tem seus 2 ha. cravados na *Côte de Nuits* (outra IG), mais especificamente em *Vosne-Romanée* (outra IG) e que pode ser uma IG em si, segundo vemos o tema; quem fala em *Château Pétrus* (nomeado internamente como um *Premier Cru*) refere um vinho de *Bordeaux* (uma IG) proveniente do *Pomerol* (outra IG) e que pode ser uma IG em si, segundo vemos o tema.

Se num lance tresloucado seus proprietários quisessem abandonar a extração destes vinhos causariam comoção mundial; sempre se cogitaria da desapropriação de seus terrenos por serem, alegadamente Bens culturais nacionais franceses, sem qualquer possibilidade de solução de continuidade.

---

[74] WTO (1994a).

Não são, nesta hora, marcas reconhecidas e notórias de que se fala: são verdadeiros tesouros culturais que são mencionados.

Tais bens foram ora relatados como marcas de negócio ora percebidos e referidos com a devoção que merecem por si sós como se IG's fossem e sem qualquer consideração marcária.

Tais nomes sempre ficaram no limbo.

Marcas não são, segundo vemos, e se assim fossem consideradas levariam à compreensão errônea: são e sempre foram IG's, a nosso ver, apesar de existirem majoritariamente tratamentos diversos do tema e que vão em outra mão.[75]

Não podemos perceber que uma propriedade com sua dimensão geográfica e territorial específica, que atue dentro do limite territorial de uma IG e sob regras específicas desta IG, tenha exatamente o nome de sua propriedade considerado como marca se, nome geográfico que é, ou nome de Bem que é, refere o que a IG tem de mais específico e típico, conferindo-lhe o maior valor, às vezes mesmo, *o* grande valor da IG.

Fica, portanto, nossa proposta.

Mas como dito, nada impede que alguém trabalhe sob IG e sob marca ao mesmo tempo. Tal postura, aliás, pode ser extremamente útil. São inúmeros os casos em que uma empresa trabalha ao mesmo tempo com a IG genérica e u'a marca para distinguir-se dos demais genéricos concorrentes.

Todos os *champagnes tout court* fazem isto, por exemplo, e são marcas de altíssimo prestígio.

Mas há casos, como proposto, em que uma propriedade passa a deter fama por sua característica típica, regional e peculiar e daí adquire, a nosso ver, também, ela mesma, o status de IG se o Bem ofertado é feito somente na propriedade ou com material extraído exclusivamente da propriedade.

Na ordem que apresentamos: da mais genérica para a regional para a comunal para a local, todas estas IG's estão imbricadas entre si e dependentes do ordenamento geral daquela IG mais genérica.

Em nenhum momento tal classificação que nos é própria afronta a divisão da Doutrina e da Legislação em Indicação de Procedência e Denominação de Origem. Voltaremos ao tema no item 1.6 adiante.

---

[75] Na contenda entre *Château Margaux* e *Cigarros Davidoff* quando estes quiseram apropriar-se do nome daquele para seus puros, o tema foi tratado nos tribunais franceses como "assunto de marcas" (ALMEIDA, 1999), além da vários outros. Consultado o *Château* recusou-se a abordar o tema conosco.

INDICAÇÕES GEOGRÁFICAS

Reafirmamos que o mesmo matiz pode ser encontrado na IG enquanto "Bem" considerada: um nome genérico, um nome regional, um nome comunal, e, propomos, um nome local (por exemplo, entre as Cachaças de Minas Gerais[76], tem-se a Cachaça Salinas[77] e a Anísio Santiago[78], antiga Havana).

A classificação interna da IG a que aludimos e que existe caso a caso, mas, repetimos, não tem menção na doutrina, passa a deter mais importância que a simples e tradicional classificação de IP e DO.

Ela representa para os premiados com a inclusão de seu nome na classificação interna milhões e milhões de euros a mais no faturamento anual.

E dá margem a grandes confusões jurídicas quando mal utilizada.

Recentemente duas famosas classificações de *Bordeaux* sofreram abalos e foram se resolver na Justiça.

A classificação de 2003 dos Cru *Bourgeois* em Cru *Bourgeois Exceptionnel*, Cru *Bourgeois Supérieur* e Cru *Bourgeois* sofreu forte abalo quando no começo de 2007 um juiz local de *Bordeaux, Jean-Pierre Valeins,* considerou que nada menos que 18 membros do painel responsável pela análise, exame e seleção dos produtores autorizados a usar aquelas menções tinham relação direta com os analisados e anulou a classificação. Há dúvida se a classificação anulada foi a de 2003, valendo a imediatamente anterior de 1932 ou se não há mais esta classificação interna. Parece que a classificação Cru *Bourgeois* está morta[79]. A *Alliance des Crus Bourgeois* agiu com rapidez e criou novo selo, a Etiqueta de Cru *Bourgeois,* como marca de qualidade e não mais como ranking de situação dos *Châteaux.* Esta situação típica de marca de certificação criou outra coisa para substituir o que havia antes. Agora Cru *Bourgeois* significa uma designação de qualidade; o direito de uso da denominação depende da produção e da visita que fiscais fizerem ao local e da análise organoléptica que realizarem; é anual e certificada por organização independente; a qualificação pode ser concedida a qualquer produtor do *Medoc* que a requerer.

Outro escândalo surgiu na célebre classificação de *Sant Émilion.*

---

[76] Disponível em: <http://www.ohminas.com.br/de-minas-para-o-mundo-conheca-as-cachacas-mais-famosas-do-estado/>. Acesso em: 12 jan. 2016.

[77] Disponível em: <http://www.cachacasalinas.com.br/>. Acesso em: 12 jan. 2016.

[78] Disponível em: <http://www.alambiquedacachaca.com.br/artigo.php?recordID=11&artigo=Cacha %E7a%20An%EDsio%20Santiago,%20antiga%20Havana.%20Um%20mito!>. Acesso em: 12 jan. 2016.

[79] Escrevemos esta afirmação em meados de 2008.

INDICAÇÕES GEOGRÁFICAS

A divisão local atribuía a alguns *Châteaux* o título de *Premier Grand Cru Classé* A, a outros o título de *Premier Grand Cru Classé* B e a outros finalmente o título de *Grand Cru Classé.*

A classificação de 2006 trouxe 61 *châteaux* inclusive 6 novos membros que passaram a dividir por mérito aquelas classificações. Sempre há muito dinheiro envolvido nestas outorgas de mérito, pois os mais bem classificados imediatamente reajustam para cima seus preços. O que se passou é que 11 produtores foram desclassificados ou tiveram seu *ranking* diminuído. 7 dentre eles entraram na Corte de *Bordeaux* e obtiveram[80] a anulação da classificação pelo alegado motivo de pouco caso na outorga e favorecimento a alguns. Os perdedores, ou seja, aqueles que tinham recebido a inclusão de seu nome no novo *ranking* classificatório apelaram da decisão que não tem até agora novidade. Um dos maiores motivo da grita é que "dezenas de milhões de euros" se perdem com a decisão.

Claro que os locais e os consumidores dão mais valor a estes sistemas classificatórios internos, como dissemos, que dão à divisão entre IP e DO.

Essas ficam bem albergadas no seio das associações criadas para fiscalizá-las e sempre se atém aos requisitos para não haver perda de situação favorável. E surgem outras, as internas, para melhor divisão proporcional dos benefícios naturais da pertença dos produtores às IP's e às DO's.

O que se quer dizer é que quando alguém passa a fazer parte de uma IG seu produto final imediatamente vale mais no mercado; ora nem todos merecem igualmente este ganho: alguns merecem mais que o ganho normal da IG por produzirem mais qualidade, ou seja, por exibirem algo próximo da promessa do Bem local (ponto em que *corpus mechanicum* e *corpus mysthicum* se tocam), outros merecem o ganho normal da IG por produzirem na média o que a IG promete.

Isto traz para estas associações a grande responsabilidade de preservação da IG evitando fiascos como assinalamos acima e que ocorreram com os cru *bourgeois* e com os vinhos finos de *Saint Émilion.*

Em toda região que se vale da IG há uma associação[81] legalmente constituída pelos proprietários locais e seus assemelhados para preservar o seu bom nome, para regular este uso (inclusive com as classificações internas de qualidade) e fiscalizá-lo.

---

[80] Meados de 2008.
[81] Ver item 2.17 adiante.

Esta associação é quem verdadeiramente detém o controle do uso do nome da IG.

O uso moderno do instituto trouxe outra necessidade à associação, qual seja a de efetuar o cadastro mais completo das empresas que podem se valer da IG no local e cadastro de seus ativos, principalmente das sociedades que atuam no ramo agrícola, para melhor controle, fiscalização e prevenção.

Nestes casos, a associação controladora do uso da IG na região tem, por exemplo, o cadastro exato das vinhas controlando parreira por parreira, doença que cada uma pode ter (o que constitui o micro clima), as doenças que várias podem ter, a produtividade, a poda, a colheita (com dia hora e minuto!), o plantio com identificação do melhor tipo de uva consagrada (cada vitis vinífera desdobra-se em subtipos com diferenças muito sutis entre si que reconhecidos por letras e números são melhores para um *terroir* em detrimento de outros), facilitando, inclusive, o controle dos vinhos biológicos (sem uso de fertilizante ou agrotóxico) e biodinâmicos (aqueles que além de não usar fertilizantes e agrotóxicos valem-se das forças cósmicas).

Este cadastro, verdadeiro banco de dados, detém o mais perfeito controle dos passos da região.

Há, por fim, outra colocação fundamental e que não é referida pela doutrina especializada[82]: a região demarcada, claro, é delimitada por fronteiras para efeito externo, ou seja, ela tem seus limites extremos bem definidos. O que não está suficientemente referido é que tem também uma delimitação **interna** (os limites internos são bem definidos, não significam **todo** o limite interno. Excluem cidades, acidentes geográficos, terras menos férteis, terrenos mal localizados, improdutivos, estradas etc.), ou seja, não é todo produtor que, compreendido dentro dos limites extremos da IG, tem autorização para, enquadrado no regramento local, produzir sob IG: ele tem também que estar enquadrado nos limites internos da IG para se valer da possibilidade. Além, se enquadrado nos limites internos da IG, ele ainda tem que se associar à Associação (e seu Conselho Regulador, o que quer que seja...) local para produzir sob IG, o que se verá melhor no 2.17.

Sucede, assim, que a IG dificilmente expandir-se-á para fora, como se pode intuir, pois houve natural e quase definitiva exclusão dos terrenos situados fora dos limites já traçados tradicionalmente, mas pode se expandir para dentro, discussão que se desenvolve agora mesmo na *Champagne*, por exemplo.

---

[82] Aliás, o que se diz é exatamente o contrário: qualquer pessoa que for estabelecida **dentro** dos limites da IG pode usar seu nome, o que não é e nem nunca foi verdade!

1.2. O que emana de uma IG?

Será muito útil para ampliar a compreensão do instituto, antes de outras considerações, perquirir o que *se extrai* de uma Indicação Geográfica, o que **emana** de uma Indicação Geográfica.

Serviços são, em geral, desconhecidos por nós como oriundos de uma Indicação Geográfica e não nos parece que o instituto possa albergar a categoria, apesar de textos legais mencionarem a possibilidade. Falaremos de um ou outro caso, como ilustração, mas não nos convence que uma categoria como "serviço bancário suíço", por exemplo, possa ter valor na menção.

Alguns serviços, como massagem tailandesa, parecem ser oriundos de um local e só lá executados. Mas são pouco enraizados na terra que lhes dá origem; são serviços profissionais que, bem aprendidos, são incorporados pelo técnico e executados onde quer que ele se encontre. Perdem, assim, sua característica de origem, tornando-se genéricos, pois massagem tailandesa pode ser aplicada em qualquer pessoa em qualquer lugar do planeta se efetuada por profissional conhecedor de seu ofício e dos segredos desta massagem.

Sem referência territorial, descartamos, assim, a categoria serviço deste trabalho.

O que é extraído de uma Indicação Geográfica, o que é produzido, fabricado ou manufaturado em uma Indicação Geográfica?

Nos seus textos em inglês, a Convenção de Paris[83] diz que se extraem produtos, mercadorias ou bens móveis (*goods* art. 9, *goods* art. 10 e art. 10.2); o Acordo de *Madrid*[84] menciona produtos, mercadorias ou bens móveis (*goods*); o Acordo de Lisboa[85] refere um produto (*product*)[86]; a Lei Brasileira fala em produto[87]; o TRIPS[88] fala em Bem (*good*)[89] e, às vezes, em *goods*.

As traduções para o português do Brasil – e várias tantas outras para outras línguas – sempre se valem do termo produto qualquer seja o termo

---

[83] ONU (1883).

[84] ONU (1891).

[85] Disponível em: <http://www.wipo.int/treaties/es/registration/lisbon/>. Acesso em: 12 jan. 2016.

[86] O último *Boletin de Denominaciones de Origen* disponível para consulta é o número 41, de janeiro de 2013. Disponível em: <http://www.wipo.int/export/sites/www/lisbon/en/docs/bulletin_2013_41.pdf>. Acesso em: 12 jan. 2016.

[87] Brasil (1996).

[88] WTO (1994a).

[89] No, para nós, importantíssimo art. 22 a palavra em inglês é '*Good*' e foi mal traduzida como se disse.

em inglês: as traduções da Convenção de Paris[90] e dos Acordos de *Madrid*[91] e de Lisboa[92] usam a palavra produto; o que é pior: assim também foi traduzido o '*good*' do art. 22 do TRIPS[93].

Será mesmo um produto?

Se analisarmos um bem industrializado – relógio suíço – tendemos a dizer que produto é o que se extrai de uma Indicação Geográfica (e relógio suíço é Indicação Geográfica).

Mas, será mesmo assim?

A relogidade platônica[94] é alterada pela sua humanização suíça. Relógio é uma coisa, relógio suíço é outra coisa. O relógio suíço não é só pontualidade e precisão sob um determinado desenho, mas a tais características que fazem da peça um relógio e não outra coisa se agregam luxo e *glamour*, tornando o relógio uma jóia de pulso, conferindo status a quem o veste.

E a diferença entre um canivete e um canivete suíço?

É um conceito que também depende de quem observa. Fica claro que quem faz, faz algo para alguém. Entra na equação o consumidor.

O que, afinal, estamos tentando dizer?

Fica mais fácil argumentar com exemplos tirados do mundo dos vinhos e destilados.

No Douro, em Portugal, por exemplo, produz-se o Vinho do Porto, isto sabe toda a gente.

O Vinho do Porto, que é uma IG com ênfase no Bem, emana de uma IG claramente identificada, o Douro (ênfase no Local) que contém três IG's distintas: Baixo Corgo, Cima Corgo e Douro Superior (ênfase no Local) que contêm, elas mesmas, tantas e tantas quintas diferentes.

Este vinho, pouca gente sabe, tem três vertentes: uma Branca (branco seco, branco propriamente dito), uma *Ruby* (*Ruby* propriamente dito, *Crusted*, *Vintage Character*, LBV, *Vintage*, *Single Quinta Vintage*) e uma *Tawny* (*Tawny* propriamente dito, Indicação de Idade – 10, 20, 30, 40 ou mais anos de idade – e Colheita): todos os vinhos são diferentes entre si em método de produção, em cor, em aroma, em buquê, em sabor, em uso e em longevidade, mas são todos Vinhos do Porto, pois, todos comungam do mesmo

---

[90] ONU (1883).
[91] ONU (1891).
[92] ONU (1958).
[93] WTO (1994a).
[94] A frase está usada em seu sentido vulgar.

Espírito, são emanações do mesmo Espírito, ou seja, são exibições diferentes de um mesmo Bem![95]

E assim são criados pelo seu produtor e assim são sentidos pelo consumidor que aceita chamar todos esses vinhos diferentes entre si de Vinho do Porto.

O mesmo ocorre com o *Scotch Whisky* que é ele mesmo uma IG proveniente de tantas IG's diferentes que contêm em si outras tantas: ele pode ser *pure malt, pure grain, blended, blended malt e blended grain*[96], com diferentes texturas, cores, idades, sabores e usos, mas é sempre *Scotch Whisky*, emanação de um mesmo Espírito, de um mesmo Bem.

E assim são criados na origem e assim são sentidos pelo consumidor que aceita chamar o Bem de *Scotch Whisky* não importa qual vertente esteja sendo nomeada e de que IG provenha.

O consumidor sabe que um produto tem o estilo de quem o produziu e que, conseqüentemente, cada um dos produtos da região demarcada (*corpus mechanicum*) é a expressão de cada um de seus autores. Sabe também que, independentemente da sua autoria, todos estes produtos que procedem da IG têm um denominador que lhes é comum: ora, o que lhes é comum, afinal, é exatamente o que caracteriza o local de onde procede ou onde se origina o *corpus mysthicum* que, sem dúvida, só acontece lá e em nenhum outro sítio.

Esta característica local que é típica, regional e peculiar é o Bem que se origina lá e que não se encontra alhures.

Isto nos remete à pergunta: o que é um Bem?

1.3. Bem

É preciso entender que Bem é uma palavra analógica, ou seja, tem diversos, mas conexos conceitos.

O conceito de Bem não é aventado em um Instituto que tem sua fundamentação baseada no nome geográfico de um local determinado; mas deveria ser citado, pois, como apresentamos anteriormente, Bem é o que emana do local quer tenha o mesmo nome do local de onde provém, quer não.

Breves comentários sobre a palavra no seu sentido mais amplo e absoluto para depois descermos para o conceito que queremos verdadeiramente introduzir.

---

[95] Esta divisão do Vinho do Porto é de nossa responsabilidade.
[96] Esta divisão de *whisky* é de nossa responsabilidade.

Bem é tudo que possui Valor, que pode ser valorado independentemente de preço, é tudo o que tem dignidade a qualquer custo, a qualquer título, é tudo o que pode ser sopesado, avaliado sempre pelo Sentimento e nunca pela Razão[97]; é um conceito individual antes de ser comum a uns, vários ou todos[98]. Por isso tem precificação relativa.

Estando no domínio da moral, dos mores, dos costumes, da conduta, dos comportamentos humanos, designa o valor específico de tais comportamentos e pode ser visto como (1) a realidade perfeita ou suprema, desejada como tal, ou seja, aquela que leva ao conceito do Bem em si, o que confere verdade aos objetos, o que confere luz e beleza a eles (Platão) ou, sem se desconectar totalmente da teoria anterior, (2) como o que é desejado e que por isto mesmo agrada a quem deseja (Aristóteles).

Quem deseja, deseja o que lhe é útil e a utilidade somente poderia ser salva mediante a ideia do bem, já que "bem" no vocabulário grego sempre significou "bom para" ou "adequado"[99].

Se alguém deseja, normalmente, deseja algo para si: assim diferentes mentes, diferentes pontos de vista, diferentes desejos.

Locke[100], no Ensaio II 21 43, dizia que "chamamos de bem o que é capaz de produzir prazer em nós e de mal o que é capaz de produzir sofrimento."

É bom o que é aprovado pelo homem e, hodiernamente, seu outro nome é Valor.

É Aristóteles, em O Político, que "sugere que nem o homem e nem deus são a medida das coisas, mas sim o bem, pois é através dele que as coisas se tornam efetivamente comparáveis e, por conseguinte, mensuráveis", cita Hannah Arendt[101].

O Bem sobre o qual discursamos, aquele que afirmamos emanar de uma IG tem conceituação aplicada: a noção de Bem que estamos aqui a desta-

---

[97] Como informam a Filosofia da Mente e a Neurofisiologia qualquer decisão é sempre fruto do Sentimento e nunca da Razão, o que foi, aliás, tema de nossa Dissertação de Mestrado em Filosofia do Direito (Rocha Filho, 2005).

[98] Todos os comentários deste 1.3 são inspirados em cursos que fizemos e que procuramos sistematizar socorrendo-nos de Nicola Abbagnano e seu Dicionário de Filosofia (Abbagnano, 1998), de nossa própria Dissertação de Mestrado em Filosofia do Direito (Rocha Filho, 2005) e de outros textos.

[99] Arendt (2001, p. 153).

[100] Locke (apud Abbagnano, 1998, p. 108).

[101] Arendt (2001, p. 154).

INDICAÇÕES GEOGRÁFICAS

car não busca afirmar o conceito de Bem Absoluto, constante, por exemplo, da frase o Homem tende ao Bem ou a seu Fim, termos comutativos.

Tem ambição menor e não pretende aprofundar grande abstração.

O que estamos a pinçar é o conceito menor de Bem como manifestação típica, peculiar e regional de um sítio próprio com a carga de humanização e, conseqüentemente, de cultura que carrega.

É a manifestação comum da região que promete tal postura e a mantém no decorrer do tempo. Esta promessa é reconhecida pelo outro, é aquela na qual o homem vulgar pensa quando mentaliza tal região e no que vai receber dela: se lhe agrada, aprova; se lhe desagrada, desaprova, mas não reprova.

Falamos, pois, da *quinta-essência local* que não se confunde com o produto encarado como *corpus mechanicum,* mas que, como bem incorpóreo ou *corpus mysthicum,* transparece a realidade local; diferem: o primeiro como conceito próximo da marca e o segundo como Bem da Indicação Geográfica, como propomos.

Esta proposta, a do Bem como quinta-essência local, auxilia a compreensão do que emana do sítio cujo nome adota, mas passa a ser fundamental para visualização do que, com nome próprio e diferente do sítio de que emana, tem existência invulgar, mas espiritualmente conectada com a região de que procede.

Não se chega ao Vinho do Porto, ao Cava, à Cachaça, à Rapadura, senão através de um raciocínio como este.

Pois está claro que falar, por exemplo, **deste** Vinho do Porto é diferente de falar **do** Vinho do Porto.

Para um país como o Brasil, com dimensões continentais e com manifestações culturais tão típicas e regionais, estará nesta noção de Bem aquela na qual se enquadrará o Instituto nos casos em que o nome do local não for o mesmo da manifestação que deste local emanar. Bens típicos, verdadeiras Indicações Geográficas, mas com nomes descolados das regiões de que procedem passam a ter, desta forma, vida própria e enquadramento facilitado no disposto no art. 22 do TRIPS[102].

Não é com a noção de produto que se atingirá esta compreensão. Esta noção tem sido usada até hoje e contribui, a nosso ver, para alguma confusão neste campo.

---

[102] WTO (1994a).

Quem conhece os poetas que criam sua mensagem em uma Indicação Geográfica percebe que estão empenhados com a noção de Bem: querem agradar não a todos, mas a um conjunto de homens e se esforçam para isso, ao contrário dos que produzem algo sob Marca e querem agradar ao maior número possível de consumidores mundo afora, obedientes à famosa definição de Theodore Levitt[103], "conquistar clientes e mantê-los fiéis e satisfeitos."

Os que atuam sob uma Indicação Geográfica buscam trabalhar com sua verdade local, humanizam o resultado de seu ofício, enfatizam a diversidade, atuam com enorme dignidade e respeito e sofrem para encontrar prosélitos.

Isto não significa que quem trabalha dentro de uma Indicação Geográfica não possa exibir-se, também, através de uma marca: afinal é o produto que lhe renderá as divisas com que sobreviverá. Uma IG sem produto vive na imaginação.

A marca além de sinal distintivo é também uma indicação de proveniência: ela indica que tal produto provém de tal pessoa, normalmente jurídica. Deste modo, esta pessoa jurídica pode apresentar igualmente com orgulho sua mensagem particular e ter boa aceitação no mercado.

Mas pode identificar, e assim acontece modernamente com mais freqüência que se imagina apenas uma orientação mercadológica, ou seja, a pessoa jurídica em questão administra – e com muito cuidado – apenas o *marketing*, e eventualmente, o *branding*, e delega outras funções: a produção pode ser feita por encomenda no Vietnam, o *marketing* e o *branding* estarem em Boston, EUA, na mão férrea dos acionistas e diretores, a distribuição e a logística serem feitas por terceirizados em Amsterdã, Holanda, e a administração financeira por uma *Off Shore* em BVI, América Central, que cuida, também, da exportação.

É a globalização em sua melhor *performance*: administra-se a marca e monitora-se o consumidor e não o produto.

Quem atua dentro de uma Indicação Geográfica (que vislumbra o Bem) pode envolver seus produtos também por uma marca: mas além de identificar proveniência de tal pessoa jurídica esta marca submete-se à tradição do local em que esta pessoa jurídica atua e cujas características não afrontam em nenhuma hipótese; mais do que isso, a marca apenas signi-

---

[103] Levitt (1960).

INDICAÇÕES GEOGRÁFICAS

fica que tal produto que refere algo típico, peculiar e regional, com IG própria, vem, também, distinguido e exaltado por um outro signo, esta marca, que significa o estilo próprio da pessoa jurídica dentro do estilo comum do local a que ela pertence. É seu grito de originalidade dentro do estilo comum da região[104].

É a versão própria de um Bem que comporta diferentes emanações; são versões sobre o mesmo que derivam do ponto de vista de cada integrante da Indicação Geográfica em questão.

Deste modo, uma diferença brutal: quem atua sob marca administra a marca e monitora o consumidor; quem atua sob Indicação Geográfica administra o Bem que é somente aquele típico do local e que não guarda correspondência com nenhum outro mais.

As técnicas comerciais e de comunicação são diferentes: quem atua sob marca aplica as possibilidades do *marketing* massivo e do *trade marketing*; quem vive sob Indicação Geográfica se vale das técnicas de Relações Públicas e do *marketing* de relacionamento.

Em tom genérico quem atua sob marca:

✓ pesquisa e avalia o consumidor e seu estilo de vida e, daí, projeta;
✓ adapta o produto à esta avaliação e o marca com sinal distintivo;
✓ vale-se de ferramentais de *marketing* massivo para ligar a marca ao mercado; e
✓ audita, reavalia, repensa, corrige, acompanha todo o tempo.

Neste caso cada dono de marca atua individualmente no mercado e se puder trucida seus concorrentes.

Em tom genérico quem atua sob Indicação Geográfica:

✓ entende e compreende o Bem pela ótica do que a Região normalmente pensa;
✓ adapta Bem e Região, acrescentando, se puder, seu estilo pessoal;

---

[104] Hugel, em Riquewihr, Alsace, não incorporou as novas denominações da AOC Alsace. Segue com seus próprios termos pessoais, que inaugurou antes das novas denominações, a distinguir a qualidade dos seus vinhos. Seus rótulos, se alsacianos no que apresentam de mais puro, têm como característica desabrochar suas estonteantes e magníficas especificidades muito tempo depois de engarrafados, o que é contrário à maioria dos vinhos de seus pares. Conforme entrevista pessoal que fizemos com Georges e Jean Hugel em meados de 1989.

INDICAÇÕES GEOGRÁFICAS

✓ aguarda pacientemente que consumidores se agradem (inclusive incentivando Turismo local para contato imediato com as peculiaridades regionais); e

✓ compreende e fiscaliza os métodos locais e deles não se afasta, procurando não afrontar o mercado, mas fazendo-o se necessário.

Neste caso a soma das partes integrantes de uma Indicação Geográfica – salvo raríssimas exceções – é menor que o todo, pois é o todo que prestigia a parte e a sobrevivência – picuinhas à parte – de um é a sobrevivência dos outros.

É de se lembrar que vinhos e espirituosos têm sempre tratamento legal mais restritivo, o que se apontará na seqüência.

1.4. Fundamentos da IG

O que caracteriza um Local ou um Bem como Indicação Geográfica?

Basicamente um conjunto de atitudes.

Do lado do consumidor o sentimento de quem percebe a poesia que emana de uma IG e a vivencia não só quando visita o local, mas também quando transporta em seu coração esta realidade local e a replica durante o tempo do uso dos produtos, momento em que evoca, então, todo um significado que transcende o mero consumismo chegando ao consumerismo (consumo consciente); quando mais do que **consumir** este cliente pontual **perceber** a quintessência a que se referem os conceitos de que comunga, mais entusiasmado (tomado por deus mesmo!) ele se encontrará, possuído por rara sensibilidade triunfante e compreensiva.

Do outro lado, do outro ator da IG, o homem que a retém em seu coração e a representa permanentemente:

1º – quando há junção da matéria prima com o solo, com o clima, com o homem que produz para o homem que aproveita, chegamos a um resultado mágico, chegamos à exposição da cultura e do estilo do homem que faz para apreciação da cultura e do estilo do homem que consome. Tal comentário é valido para quaisquer bens ofertados pelo instituto quer sejam agrícolas quer sejam industrializados.

2º – isto faz a diferença: existe um método ancestral e tradicional (ao contrário do nosso moderno conceito de crescimento em que se cresce para o futuro, os romanos compreendiam o crescimento como um movimento no sentido do passado) há muito em vigor. Há, destarte, profunda identidade cultural (e daí *ex facto oritur jus*, ou seja, do fato nasce o direito) com este método que é desde sempre uso local, leal e constante criando algo típico, regional e peculiar deste local, só deste local e de nenhum outro mais. Sobre este crescimento para o passado lembramos que não é atributo só dos romanos: é certo que Roma antiga compreendia este voltar-se, como dito, e compreendia muito bem, mas não só ela. A Igreja Católica Apostólica Romana só se compreende assim; os Estados Unidos da América, cultuando seus pais fundadores exibem a mesma atitude; as sociedades anônimas longevas, todavia, reforçam e remarcam esta tradição, pois é estatístico que as empresas que se afastam da mensagem que lhes deu seu fundador no ato de sua criação ou vão à falência ou tornam-se outra empresa como atestam inúmeros estudos de *branding*. Não se combate impunemente o *"auctor"*, o autor da façanha, o que tem autor-idade para tanto. Esta característica da IG, portanto, de cultuar sua volta ao passado para reinventar-se no futuro é uma de suas peculiaridades mais marcantes e que assinala o dito de Giuseppe di Tomazi Lampeduza – de mudar para permanecer o mesmo – com outra dinâmica que não tinha antes. Os alicerces da IG estabelecem-se na religião, na autoridade e na tradição[105]. *Auctoritas* como derivação do verbo *"augere"*, "aumentar" e aquilo que a autoridade ou os de posse dela constantemente aumentam é a "fundação"; religião como *"religare"*, "ligar de novo"; tradição como "entregar a alguém o testemunho do antepassado". Os exemplos e os feitos dos antepassados e o costume desenvolvido após eles são sempre coercivos, mas sem os aspectos externos de coerção, sem força, sem violência, sempre com autoridade.

3º – aumento do respeito próprio dos integrantes da Indicação e da sua autoestima pela pertença a um local e a uma missão. Há, também, uma patente melhoria na qualidade de vida dos integrantes da Região Demarcada, pessoas que por serem conscientes, engajadas e missionárias se distanciam enormemente das pessoas de outras regiões. A pacífica convivência com a diversidade confere a estas pessoas uma evolução espiritual visível no primeiro contato.

---

[105] Conceitos extraídos de Hannah Arendt (2001, p. 163 e ss.).

INDICAÇÕES GEOGRÁFICAS

4º – mais segurança e responsabilidade (o autor do bem sofre a constante vigilância e censura sua e de seus pares) o que confere vantagem para o consumidor.

5º – ausência de imitações (pois é único) e uma constante oposição à globalização (pois se trata de algo típico, regional e peculiar que luta contra o banal, contra o standard, contra o industrial e tem horror à fraude).

6º – tais bens são sempre Embaixadores do seu país de origem e por isso mesmo têm alta relevância interna; são condicionantes da maneira pela qual este país é visto e implicam sua relação com outras comunidades.

7º – conferem, também, segurança aos que da Indicação Geográfica se aproveitam, pois os bens sob denominação têm preços maiores e mais garantidos que os genéricos e os ativos locais são mais valorizados (chegando às vezes ao cêntuplo das áreas vizinhas não integrantes). O reconhecimento da IG favorece sempre melhores preços, mais constantes dos que os que se verificam alhures e imunes a crises e bolhas de consumo.

8º – tais atitudes, como se depreende, são tomadas e repetidas por um conjunto de pessoas que habita ao mesmo tempo um dado espaço e que seguem, restritivamente, geração pós-geração, um comum breviário de regras locais.

Temos deste modo, que a grande vedete da IG é a humanização.

Há o vinho humanizado, há a cutelaria humanizada, há a porcelana humanizada: e isto faz a diferença.

A característica natural da região está lá e é só daquela parcela de terra: incumbe ao homem reconhecê-la, afiná-la, aceitá-la e recebê-la, transformá-la de potência em ato. Sem o homem estas características estão lá, ficam lá, escondidas, sem exibir-se. Estas características não são só as imóveis presas no terreno esperando que algo se plante ou algo se colha; as características são também o que promove a tipicidade da região: o solo, o clima, um vento, a luz, a dificuldade de lá habitar, algo, enfim, que mude ou forje o habitante local: é o sítio afetando o homem.

Assim, outra tarefa humana – nem sempre possível – melhorar a região.

Há vários exemplos, mas vamos a um deles dentre centenas: desde muito (a região do Douro foi demarcada em 10/09/1756, mas, como é óbvio, já

INDICAÇÕES GEOGRÁFICAS

produzia muito antes) o Vinho do Porto era produzido a partir da junção de algumas das mais de 80 castas locais, cada qual com sua receita. Havia suspeita das que eram mais apropriadas. Mas foi na década de 1970 que José Antonio Rosas, mais tarde assessorado pelo seu sobrinho João Nicolau de Almeida, patrocinou intensas e longas pesquisas e reduziu as mais de 80 castas para apenas 5: tinto cão, tinta roriz, barroca, touriga nacional e touriga francesa (hoje touriga franca) e sugeriu algumas outras – entre as quais a tinta amarela – que poderiam fazer parte do *assemblage*[106].

Neste caso *é o* **homem** atacando a natureza o que sempre acontece em maior ou menor grau.

Mas há um denominador comum habitual: *é a natureza* atacando e forjando o homem local pelo seu clima, pelo seu solo, pela atuação do local sobre a gente que lá habita criando um caldo cultural que só existe nesta região e em nenhuma outra mais. Se um bem industrial vem desta região, se algo vem produzido desta região vem com a carga cultural que só se encontra aí e em nenhum outro lugar mais.

E vem com manifestação humanizada que não encontra paralelo.

É o meio ambiente, assim compreendidos fatores humanos e naturais que interagem, constituindo algo novo.

É o caráter do povo que parte de um ponto de vista (ou seja, a vista que se tem de um ponto e só deste ponto e que só tem quem está neste ponto) e que vê que vê o que vê!

Quando se fala em vinho, um homem sorri pela expectativa criada: mas quando se fala em vinho de *Bordeaux*, ou mais precisamente, de *Paulliac*, ou mais restritivamente em um *Pichon Lalande*, este homem sorri mais ainda, e sabe muito bem, muito precisamente do que se fala agora!

Há, como se vê, uma estreita simbiose entre local geográfico e o homem que lá habita, criando uma terceira força inexpugnável *sine qua non* e tão característica que ilumina toda a humanidade, enriquecendo-a, pois exsurge ex-professo, um viés humanitário que não apareceria se não fosse a ocorrência e a concomitância daqueles fatores dados na Indicação Geográfica.

Esperamos ter deixado claro que, tratando-se de Indicação Geográfica, é inexato perguntar pelo melhor: pergunta-se pela diferença, argüi-se a

---

[106] Conforme verificamos em nossa viagem investigatória ao Douro em fevereiro de 1985.

distinção, perquire-se o estilo, classifica-se o desigual, apura-se a qualidade local e sua consistência.

A comparação entre o que é melhor, este ou aquele, é estranha, porquanto etnocêntrica.

1.5. A IG sofre oposição

Mas – tempos modernos – o dinheiro fala alto nestes dias.

Como é desconfortável e desestabilizador ao ser humano mediano distinguir diferenças. O homem comum – principalmente o norte americano – quer saber qual produto – independentemente de que Indicação provenha – tem mais qualidade para poder se fixar neste produto só e ignorar os demais por indesejáveis (e isto apesar de a pergunta correta ser quem é ou quais são os mais típicos de cada região, ou, de outro modo, qual a qualidade local?).

Esta tarefa é superficial.

Mas com respeitados padrinhos, pois enquanto manifestação de um Bem o homem comum entende que deve haver uma qualidade perfeita para cada coisa.

Conhecer é apreender algo e há estudiosos que dizem que só se conhece o que se pode medir, o que confere objetividade à apreensão.

Essa postura sempre foi condenada por tantos filósofos e quem principiou o ataque foi Aristóteles quando disse que é Bom o que agrada; Hume[107] avançou quando disse que realidade é uma percepção na mente e os Construtivistas alcançaram o píncaro, por enquanto, ao dizer que toda realidade é construída na mente.

Assim, se algo agrada, agrada a alguém.

O mundo agrícola começou a se transformar e apresentar mais e mais opções.

Diante de tantas escolhas ficou árduo tentar entender todas elas e buscou-se a simplificação.

Fenômeno sintomático surgiu nos EUA em 1982: Robert Parker, crítico americano de vinhos, aplicando seu gosto pessoal (o vinho tem que ser tinto, frutado bem frutado mesmo tanto no nariz como na boca, alcoólico, encorpado, cor cereja brilhante) passou a dar notas (só conheço o que posso medir...) aos vinhos e foi encampado como norteador do gosto

---

[107] Hume (2000).

mundial. Suas notas altas valorizavam imensamente tais vinhos e aceleravam suas vendas. Logo vários produtores abandonando as características regionais passaram a *parkerizar* seus vinhos procurando obter do árbitro mundial notas altas para poderem vender melhor, mais caro e mais rapidamente sua produção.

Era o início da descaracterização da Indicação Geográfica no que toca aos vinhos: um processo externo contando com adesão interna e provocando reflexos contrários aos fundamentos do Instituto.

Outro fenômeno surgiu: os brancos passaram a ser aceitos desde que frutados, suaves e (ligeiramente) doces o que se convencionou chamar de "padrão internacional".

Pronto: lá vieram os produtores de vinhos brancos "internacionalizar" seus vinhos para poderem vender mais rapidamente e por melhores preços seus produtos.

Alguns, por exemplo, só um exemplo isolado, mas cheio de cúmplices em várias outras regiões, fazem hoje *Chablis* "internacional"[108] o que afronta o sabor típico, regional e peculiar deste vinho soberbo. O resultado obtido a partir da uva *Chardonnay*, tão exclusivo, deu outra coisa, um sabor adocicado, leve, frutadinho, feito para agradar imediatamente, sem personalidade, sem retro gosto, enfim, um vinho "internacional" que nem de longe lembra o *Chablis*: tal produto, nestas condições, diante de um controle rigoroso local, deveria perder o uso de sua *Appellation d'Origine Contrôlée* (AOC) *Chablis*; a atitude conforme seria a de privilegiar os que ainda tratam o *Chablis* dentro de sua ótica clássica.

Tal não acontece.

Reafirmamos que o uso exemplificativo do vinho *Chablis* é meramente circunstancial porque há inúmeros casos a citar em cada país produtor.

Isto poderia levantar a crítica de que a Indicação Geográfica é contra o progresso?

A Indicação Geográfica não é uma camisa de força.

É um progresso que se dirige para o passado, mas não é desprovido de inteligência.

Mario Incisa della Rochetta, da *Tenuta San Guido*, no meio de 1970, com seu *Sassicaia*, julgou que deveria produzir vinhos a partir da *Cabernet Sauvignon*, girando sua região para outra realidade, abandonou sua Indicação

---

[108] Observação de nossa responsabilidade.

– *Bolgheri*, perto da Toscana – e passou a produzir seus vinhos sob a denominação mais baixa existente, a de *Vino* da Tavola. O mesmo fez Antinori, na mesma época, com seu *Tignanello*, abandonando a denominação *Chianti* Classico. Ambos mudaram também o método de produção regional e tiveram a coragem de assumir sua invenção renunciando à Indicação Geográfica de que provinham e tiveram muito sucesso com sua nova criação que segue ao lado dos produtos típicos da região que abandonaram apesar de ainda estarem fisicamente por lá[109].

Outro exemplo clássico é o Barca Velha, português do Douro.

Poderiam estes autores, se quisessem, inventar "outra" região. E nos servem como exemplo de que uma região não necessariamente deve sempre prender-se ao conceito local de Bem, podendo, se quiser, procurar outro Bem que passa a ser local do mesmo jeito: problema técnico, como sugerimos antes.

Considerando-se que um Bem, nesta acepção, emana de uma Indicação, assim abrimos o presente capítulo; desde que esta posição tenha sido compreendida, verificamos que os fundamentos, mesmo, da Indicação estão sob dúvida enquanto prevalecerem *parkerização* dos tintos e internacionalização dos brancos: as partes envolvidas que decidem não agir sob as estritas normas de uma Indicação devem assumir sua nova postura como original e desvinculá-la da Denominação sob a qual ainda continuam a vender seus vinhos. De outro modo: sabores parecidos, feitos para agradar, são vendidos sob o nome reconhecido de uma Indicação, mas sem a tipicidade local.

É a globalização se espraiando e penetrando nos domínios seculares da Indicação.

O mundo vai ficando igual. Vai ficando mais globalizado. Todos vão ter que gostar mais do cinza e esquecer que até o cinza tem graduações diferentes entre si; haverá um só exército de formigas caminhando para o mesmo ponto de destino enquanto canta a plenos pulmões a mesma canção.

A diferença perde-se: a busca de uma qualidade universal e do vinho perfeito (ou do mais comercial...) obnubilam a manifestação independente que é possível extrair-se de cada região.

O crítico de vinhos que se opõe a isto é Hugh Johnson, inglês, que vai marcando sua posição para vinhos mais sutis e complexos, todos diferentes entre si, com a característica tipicidade da região de que procedem.

---

[109] Robinson (1994).

INDICAÇÕES GEOGRÁFICAS

A novidade trazida por Robert Parker abjura o que a Indicação Geográfica tem de mais sólido e faz avultar a Marca de Certificação no que esta tem de menos inventivo no gênero, que é, exatamente, ser u'a marca.

Simplificou-se o jurídico também na medida em que o Direito acompanha o fato e o descreve.

Paralelamente – e não por acaso – surgiram no âmbito da OMC procedimentos jurídicos norte americanos – acompanhados por alguns países – contra posturas européias em Indicação Geográfica e sobre isto se falará em 4 adiante.

1.6. A IG não é de aplicação simples

Aspecto curioso – muito mesmo – das Indicações Geográficas é que o tratamento que o instituto merece em cada país que se dedica à sua aplicação torna-o diferente em cada região que o adota, diferença que se acentua quando a IG é aplicada a produto agrícola.

Há maneiras e maneiras de perceber uma Indicação Geográfica com suas nuances de especialização Indicação de Procedência e Denominação de Origem, como se convencionou conceituar cada tipo na doutrina.

Para tornar o que é difícil mais confuso, a mesma doutrina não percebe o Bem como uma IG e o ignora.

A legislação, aliás, nunca considerou, antes do TRIPS[110], o Bem ele mesmo como IG e, assim, como manifestação de uma área geográfica, conforme dito antes, o que ampliava a ignorância do tema e servia para aumentar a desconfiança que ele provoca.

Tanta especificidade na adoção de uma IG dificulta uma abordagem simplista da matéria e exige além da compreensão holística do tema uma compreensão localizada.

A confusão aumenta quando alguém sabe que uma Indicação Geográfica tem matizes em si mesma, dependentemente do país e da região de que se fala: assim uma IG começa abrangente, ampla e termina com conotação geográfica localizada (*Bordeaux*[111], por exemplo, é o nome famoso de uma IG, com aproximadamente 100.000 ha. e 13.000 produtores com suas

---

[110] WTO (1994a).

[111] Para tais comentários, estes e outros anteriores e posteriores, valemo-nos fundamentalmente da obra de Jancis Robinson (1994), de folhetos promocionais editados pelas diversas associações locais e de nossas inúmeras viagens investigativas às regiões.

INDICAÇÕES GEOGRÁFICAS

próprias idiossincrasias, fazendo tintos e brancos e que engloba umas tantas regiões que também são IG's divididas em 37 sub-regiões ou apelações comunais, cada uma delas uma IG também), fecha para uma região mais detalhada e contida na anterior (*Médoc*, por exemplo, é o nome de prestigiosa IG na margem esquerda do estuário do *Gironde* que faz somente tintos), fecha de novo para *Haut-Médoc* e fecha de novo para uma ou mais conotações geográficas localizadas e menores que a anterior que a contém (*Pauillac*, por exemplo, é uma das 37 sub-regiões e que, por decorrência de pertencer a *Médoc* só está autorizada a produzir tintos), e fecha, finalmente, segundo propomos para um Bem típico, regional e peculiar, geograficamente determinado (o *premier grand* cru *classé*, classificação de 1855[112], *Château Latour* por exemplo, um tinto de *Pauillac*), todas estas situações compreendidas pela definição de IG como local.

Da maior para a menor, da mais abrangente para a mais localizada, *Bordeaux* AC, *Médoc* AC, *Haut-Médoc* AC, *Pauillac* AC, ou simplesmente *Château Latour*, conforme nossa proposta: são as IG's do famoso vinho, cujo nome se basta a si.

Mas, a organização da IG Bordeaux não pára aí: os vinhos do *Médoc* e um de Graves foram classificados um a um em cinco padrões de grandeza em 1855; os vinhos que ficaram de fora, os que melhoraram sua qualidade e os que vieram depois foram reclassificados no fim da década de 1920 como cru *bourgeois* e mais densamente agrupados em 1932 apresentando classificação de categoria própria.

Depois outras comunas como *Saint-Émilion*, por exemplo, criaram seus próprios critérios de qualidade[113].

Há ainda a categoria dos crus *artisans* oficialmente referida a partir de 1868 e os vinhos de cooperativa que, também, possuem regramento próprio. No fim de 1980 principiou-se a falar de *vin de garage*, o que traz outro conceito à colação[114].

Todas estas classificações pontuais convivem e se entrelaçam.

Quem pensa que com esta singela explicação do que se passa na margem esquerda vai passar a entender algo da matéria e assim compreen-

---

[112] Robinson (1994).

[113] Apesar do que dissemos no item 1.1, quando abordamos o posicionamento do tribunal francês cancelando a classificação interna de *Saint Emilion* e dos Cru *Bourgeois*

[114] Para as observações acima valemo-nos de nossas inúmeras viagens de investigação à região e de Jancis Robinson (1994).

INDICAÇÕES GEOGRÁFICAS

der Bordeaux verá a confusão em que se meteu ao estudar *Saint-Émilion* ou *Pomerol*, na margem direita do estuário do *Gironde*, em baixo no mapa, perto do rio *Dordogne*: lá são diferentes os critérios de classificação, cada qual com o seu, apesar de todos serem *Bordeaux* AC.

Assim anda a coisa em toda a região de *Bordeaux* em que imperam critérios próprios local por local, região por região, comuna por comuna.

E se este estudioso compreender algo a respeito ficará atônito ao perceber que a realidade na *Bourgogne*, e assim por diante, é totalmente diferente das inúmeras realidades de *Bordeaux*.

Compreensível, portanto, a dificuldade que o teórico tem na sistematização do instituto que conta na doutrina com simplificações que apesar de virem com carga de boa vontade complicam muito mais do que explicam a matéria. Cingir-se à divisão IG, IP e DO é restringir o conceito da IG a um denominador comum muito pobre.

Fugiremos da simplificação, pois, e, ao mesmo tempo, não cairemos na armadilha de transformar o trabalho em enciclopédico-casuístico que, se denota erudição, **sempre** deixará algo a dizer dada a vastidão do tema.

A dificuldade se adensa com a atitude de pessoas e de órgãos (como o nosso INPI, por exemplo) que, injustificadamente se recusam a aceitar que um Bem é uma IG (o que se 'oficializou' com art. 22 do TRIPS[115] que será analisado em 1.5 da Parte II) apesar de a realidade existir há tempos imemoriais e, até, conviver, como demonstrado, com o nome geográfico local[116].

Não são tão complicadas como em *Bordeaux* as IG's de outras partes do planeta: mas a apresentação acima, longe de ser confusa, apresenta a dificuldade que é para o homem médio o entendimento pleno de uma IG com suas nuances, idiossincrasias, modelos de qualidade (que como vimos espelham o estilo local da região dentro de gradação própria e não sua supremacia universal) e inúmeras diferenças de implementação região por região.

---

[115] WTO (1994a).

[116] Apesar do TRIPS (WTO, 1994a), é do INPI a responsabilidade de registrar IG's (sempre como nome geográfico): LPI Art. 182 (BRASIL, 1996). O uso da indicação geográfica é restrito aos produtores e prestadores de serviço estabelecidos no local, exigindo-se, ainda, em relação às denominações de origem, o atendimento de requisitos de qualidade. Parágrafo único. O INPI estabelecerá as condições de registro das indicações geográficas.

1.7. Breves palavras sobre 'marca', 'homonímia' e 'nome genérico'

João da Gama Cerqueira[117] dava como marca o sinal distintivo que aposto aos produtos identificava-os e os diferenciava de outros idênticos ou semelhantes. Não dependem de forma especial, continua, mas pela originalidade com que se revestem, essas denominações sempre gozaram da preferência dos industriais e comerciantes, pois desde logo ficam gravadas na memória dos consumidores, despertando atenção e fixando-se na memória, tornando conhecido o produto.

A respeito do conceito de marca, vale referir à lição esclarecedora de José Henrique Pierangeli[118].

> [...] A marca é exteriorizada mediante palavras, desenhos, signos nominativos ou emblemáticos, frases publicitárias ou não, siglas etc. destinados a distinguir os produtos ou serviços de determinada atividade, seja ou não lucrativa, objetivando atrair ou conservar a clientela ou, inclusive, impedir que o consumidor seja enganado.[119]

A nossa LPI[120] considera como marca:

> Art. 122. São suscetíveis de registro como marca os sinais distintivos visualmente perceptíveis, não compreendidos nas proibições legais.
>
> Art. 123. Para os efeitos desta Lei, considera-se:
>
> I – marca de produto ou serviço: aquela usada para distinguir produto ou serviço de outro idêntico, semelhante ou afim, de origem diversa;
>
> II – marca de certificação: aquela usada para atestar a conformidade de um produto ou serviço com determinadas normas ou especificações técnicas, notadamente quanto à qualidade, natureza, material utilizado e metodologia empregada; e
>
> III – marca coletiva: aquela usada para identificar produtos ou serviços provindos de membros de uma determinada entidade.

Reforce-se que só os sinais visualmente perceptíveis são passíveis de serem registrados como marca.

---

[117] Cerqueira (1982).
[118] Pierangeli (2003).
[119] Ibidem, p. 216.
[120] Brasil (1996).

Pela sua importância para o tema deste trabalho, as marcas coletivas e de certificação merecem comentários privilegiados, o que se fará em 1.8 logo a seguir.

A marca é propriedade de seu titular. Deve ter destinação social e, em caso de desuso por determinado tempo, terá sua caducidade decretada, ou seja, o seu titular perderá a propriedade sobre ela e o signo será devolvido ao mercado e entregue ao primeiro que o requerer para si. Tal situação não alcança nunca uma IG.

Trata-se de um sinal distintivo, um signo, que aposto a um produto distingue-o de outros similares que lhe fazem concorrência.

É uma indicação de que tal produto provém de uma determinada pessoa jurídica que com seu estilo próprio responsabiliza-se por ele. Não é uma garantia de qualidade pré-conhecida, mas uma garantia de qualidade que lhe atribui seu proprietário que se vale das técnicas de *marketing* para veicular seu propósito.

Enquanto marca individual assinala o produto da maneira que quer seu fabricante que pode modificá-lo a seu juízo; enquanto marca coletiva ou de certificação assinala produto da maneira que quer a associação que determina as condições de uso ou certifica que tal produto está dentro das especificações predeterminadas.

Em geral tais marcas não podem copiar o nome de uma Indicação Geográfica.

As marcas personalizam o manufatureiro (relógios *Citizen*) enquanto as IG's não têm neles interesse específico, pois denotam origem geográfica (relógio suíço).

Mas há problemas sérios na área.

O'Connor[121] percebe pelo menos três diferentes conflitos entre marcas e IG's:

= pessoas diferentes usam o mesmo sinal como marca e como IG para o mesmo produto ou Bem;

= pessoas diferentes usam o mesmo sinal como marca e como IG para produtos diferentes e tanto a marca como a IG são famosas; e

---

[121] O'Connor (2003, p. 61 e ss.).

INDICAÇÕES GEOGRÁFICAS

= u'a marca é registrada e consiste em nome geográfico que não identifica uma IG; esta marca torna-se famosa; esta marca pode ter se inspirado, ou não, no nome geográfico que porta[122].

Especifica[123] algumas soluções de consenso para este tema desgastante:

= o princípio da territorialidade que significa que sinais idênticos para produtos idênticos podem coexistir em territórios diferentes;
= o princípio da especialidade quando marcas similares ou idênticas podem coexistir desde que afixadas em produtos diferentes; e
= o princípio da prioridade quando o direito exclusivo de u'a marca é atribuído ao primeiro que a registrou ou usou[124].

Serão sempre considerados nestes casos os princípios gerais de direito, tais como, o da honestidade, o da boa fé, o de ninguém se aproveitar da própria torpeza e outros apropriados.

A regra geral determina que a marca não pode ser deceptiva ou enganosa e induzir falsa origem ou procedência, ou seja, a marca Antártica para bananas, como cita O'Connor baseando-se em relatório da WIPO[125], não induzirá falsas expectativas por não ser a Antártica gelada conhecida como produtora de bananas tropicais.

A situação é delicada e demanda permanente atenção: há que se considerar a abrangência da atuação do produto reconhecido pela marca e a abrangência do reconhecimento da IG: ou um tem menor abrangência territorial que o outro, por exemplo, ou ambos podem coexistir, ou podem coexistir dentro de normas preestabelecidas de expansão e assim por diante.

Neste tópico consulte-se o artigo 24.5 do TRIPS[126] que sinaliza postura. Por este artigo as proteções do Acordo não prejudicarão a habilitação ao registro, a validade do registro, nem o direito ao uso de uma marca, com base no fato de que esta marca é idêntica ou similar a uma IG quando essa

---

[122] O'Connor (2003) cita como exemplo a cerveja irlandesa Guiness: há em França uma área chamada Guines e em Cuba uma pequena localidade com o mesmo nome.
[123] O'Connor (2003).
[124] Em 1.6.6, da Parte II, a original e interessante posição brasileira sobre a coexistência dos nomes conhaque e Cognac.
[125] WIPO (2001).
[126] WTO (1994a).

marca tiver sido solicitada ou registada de boa fé ou quando os direitos a essa marca tenham sido adquiridos de boa fé mediante uso antes da data de aplicação das disposições de proteção, ou antes, que a IG estivesse protegida no seu país de origem.

A questão remanescente é se há ou não a possibilidade de atestar boa ou má fé no uso da abertura dada pelo imediatamente acima citado artigo 24.5. A resposta só poderá vir caso a caso e mesmo assim é de difícil apuração.

Outro interessante conflito se dá entre IG's homônimas, ou seja, aquelas que têm o mesmo nome, mas normalmente localizam-se em países diferentes.

Se identificam produtos similares cria-se mais confusão, pois as características de uma região não estarão replicadas na outra e assim o uso indiscriminado do nome gerará falsa expectativa. Por exemplo, um vinho produzido ao longo do Rio Reno que banha vários países[127] ou vinhos produzidos em Rioja, Espanha, ou *Rioja*, Argentina[128] gerarão certamente confusão sobre sua origem e podem confundir o consumidor menos avisado.

O tema pode ser – parcialmente – resolvido pelos arts. 22.4 e 23 do TRIPS[129] mas não integralmente como se percebe. A primeira menção protege os bens oriundos de uma IG conhecida e proíbe que nomes sejam aplicados a uma IG que embora literalmente verdadeira quanto ao território, região ou localidade da qual o produto se origina possa dar ao público falsa ideia de que esses produtos se originam em outro território; a segunda menção impede confusões com vinhos e destilados.

Como explicitaremos em 2.3 da Parte II, a OIV em sua Resolução ECO 03/99[130] aborda com mais clareza a matéria.

Matéria de difícil solução, não contém tantas regras postas que positivem o conceito: nestes casos o conceito de IG desloca-se para o consumidor e sua proteção e este é o foco da conclusão que visa deslindar a matéria.

O terror da IG é transformar-se em genérica. Nossa LPI[131] diz em seu artigo 180: "Art. 180. Quando o nome geográfico se houver tornado de uso

---

[127] Seis para ser exato: ao longo de seus 1.320 km atravessa a Europa de sul a norte e ao desaguar no Mar do Norte passou pela Suíça, Áustria, Liechtenstein, Alemanha, França e Países Baixos.

[128] Exemplos de O'Connor (2003).

[129] WTO (1994a).

[130] Disponível em: <http://www.oiv.int/oiv/info/frresolution?lang=fr>. Acesso em: 12 jan. 2016.

[131] Brasil (1996).

comum, designando produto ou serviço, não será considerado indicação geográfica".

Assim quando produto e denominação geográfica passam a ser designados pelo mesmo sinal (o que é decorrência da fama de tal IG) a IG tornou-se genérica e não mais reflete o sítio de sua origem podendo, destarte, ser produzida ou manufaturada em qualquer lugar.

Além de tal fato ocorrer de maneira normal pode acontecer de maneira forçada em virtude de um país querer se aproveitar da IG de outro se apropriando dela.

Quando o Bem deixa de ser considerado como tal e não mais se liga a uma região geográfica demarcada e passa a constituir um método, um tipo, uma maneira de fazer algo e se transforma em produto simplesmente, passa a ser considerado – para horror dos tradicionalistas – genérico e, portanto, comum a todos.

Os exemplos clássicos são a Mostarda de Dijon e a Água de Colônia (Koln).

O'Connor[132]cita caso julgado pela Suprema Corte Americana em que "Água de Vichy" foi nome considerado genérico para água carbonatada; cita, também, outros casos em que outras cortes americanas deram como genéricos os nomes "queijo suíço", "molho *worcestershire*" e "*chablis*".

Difícil é dizer quando e onde ocorre esta generalização porquanto ela pode se manifestar em um país e não em outro ou em outros ao mesmo tempo.

O Acordo de *Madrid*[133] trata do tema em seu artigo 4 e remete o tema às decisões dos tribunais, embora ressalve os produtos vínicos como fora da possibilidade por considerá-los não passíveis de se tornarem genéricos.

O Acordo de Lisboa[134] trata do tema em seu artigo 3; mas em seus artigos 5 e 6 que o tema fica mais claro: enquanto não for genérica em seu país de origem, não será genérica em nenhum outro país contratante.

Esta posição nos parece de bom senso. Afinal se uma IG tem sua origem em tal sítio, enquanto assim permanecer e assim for reconhecida, genérica não será. E se se degenerar em outro lugar basta uma campanha informativa neste lugar para que o nome recupere sua condição de indi-

---

[132] O'Connor (2003, p. 67).
[133] ONU (1891).
[134] ONU (1958).

cação geográfica (regenere-se); esta atitude deveria ser amplamente estimulada no país em que o nome tornou-se genérico.

Não há previsão legal nos tratados para abordar uma IG que passa a ser genérica e deixa de sê-lo, o que pode facilmente acontecer[135] pois basta, como afirmado, um posicionamento elucidativo do país cuja IG está sob 'esquecimento' para que o consumidor de maneira muito rápida abandone o novo conceito e adote o antigo, ressuscitando a IG.

Se não houver esta campanha de elucidação ou se não houver oposição dos titulares da IG e com esta omissão o uso da expressão, mesmo que acompanhada de avisos como 'tipo', 'idêntico' etc., for se tornando contínuo a IG poderá tornar-se genérica.

Nossa LPI já está em desacordo com o TRIPS. O TRIPS[136] que é de 1994 não permite nos seus artigos 22 e 23.1 o uso das expressões "tipo", "espécies", "gênero", "sistema", "semelhante", "sucedâneo", "idêntico" ou equivalente. A LPI[137], que é de 1996, aborda o tema no problemático artigo 193 e que colide com nossa adesão ao TRIPS, consequentemente, desrespeitando-o por aceitar "tipo", "espécies", "gênero", "sistema", "semelhante", "sucedâneo", "idêntico" ou equivalente **desde que ressalvada a verdadeira procedência do produto** enquanto o artigo 192 proíbe a falsa indicação geográfica.

O TRIPS[138] convive bem com a possibilidade de uma IG tornar-se genérica e aborda o tema em seu artigo 24.6; permite, como exceção, a existência dos termos genéricos que vieram substituir os específicos nomes geográficos antes protegidos.

Na falta de melhores tratados internacionais há o recurso de se recorrer aos tratados bilaterais que, mediante concessões mútuas, restabeleçam as condições desejadas.

---

[135] O'Connor (2003, p. 68;70) lembra com acuidade o caso Feta. Originário da Grécia (feta, aliás, significa "fatia" em Grego), o queijo era inicialmente feito a partir de queijo de cabra ou de ovelha indistintamente e, hoje, é exportado também com leite de vaca como matéria prima. Passou a ser feito na França, na Dinamarca, mas, principalmente, na Macedônia (parte da Grécia antes), na Bulgária (a partir de leite de ovelha), na Romênia e na Turquia. Desde 1994 teve sua origem contestada violentamente e o caso chegou ao Tribunal da Corte Européia. Em 14/10/2002 a sentença favoreceu a Grécia, apesar dos insistentes reclamos dos consumidores dos outros países, principalmente da Bulgária. Em todo o caso, feta é, hoje, uma DO reconhecida como grega.

[136] WTO (1994a).

[137] Brasil (1996).

[138] WTO (1994a).

1.8. Marcas. Marcas Coletivas e de Certificação

Este tópico guarda interesse por ser a manifestação norte americana a respeito do tema: revela mesmo o choque cultural entre a maneira simplificadora norte americana e a maneira complexa européia.

Para onde vai caminhar o mundo: vai manter a tradição das Indicações Geográficas com sua perene visão humanizada ou vai para a Marca de Certificação, visão norte americana?

Nosso objetivo não é dissecar o tema Marcas, Marcas Coletivas e Marcas de Certificação, mas explicar tal assunto para anotá-lo como alternativa às Indicações Geográficas.

Não vamos assim pensar sua natureza jurídica e outros dados classificatórios tão importantes se tais temas fossem refletidos em caráter principal.

Abandonamos qualquer reflexão sobre Marca concedida por qualquer motivo a grupo de empresas ou a diversas empresas bem como marca objeto de propriedade comum por não estarem tais contingências abrangidas no conceito Marca Coletiva ou de Certificação.

Primeiro dizer que, no nosso ver, ambos os conceitos Marcas Coletivas e Marcas de Certificação são diferentes[139].

São tratados quase da mesma maneira nos EUA e na UE que aceita e disciplina o tema em detrimento de tornar cada vez mais compreensível a IG.

IG de um lado, e Marcas Coletivas e, principalmente, Marcas de Certificação, de outro, são verso e reverso do mesmo assunto.

A grande diferença a nosso ver reside na **humanização** como descrita atrás quando elegemos exatamente esta humanização como a grande vedete da IG: esta é condição numa IG e seu requisito mais brilhante. Em um tratamento marcário não tem relevância, às vezes, até pelo contrário.

Marca em geral, já vimos, é um sinal distintivo que visa tornar um feito, um bem, um produto ou um serviço imediatamente distinguível, aos olhos do consumidor, dos similares da concorrência.

Marca, vimos, difere da IG.

É sempre propriedade de alguém; como propriedade seu objeto permite o *jus utendi abutendi fruendi*[140].

---

[139] O tema, como sempre neste tipo de assunto, não é pacífico. A doutrina diverge com uns, como é óbvio, concordando e outros discordando; alguns países adotam em suas leis internas uma posição ou outra; assim a estudar caso a caso.

[140] Algumas legislações nacionais vedam a transmissão das Marcas de Certificação; outras permitem se os Estatutos disciplinarem a matéria. Com a Marca Coletiva há menos controle e a situação parece ser no sentido da transmissibilidade normal da Marca.

A Marca Coletiva e a Marca de Certificação são sempre propriedade de uma associação ou organismo assemelhado.

No Brasil, como dito, a LPI[141] trata do tema no artigo 123, incisos II e III; pelo artigo 128, §2º "o registro de marca coletiva só poderá ser requerido por pessoa jurídica representativa de coletividade, a qual poderá exercer atividade distinta da de seus membros" e pelo artigo 128 § 3º "o registro da marca de certificação só poderá ser requerido por pessoa sem interesse comercial ou industrial direto no produto ou serviço atestado."

Marca Coletiva é aquela registrada por associação como sua propriedade e para distinguir no mercado os feitos de seus associados diferenciando-os dos não associados apesar de os produtos poderem ser parecidos; a marca coletiva pertence a uma associação que torna claro o seu regulamento no qual indica quem pode usar a marca, as condições para se associar, as condições de uso da marca, quando tal uso pode ser proibido e outros dados importantes. A marca coletiva pode ser constituída por nome geográfico de onde se originem os produtos.

Alguns países (Reino Unido, por exemplo) não conhecem o instituto e reconhecem apenas a Marca de Certificação.

O Regulamento (CE) nº 40/94 do Conselho (20/12/1993)[142], a partir de seu artigo 64, trata das marcas comunitárias coletivas[143],

> [...] podem constituir marcas comunitárias colectivas, na acepção do nº 1, sinais ou indicações que possam servir para designar a proveniência geográfica do produto ou serviço no comércio. Uma marca colectiva não autoriza o titular o proibir que um terceiro utilize esses sinais ou indicações no comércio, desde que essa utilização seja feita de acordo com os códigos de práticas leais em matéria industrial ou comercial; em particular, essa marca não pode ser oposta a terceiros habilitados a utilizar uma denominação geográfica.

O conceito se mantém, mas para adaptar-se ao Acordo de *Madrid* relativo ao registro internacional de marcas (conhecido como Protocolo de

---

[141] Brasil (1996).

[142] Disponível em: <http://www.fd.unl.pt/Anexos/Investigacao/4511.pdf>. Acesso em: 14 jan. 2015.

[143] Idem.

Madrid no Brasil), houve alteração parcial pelo Regulamento (CE) n<u>o</u> 1992/03 do Conselho (27/10/03)[144].

A marca coletiva pertence à associação e não a seus sócios que detêm o direito de uso da marca, tão somente. A marca coletiva não é usada pelo seu titular, mas sempre pelos membros da associação.

Marca de Certificação (ou de Garantia) é um sinal usado por diversas empresas sob rígido controle de seu proprietário com o específico objetivo de garantir a qualidade, a procedência geográfica, o modo de feitura e outras características importantes que tornem tal feito único aos olhos de seus consumidores.

A Marca de Certificação não visa distinguir um feito dos similares que lhe são rivais: visa sim certificar algumas características dos produtos, a saber, a origem, geográfica principalmente, a matéria, o modo de feitura, a qualidade, a exatidão e outras características próprias de algo que está certificado por esta associação e não por outra.

Nos EUA, onde o instituto é muito desenvolvido, permite-se que uma IG possa ser registrada como marca de certificação[145].

Com a Marca de Certificação garante-se uma dada origem geográfica do produto e se assegura uma dada qualidade.

Podem conviver, apostas no mesmo objeto, a Marca de Certificação e a Marca do produtor.

Diferenciam-se: Marca Coletiva determina que quem a usa é filiado; Marca de Certificação pode usar qualquer um que produza dentro dos rígidos padrões exigidos no Regulamento da Associação titular da Certificação; Marca Individual usa seu titular que com sua aposição no objeto distingue-se dos demais.

Marca Coletiva e Marca Individual falam do seu utente; Marca de Certificação fala do produto ele mesmo.

Na Marca Coletiva seu titular em regra não está no comércio; na Marca de Certificação seu titular é proibido de usar/produzir, direta ou indiretamente, o produto que certifica, sendo inteiramente terceirizada a utilização da Marca.

---

[144] Disponível em: <http://eur-lex.europa.eu/legal-content/PT/TXT/?uri=URISERV %3Al26022a>. Acesso em: 13 jan. 2016.

[145] Procuraremos distinguir os EUA do resto do mundo à medida do necessário no próprio texto mesmo.

Nos EUA, principia um uso misto das Marcas: só se certifica quem for associado.

É um começo que tem deixado algumas pessoas apreensivas, pois pode significar (falamos de 'marca' e não de IG) enfraquecimento das certificações na medida em que quem tem o produto certificado é membro da associação que o certifica.

Não podemos perceber a idéia de enfraquecimento da instituição por este motivo e não prosseguiremos com a análise. Tal inovação apenas causa estranheza formal por conflitar requisito básico.

Continua importante que quem receba a certificação seja qualquer um que esteja dentro das exigências do Regulamento.

Começa-se a se exigir no mundo um controle oficial da certificação e de quem certifica; é a criação de um órgão paralelo, independente e isento que exerça controle.

Finalmente, é possível sim confundir u'a Marca Coletiva com uma IP e Marca de Certificação com uma IG ou uma DO: diferem apenas no seu âmbito.

O assunto parece ser prático: os EUA preferem o sistema de Marca de Certificação e o amparam mais que o regime de IG's.

É um choque de cultura entre EUA e UE com reflexos comerciais.

O'Connor[146] nos dá um panorama da Marca de Certificação nos EUA dizendo que é a melhor maneira de se evitar que uma IG seja considerada genérica pela lei americana[147].

É um processo de execução privada e não pública e significa que, na esteira do Lanham Act[148],

> [...] qualquer nome, símbolo ou invenção, ou qualquer combinação disto usado por uma pessoa diferente de seu proprietário ou que seu proprietário tem com boa fé a intenção de permitir o uso por pessoa que não o proprie-

---

[146] O'Connor (2003, p. 115 e ss.).

[147] A DO Madeira, do famoso vinho, registrou nos EUA o nome como Marca de Certificação tendo como titular o Instituto do Vinho da Madeira. Aqui surge um problema: se os associados do Instituto são os produtores do Vinho Madeira e estão estabelecidos na DO Madeira, eles por uma teoria abraçada por parte da doutrina (e da qual discordamos) são considerados os proprietários da DO e, ao mesmo tempo, os que lá produzem, logo se certificam a si mesmos o que lhes é vedado. Há aí uma diferença grave com a Marca Coletiva em que os sócios podem ser os proprietários e produtores.

[148] O'Connor (2003, p. 114).

tário e preenche um formulário para registrar no registro competente para certificar a região ou outra origem, material, modo de manufatura, qualidade, precisão, ou outras características dos serviços ou das mercadorias desta pessoa ou que o trabalho nas mercadorias ou nos serviços foi levado a cabo por membros de uma associação ou outra organização.

Assim, continua O'Connor, u'a Marca de Certificação é u'a marca que é propriedade de uma pessoa e usada por outras quando o proprietário tem a intenção plena de boa fé de permitir a estes outros que usem a marca: seu objetivo é certificar a origem e a qualidade das mercadorias.

Além das Indicações Geográficas são registráveis também os nomes das entidades regionais para garantir proteção.

Os termos registrados não podem ser considerados como genéricos enquanto o nome permanecer geograficamente descritivo.

Há, deste modo, as Marcas de Certificação que dão a origem das mercadorias apontando-as como provindas de uma região geográfica específica; há aquelas que certificam que as mercadorias encontram-se dentro de Standards de qualidade por escolha de materiais e métodos; e há, finalmente, as que certificam que o produtor das mercadorias está dentro daqueles Standards ou que é associado de uma organização determinada.

Quando as Marcas de Certificação referem-se a Indicações Geográficas, conclui O'Connor, elas não podem ser usadas por seu proprietário, não identificam um negócio particular como fonte, mas certificam que os produtos que portarem tal marca dividem certas características e/ou procedem de um local geográfico comum; finalmente, ao contrário do que acontece com as marcas individuais, u'a Marca de Certificação não será impedida de obter registro se contiver um nome geograficamente descritivo.

Nunca é demais repetir que quando se fala de marca Coletiva ou de Marca de Certificação fala-se de marca.

Repetindo, no Brasil a LPI[149] diz que:

> Pelo Art. 122 "são suscetíveis de registro como marca os sinais distintivos visualmente perceptíveis, não compreendidos nas proibições legais."
>
> Pelo Art. 123, considera-se: "II – marca de certificação: aquela usada para atestar a conformidade de um produto ou serviço com determinadas normas ou especificações técnicas, notadamente quanto à qualidade, natureza,

---

[149] Brasil (1996).

material utilizado e metodologia empregada[150]; e III – marca coletiva: aquela usada para identificar produtos ou serviços provindos de membros de uma determinada entidade."

Aqueles que podem requerer o registro são pelo Art. 128[151] as pessoas físicas ou jurídicas de direito público ou de direito privado.

Pelo § 1º "as pessoas de direito privado só podem requerer registro de marca relativo à atividade que exerçam efetiva e licitamente, de modo direto ou através de empresas que controlem direta ou indiretamente, declarando, no próprio requerimento, esta condição, sob as penas da lei."

Pelo § 2º "o registro de marca coletiva só poderá ser requerido por pessoa jurídica representativa de coletividade, a qual poderá exercer atividade distinta da de seus membros."

Pelo § 3º "o registro da marca de certificação só poderá ser requerido por pessoa sem interesse comercial ou industrial direto no produto ou serviço atestado."[152]

Um ponto importante e que atesta a propriedade da marca requerida pelo seu titular é que a marca, ao contrário da IG pode ser perdida:

Pelo artigo 142. "O registro da marca extingue-se I – pela expiração do prazo de vigência; II – pela renúncia, que poderá ser total ou parcial em relação aos produtos ou serviços assinalados pela marca; III – pela caducidade; ou IV – pela inobservância do disposto no art. 217."[153]

O artigo 217 diz que a pessoa domiciliada no exterior deverá constituir e manter procurador devidamente qualificado e domiciliado no País, com poderes para representá-la administrativa e judicialmente, inclusive para receber citações.[154]

O Capítulo VII da LPI trata DAS MARCAS COLETIVAS E DE CERTIFICAÇÃO:[155]

---

[150] É de se notar a ausência da origem geográfica!
[151] Brasil (1996).
[152] Idem.
[153] Brasil (1996).
[154] Idem.
[155] Idem.

Pelo art. 147 "o pedido de registro de marca coletiva conterá regulamento de utilização, dispondo sobre condições e proibições de uso da marca. O regulamento de utilização, quando não acompanhar o pedido, deverá ser protocolizado no prazo de 60 (sessenta) dias do depósito, sob pena de arquivamento definitivo do pedido."

Pelo Art. 148 "o pedido de registro da marca de certificação conterá: I – as características do produto ou serviço objeto de certificação; e II – as medidas de controle que serão adotadas pelo titular. A documentação prevista nos incisos I e II deste artigo, quando não acompanhar o pedido, deverá ser protocolizada no prazo de 60 (sessenta) dias, sob pena de arquivamento definitivo do pedido."

Pelo Art. 149 "qualquer alteração no regulamento de utilização deverá ser comunicada ao INPI, mediante petição protocolizada, contendo todas as condições alteradas, sob pena de não ser considerada."

Pelo Art. 150 "o uso da marca independe de licença, bastando sua autorização no regulamento de utilização."

Pelo Art. 151 "além das causas de extinção estabelecidas no art. 142, o registro da marca coletiva e de certificação extingue-se quando: I – a entidade deixar de existir; ou II – a marca for utilizada em condições outras que não aquelas previstas no regulamento de utilização."

Pelo Art. 152 "só será admitida a renúncia ao registro de marca coletiva quando requerida nos termos do contrato social ou estatuto da própria entidade, ou, ainda, conforme o regulamento de utilização."

Pelo Art. 153 "a caducidade do registro será declarada se a marca coletiva não for usada por mais de uma pessoa autorizada, observado o disposto nos arts. 143 a 146 (que estabelecem o prazo de 5 anos em desuso para contagem da caducidade bem como outras providências de caráter burocrático)."

Pelo Art. 154 "a marca coletiva e a de certificação que já tenham sido usadas e cujos registros tenham sido extintos não poderão ser registradas em nome de terceiro, antes de expirado o prazo de 5 (cinco) anos, contados da extinção do registro."[156]

Os sinais que não são registráveis como Marca pelo Art. 124, dentre outros:

X – sinal que induza a falsa indicação quanto à origem, procedência, natureza, qualidade ou utilidade do produto ou serviço a que a marca se destina;

---

[156] Brasil (1996).

XI – reprodução ou imitação de cunho oficial, regularmente adotada para garantia de padrão de qualquer gênero ou natureza; XII – reprodução ou imitação de sinal que tenha sido registrado como marca coletiva ou de certificação por terceiro, observado o disposto no art. 154; XIX – reprodução ou imitação, no todo ou em parte, ainda que com acréscimo, de marca alheia registrada, para distinguir ou certificar produto ou serviço idêntico, semelhante ou afim, suscetível de causar confusão ou associação com marca alheia; XXIII – sinal que imite ou reproduza, no todo ou em parte, marca que o requerente evidentemente não poderia desconhecer em razão de sua atividade, cujo titular seja sediado ou domiciliado em território nacional ou em país com o qual o Brasil mantenha acordo ou que assegure reciprocidade de tratamento, se a marca se destinar a distinguir produto ou serviço idêntico, semelhante ou afim, suscetível de causar confusão ou associação com aquela marca alheia.[157]

A Visão da WIPO[158] *World Intellectual Property Organization*/OMPI – Organização Mundial da Propriedade Intelectual é: "Por causa do princípio de que as marcas individuais não podem ser descritivas nem deceptivas termos geográficos não servem como marcas individuais a menos que tenham evoluído para um caráter distintivo que lhes dá outro significado o que advém do uso".

Esta regra não se aplica às Marcas Coletivas ou às Marcas de Certificação.

(a) Marcas de Certificação
São Marcas que indicam que as mercadorias ou serviços têm qualidades específicas que podem também incluir origem geográfica.

O proprietário da Marca compromete-se em certificar que as mercadorias têm estas qualidades.

Como regra básica – regra do anti-uso pelo proprietário – o proprietário da Marca de Certificação não tem o direito de usá-la.

Todo produtor que obedece aos Standards de produção como definidos pelo proprietário das certificações tem o direito de usar tal marca.

O dono da Marca de Certificação que pode ser uma entidade privada ou pública precisa assegurar que as mercadorias nas quais a marca é usada possuem a qualidade certificada.

---

[157] Idem.
[158] WIPO (2001).

Sempre para assegurar a imparcialidade de tal certificação o dono deve detalhar em Regulamento próprio estes requisitos para que não sejam emitidos certificados subjetivos.

A proteção da indicação geográfica na forma de Marca de Certificação é garantida dentro dos princípios da lei de marcas. Em princípio uma ação contra alguém que infrinja a Marca de Certificação é iniciada pelo dono da Marca; por exemplo, se alguém disser que uma mercadoria provém de um lugar de onde não provém temos uma falsificação de local e as medidas têm que ser tomadas pelo dono da Marca de Certificação.

(b) Marcas Coletivas

Tem sido destacado que é difícil distinguir marcas coletivas de marcas de certificação e que a diferença é mais de forma que de substância.

Marcas coletivas são propriedade de um corpo coletivo como, por exemplo, uma associação comercial ou uma associação de produtores ou de manufatureiros e servem para indicar que a pessoa que usa a marca coletiva é membro daquela coletividade.

Ser membro desta associação significa que o titular da marca coletiva aceitou, em geral, certas regras tais como área geográfica de produção das mercadorias nas quais a Marca Coletiva é usada ou aceitou os Standards de produção destas mercadorias.

Outra diferença entre as duas categorias de marcas é que os titulares da Marca Coletiva não podem ser impedidos de usar a marca eles mesmos.

Como no caso das Marcas de Certificação a proteção das Marcas Coletivas é garantida dentro dos princípios da lei de marcas; isto ocorrerá, por exemplo, no caso de alguém se disser membro da associação sem que realmente o seja.

(c) Conclusão

Marcas Coletivas e de Certificação são usadas com o fim de indicar específicas qualidades de mercadorias como suas origens geográficas.

Enquanto marcas consistentes em termos geográficos descritivos são usualmente impedidas de registro, termos geográficos são aceitos para registro como Marcas Coletivas ou de Certificação.

Se as Marcas Coletivas ou de Certificação são usadas de modo a respeitar o Regulamento Geral de Uso não há perigo de logro sobre a verdadeira origem destas mercadorias.

INDICAÇÕES GEOGRÁFICAS

Desde que uma indicação geográfica seja protegida como Marca Coletiva ou de Certificação aquela indicação geográfica pode ser aplicada dentro das regras da lei de marcas.

Parece que cabe ao requerente da Marca Coletiva ou da Marca de Certificação definir no Regulamento que governa o uso daquelas Marcas, delimitar a área de produção das mercadorias nos quais tais Marcas são usadas e estabelecer os padrões de qualidade.

Esta definição é parte das especificações requeridas no preenchimento do Requerimento: depois de aceita a petição de registro as especificações declaradas e aceitas fazem parte do Registro[159].

A CUP já previa o instituto da marca coletiva tão somente[160]:
O artigo 7bis tem a seguinte redação:

1. Os países da união se comprometem a admitir o registro e a proteger as marcas coletivas pertencentes a coletividades cuja existência não seja contrária à lei do país de origem, ainda que essas coletividades não possuam estabelecimento industrial ou comercial.

2. Cada país será juiz das condições particulares em que a marca coletiva será protegida e poderá recusar a proteção se essa marca for contrária ao interesse público.

3. Entretanto a proteção dessas marcas não poderá ser recusada a qualquer coletividade cuja existência não contrariar a lei do país de origem, em virtude de não se achar estabelecida no país onde a proteção é requerida ou de não se ter constituído nos termos da legislação desse país.[161]

Assim, pela CUP, mesmo sem estabelecimento comercial ou industrial podia uma coletividade se agregar em torno de uma ou de algumas mar-

---

[159] WTO (2001, tradução livre do autor).

[160] ONU (1883).

[161] **"Article7bis**

Marks: *Collective Marks:* (1) The countries of the Union undertake to accept for filing and to protect collective marks belonging to associations the existence of which is not contrary to the law of the country of origin, even if such associations do not possess an industrial or commercial establishment. (2) Each country shall be the judge of the particular conditions under which a collective mark shall be protected and may refuse protection if the mark is contrary to the public interest. (3) Nevertheless, the protection of these marks shall not be refused to any association the existence of which is not contrary to the law of the country of origin, on the ground that such association is not established in the country where protection is sought or is not constituted according to the law of the latter country." (ONU, 1883).

cas coletivas e apresentar ao mercado produtos conforme seu critério de exigência[162].

1.9. Cultura. Folclore. IPHAN.

Em 13/06/2008, o IPHAN – Instituto do Patrimônio Histórico e Artístico Nacional[163] – nos dá conta que o queijo do Serro, com *terroir* mineiro e tradição portuguesa, produzido no Alto do Jequitinhonha, mais especificamente na cidade do Serro, foi registrado no Livro de Registro dos Saberes; já estava registrado como Patrimônio Imaterial de Minas Gerais pelo IEPHA – Instituto Estadual do Patrimônio Histórico e Artístico. O parecer conclusivo de registro do queijo artesanal do Serro foi emitido em 30 de outubro de 2006, via Parecer 006/2006 do IPHAN[164]. De acordo com dados do INPI, em sua lista de Indicações de Procedência Concedidas consta o registro para a Associação de Produtores Artesanais do Queijo do Serro[165]. O método de produção veio com portugueses originários da região da Serra da Estrela, pé do Douro, norte de Portugal e, graças ao capim gordura plantado no Serro em Minas Gerais dá nascimento a este novo queijo típico, peculiar e regional[166].

No Pará, a cerâmica marajoara que se manifesta fundamentalmente em Icoaraci, próxima da cidade de Belém, maravilha a humanidade e não tem qualquer proteção de suas características únicas nem registro não oral de seus métodos e os consultores jurídicos locais sentem que algo deve ser feito para perpetuar a manifestação.

Em São Luiz do Paraitinga, interior de São Paulo, uma das regiões brasileiras em que o Sacy Pererê se manifesta, os sacyzólogos locais se interes-

---

[162] ONU (1883).

[163] Marcellinni (2008).

[164] Disponível em: <http://portal.iphan.gov.br/uploads/ckfinder/arquivos/Parecer%20-%20 Modo%20artesanal% 20de%20fazer%20Queijo%20de%20Minas.pdf>. Acesso em: 13 jan. 2016.

[165] Número: Requerente Nº de páginas Nome Geográfico: País/UF: Produto/Serviço: Espécie: Data do registro Delimitação: IG201001 Associação do Produtores Artesanais do Queijo do Serro 401 páginas Serro BR/MG Queijo Indicação de Procedência 13/12/2011 Compreende os municípios de Alvorada de Minas, Conceição do Mato Dentro, Dom Joaquim, Materlândia, Paulistas, Rio Vermelho, Sabinópolis, Santo Antonio de Itambé, Serra Azul de Minas e Serro. Disponível em: <www.inpi.com.br>. Acesso em: 14 jan. 2016.

[166] Mais informações ver <http://g1.globo.com/globo-reporter/noticia/2015/10/producao-artesanal-do-queijo-do-serro-e-patrimonio-imaterial-de-minas-gerais.html>. Acesso em: 15 jan. 2016.

INDICAÇÕES GEOGRÁFICAS

sam pelo registro das aparições do perneta e querem manter registro de seus estudos e conclusões: dirigiram-se também para o registro no IPHAN.

Como fazer quando a origem geográfica constitui um Bem cultural, u'a manifestação folclórica, um patrimônio histórico e artístico brasileiro ou mundial?

A Constituição Federal[167] trata do tema de maneira feliz nos seus artigos 215 e 216.

Abbagnano[168] nos dá conta que o termo cultura tem dois significados básicos: no primeiro, formação do homem, sua melhora e seu refinamento; no segundo, indica o produto dessa formação, ou seja, o conjunto dos modos de viver e de pensar cultivados, civilizados, polidos.

Do conceito clássico os gregos antigos que viam a cultura como processo de refinamento excluíam as atividades infra-humanas, como artes, ofícios, trabalhos manuais em geral, ou as ultra-humanas, aquelas que não estivessem voltadas para a realização do homem neste mundo, pois o preparavam para um destino ultra terreno.

Modernamente, considera-se cultura muito elasticamente, ou seja, tudo o que um povo faz, isto é, o conjunto dos modos de vida criados, adquiridos e transmitidos de uma geração para outra dentro de um determinado círculo de pessoas ou dentro de uma determinada sociedade[169].

Folclore é a redução do sentido da palavra cultura para expressar o conjunto das crenças populares, dos conhecimentos simples, das tradições corriqueiras expressas em cantos, lendas, crenças, costumes, danças, palavras, frase, provérbios e ditos.

Lembremos sempre que a língua ou o idioma de um povo é parte de sua cultura e plasma, inclusive, sua maneira de pensar.

Há bens culturais e eles se dividem em corpóreos móveis, corpóreos imóveis e incorpóreos.

A humanidade torna-se cada vez mais sensível para o tema e percebe a riqueza que a diversidade cultural traz para o homem 'refinando' sua sensibilidade e tornando-o melhor pela diferença dos pontos de vista sempre em cotejo, sempre em movimento[170].

---

[167] Brasil (1988).
[168] Abbagnano (1998).
[169] E tal manifestação cultural, como vimos, é parte fundamental da IG.
[170] O que nos aproxima, de novo, da IG.

Há que proteger estas manifestações, há que resguardá-las, registrá-las, conhecê-las, evitando que a cultura dominante elimine a cultura menos forte.

Não falamos aqui de antropofagia oswaldiana, mas do desaparecimento puro e simples de culturas ricas que, todavia, se deixam extinguir no confronto com outras ditas mais complexas.

Há formas de proteção por meio das (1) Indicações Geográficas, (2) das Marcas Coletivas, (3) das Marcas de Certificação, considerando-se cada caso de per si com sua solução mais inteligente.

E há, ainda, o (4) 'tombamento' dos bens corpóreos móveis e dos bens corpóreos imóveis, assim como há o (5) registro dos bens culturais incorpóreos.

A solução pode ser excludente e aceitar uma forma de proteção só ou considerar a composição de duas formas de proteção, IG e registro de bem cultural incorpóreo, por exemplo.

Vamos de maneira não cronológica dispor o tema de forma legal.

O decreto lei 25 de 30 de novembro de 1937 cria norma que organiza a Proteção do Patrimônio Histórico e Artístico nacional.[171] Em seu Art. 1º "constitui o patrimônio histórico e artístico nacional o conjunto dos bens móveis e imóveis existentes no país e cuja conservação seja de interesse público, quer por sua vinculação a fatos memoráveis da história do Brasil, quer por seu excepcional valor arqueológico ou etnográfico, bibliográfico ou artístico."[172]

Em seu §1º informa que "os bens a que se refere o artigo1º só serão considerados parte integrante do patrimônio histórico e artístico nacional, depois de inscritos separada ou agrupadamente num dos quatro Livros do Tombo, de que trata o art. 4º da lei."[173]

Em seu § 2º diz que se equiparam "aos bens a que se refere o artigo 1º e são também sujeitos a tombamento os monumentos naturais, bem como os sítios e paisagens que importe conservar e proteger pela feição notável com que tenham sido dotados pela natureza ou agenciados pela indústria humana."[174]

---

[171] Brasil (1937).
[172] Idem.
[173] Idem.
[174] Idem.

INDICAÇÕES GEOGRÁFICAS

O citado artigo 4º cria o famoso Tombamento[175].
Este art. 4º diz que:

> [...] o Serviço do Patrimônio Histórico e Artístico Nacional possuirá quatro Livros do Tombo, nos quais serão inscritas as obras a que se refere o art. 1º desta lei, a saber:
>
> 1) no Livro do Tombo Arqueológico, Etnográfico e Paisagístico, as coisas pertencentes às categorias de arte arqueológica, etnográfica, ameríndia e popular, e bem assim as mencionadas no § 2º do citado art. 1º.
>
> 2) no Livro do Tombo Histórico, as coisas de interesse histórico e as obras de arte histórica;
>
> 3) no Livro do Tombo das Belas Artes, as coisas de arte erudita, nacional ou estrangeira; e
>
> 4) no Livro do Tombo das Artes Aplicadas, as obras que se incluírem na categoria das artes aplicadas, nacionais ou estrangeiras.[176]

Complementarmente a Lei 3.924 de 26 de julho de 1961 compreende os monumentos arqueológicos e pré-históricos brasileiros[177].

Ampliando o tema, é publicado no Diário Oficial da União da quinta-feira, 13 de abril de 2006, o Decreto nº 5.753/2006[178] que promulga a Convenção para a Salvaguarda do Patrimônio Cultural Imaterial, celebrada pela UNESCO, em Paris, no dia 17 de outubro de 2003.

Para a UNESCO a ratificação e a aprovação do texto pelos diversos países significam o preenchimento do vazio legal relativo ao aspecto essencial da diversidade cultural.

A Convenção para a Salvaguarda do Patrimônio Cultural Imaterial foi montada em sua forma final na Conferência Geral da Organização das Nações Unidas para a Educação, a Ciência e a Cultura, denominada "UNESCO", em sua 32ª sessão, realizada em Paris do dia 29 de setembro ao dia 17 de outubro de 2003.[179]

Para os fins da Convenção, entende-se por "patrimônio cultural imaterial" as práticas, representações, expressões, conhecimentos e técnicas – junto com os instrumentos, objetos, artefatos e lugares culturais que lhes

---

[175] Idem.
[176] Brasil (1937).
[177] Brasil (1961).
[178] Brasil (2006a).
[179] Idem.

são associados – que as comunidades, os grupos e, em alguns casos, os indivíduos reconhecem como parte integrante de seu patrimônio cultural.

Este patrimônio cultural imaterial, que se transmite de geração em geração, é constantemente recriado pelas comunidades e grupos em função de seu ambiente, de sua interação com a natureza e de sua história, gerando um sentimento de identidade e continuidade e contribuindo assim para promover o respeito à diversidade cultural e à criatividade humana.

Para os fins da Convenção, será levado em conta apenas o patrimônio cultural imaterial que seja compatível com os instrumentos internacionais de direitos humanos existentes e com os imperativos de respeito mútuo entre comunidades, grupos e indivíduos, e do desenvolvimento sustentável.

O patrimônio cultural imaterial se manifesta em particular nos seguintes campos:

a) tradições e expressões orais, incluindo o idioma como veículo do patrimônio cultural imaterial;

b) expressões artísticas;

c) práticas sociais, rituais e atos festivos;

d) conhecimentos e práticas relacionados à natureza e ao universo; e

e) técnicas artesanais tradicionais.[180]

O Artigo 11 cria as Funções dos Estados Partes obrigando-os a adotar as medidas necessárias para garantir a salvaguarda do patrimônio cultural imaterial presente em seu território identificando e definindo os diversos elementos do patrimônio cultural imaterial presentes em seu território, com a participação das comunidades, grupos e organizações não-governamentais pertinentes.[181]

O artigo 12 cria o Registro dos Bens culturais incorpóreos através dos Inventários pedindo que, para assegurar a identificação, com fins de salvaguarda, cada Estado Parte estabeleça um ou mais inventários do patrimônio cultural imaterial presente em seu território, em conformidade com seu próprio sistema de salvaguarda do patrimônio, atualizando-os regularmente.[182]

[180] Brasil (2006a).
[181] Idem.
[182] Idem.

O decreto nº 3.551 de 04 de agosto de 2000 "institui o Registro de bens Culturais de Natureza Imaterial que constituem patrimônio cultural brasileiro, cria o Programa Nacional do Patrimônio Imaterial e dá outras providências."[183]

O Livro de Registro dos Saberes pode ser aquele que consigne u'a manifestação espontânea que dê origem a uma IG.

Assim pelo seu Art. 1º fica instituído o Registro de Bens Culturais de Natureza Imaterial que constituem patrimônio cultural brasileiro.[184]

§ 1º Esse registro se fará em um dos seguintes livros:

I – Livro de Registro dos Saberes, em que serão inscritos conhecimentos e modos de fazer enraizados no cotidiano das comunidades;

II – Livro de Registro das Celebrações, em que serão inscritos rituais e festas que marcam a vivência coletiva do trabalho, da religiosidade, do entretenimento e de outras práticas da vida social;

III – Livro de Registro das Formas de Expressão, em que serão inscritas manifestações literárias, musicais, plásticas, cênicas e lúdicas; e

IV – Livro de Registro dos Lugares, em que serão inscritos mercados, feiras, santuários, praças e demais espaços onde se concentram e reproduzem práticas culturais coletivas.

§ 2º A inscrição num dos livros de registro terá sempre como referência a continuidade histórica do bem e sua relevância nacional para a memória, a identidade e a formação da sociedade brasileira.

§ 3º Outros livros de registro poderão ser abertos para a inscrição de bens culturais de natureza imaterial que constituam patrimônio cultural brasileiro e não se enquadrem nos livros definidos anteriormente.[185]

O decreto nº 6.177 de 1º de agosto de 2007 "promulga a Convenção sobre a Proteção e Promoção da Diversidade das Expressões Culturais assinada em Paris em 20 de outubro de 2005."[186]

No art. 4º 4 debruça-se sobre a IG, como se verá[187].

---

[183] Brasil (2000).
[184] Brasil (2000)
[185] Idem.
[186] Brasil (2007).
[187] Idem.

INDICAÇÕES GEOGRÁFICAS

Pelo Artigo 4 para os fins da Convenção, fica entendido que:

1. 'Diversidade Cultural' refere-se à multiplicidade de formas pelas quais as culturas dos grupos *e* sociedades encontram sua expressão. Tais expressões são transmitidas entre e dentro dos grupos e sociedades.

A diversidade cultural se manifesta não apenas nas variadas formas pelas quais se expressa, se enriquece e se transmite o patrimônio cultural da humanidade mediante a variedade das expressões culturais, mas também através dos diversos modos de criação, produção, difusão, distribuição e fruição das expressões culturais, quaisquer que sejam os meios e tecnologias empregados.[188]

Entende por 'Conteúdo cultural' o que se refere "ao caráter simbólico, dimensão artística e valores culturais que têm por origem ou expressam identidades culturais."[189]

Entende por 'Expressões culturais' "aquelas expressões que resultam da criatividade de indivíduos, grupos e sociedades e que possuem conteúdo cultural."[190]

Entende por 'Atividades, bens e serviços culturais' o que se refere

[...] às atividades, bens e serviços que, considerados sob o ponto de vista da sua qualidade, uso ou finalidade específica, incorporam ou transmitem expressões culturais, independentemente do valor comercial que possam ter. As atividades culturais podem ser um fim em si mesmas, ou contribuir para a produção de bens e serviços culturais.[191]

Entende por 'Indústrias culturais' o que se refere "às indústrias que produzem e distribuem bens e serviços culturais", tais como definidos acima.[192]

Entende por 'Políticas e medidas culturais' o que se refere

[...] às políticas e medidas relacionadas à cultura, seja no plano local, regional, nacional ou internacional, que tenham como foco a cultura como tal, ou cuja finalidade seja exercer efeito direto sobre as expressões culturais de

---

[188] Brasil (2007).
[189] Idem.
[190] Idem.
[191] Idem.
[192] Idem.

indivíduos, grupos ou sociedades, incluindo a criação, produção, difusão e distribuição de atividades, bens e serviços culturais, e o acesso aos mesmos.[193]

Os diversos estados e municípios brasileiros devem complementar e fortalecer esta política de salvaguarda do patrimônio cultural. Por exemplo, no Estado de São Paulo, há o Conselho de Defesa do Patrimônio Histórico, Arqueológico, Artístico e Turístico. A Lei nº 10.247, de 22.10.1968[194] criou o Conselho de Defesa do Patrimônio Histórico, Arqueológico, Artístico e Turístico – CONDEPHAAT, cuja finalidade é proteger, valorizar e divulgar o patrimônio cultural no Estado de São Paulo. Estas atribuições foram confirmadas, em 1989, pela Constituição do Estado de São Paulo no seu *Artigo 261* que diz que o "Poder Público pesquisará, identificará, protegerá e valorizará o patrimônio cultural paulista, através do Conselho de Defesa do Patrimônio Histórico, Arqueológico, Artístico e Turístico do Estado de São Paulo."[195]

E o município não fica atrás:

Pela lei nº 14.406 de 21 de maio de 2007[196] a Prefeitura Municipal de São Paulo criou ao Programa Permanente de Proteção e Conservação do Patrimônio Imaterial do Município de São Paulo. Pela lei 10.032 de 27 de dezembro de 1985 – alterada pela Lei nº 14.516[197], de 11 de outubro de 2007 – criara o Conselho Municipal de Preservação do Patrimônio Histórico, Cultural e Ambiental de São Paulo.

O Conselho Municipal de Turismo de São Paulo – COMTUR – também participa certificando tradições como a do sanduíche Bauru, por exemplo.

Como dito no site do IPHAN[198],

> [...] o Patrimônio Imaterial é transmitido de geração em geração e constantemente recriado pelas comunidades e grupos em função de seu ambiente, de sua interação com a natureza e de sua história, gerando um sentimento de identidade e continuidade, contribuindo assim para promover o respeito à diversidade cultural e à criatividade humana.

---

[193] Brasil (2007).
[194] São Paulo (1968).
[195] São Paulo (1989).
[196] São Paulo (2007a).
[197] São Paulo (2007b).
[198] IPHAN (2008).

INDICAÇÕES GEOGRÁFICAS

Assim, busca-se um resultado prático.

Criado no final dos anos 30, como vimos, é hoje na esteira do artigo 216 da CF que o IPHAN tem suas atribuições contempladas.

Além do tombamento do Patrimônio Material há o registro do Patrimônio Imaterial.

O Departamento de Patrimônio Imaterial (DPI), do Instituto do Patrimônio Histórico e Artístico Nacional (IPHAN), entregou às comunidades indígenas a certidão de Patrimônio Cultural do Brasil concedida à cachoeira de Iauaretê, primeiro local registado no Brasil como bem cultural imaterial – mas o oitavo bem cultural imaterial já reconhecido pelo IPHAN.

Os outros são a arte *Kusiwa* dos índios *Wajãpi*; o ofício das paneleiras de Goiabeiras; o samba de roda no Recôncavo Baiano; o Círio de Nossa Senhora de Nazaré; o ofício das baianas de acarajé; a viola-de-cocho e o jongo.

Além do queijo-de-minas e da Feira de Caruaru, há pelo menos 14 bens culturais imateriais em processo de reconhecimento pelo IPHAN: os cantos sagrados de milho verde, de Minas Gerais; o circo de tradição familiar (nacional); a capoeira, do Rio de Janeiro e da Bahia; o sanduíche de Bauru (São Paulo); o frevo, de Pernambuco; o teatro popular de bonecos ou mamulengo, do Rio Grande do Norte, Pernambuco e Paraíba; o empadão e o alfenim, de Goiás; o *cuxá*, do Maranhão; a linguagem dos sinos nas cidades históricas mineiras; o Festival Folclórico de Parintins dos Bois-Bumbás Garantido e Caprichoso (AM) e o samba do Rio de Janeiro.

Visitando o site do IPHAN em 15 de abril de 2008, vemos que a lista[199] não aumentou muito:

1. Ofício das Paneleiras de Goiabeiras
2. *Kusiwa* – Linguagem e Arte Gráfica *Wajãpi*
3. Círio de Nossa Senhora de Nazaré
4. Samba de Roda do Recôncavo Baiano
5. Modo de Fazer Viola-de-Cocho
6. Ofício das Baianas de *Acarajé*
7. Jongo no Sudeste
8. Cachoeira de Iauaretê – Lugar sagrado dos povos indígenas dos Rios *Uaupés* e *Papuri*
9. Feira de *Caruaru*

[199] IPHAN (2008).

10. Frevo
11. Tambor de Crioula do Maranhão
12. Samba do Rio de Janeiro

Os Processos de Registro em Andamento na mesma data são[200]:

- Complexo Cultural do Bumba-meu-boi do Maranhão;
- Festa do Divino Espírito Santo de Pirenópolis;
- Registro da Localidade de Porongos;
- Festa de São Sebastião, do município Cachoeira do Arari, da Ilha de Marajó;
- Registro das Festas do Rosário;
- Registro da Capoeira;
- Ritual *Yãkwa* do povo indígena *Enawenê Nawê*;
- Artesanato *Tikuna* AM;
- Farmacopéia Popular do Cerrado;
- Circo de Tradição Familiar;
- Modo de Fazer Renda Irlandesa;
- Lugares Sagrados dos Povos indígenas *xinguanos*/MT;
- Linguagem dos Sinos nas Cidades Históricas Mineiras São João Del Rei,
- Mariana, Ouro Preto, Catas Altas, Serro, Sabará, Congonhas e Diamantina;
- Registro do Mamulengo; e
- Feira de São Joaquim, Salvador/BA.

Atualizando o texto original, encontra-se em janeiro de 2016, no *site* do IPHAN os seguintes registros de bens imateriais[201]:

a) Livro de Registro dos Saberes:
Modo Artesanal de Fazer Queijo de Minas, nas Regiões do Serro e das Serras da Canastra e do Salitre
Modo de Fazer Cuias do Baixo Amazonas
Modo de Fazer Viola de Cocho
Modo de Fazer Renda Irlandesa – Sergipe

---

[200] Idem.
[201] Disponível em: <http://portal.iphan.gov.br/pagina/detalhes/122>. Acesso em: 13 jan. 2016.

INDICAÇÕES GEOGRÁFICAS

Ofício das Baianas de *Acarajé*
Ofício das Paneleiras de Goiabeiras
Ofício dos Mestres de Capoeira
Ofício de Sineiro
Produção Tradicional e Práticas Socioculturais Associadas à Cajuína no Piauí
Saberes e Práticas Associados aos Modos de Fazer Bonecas *Karajá*
Sistema Agrícola Tradicional do Rio Negro

b) Livro de Registro de Celebrações:
Círio de Nossa Senhora de Nazaré
Complexo Cultural do Bumba-meu-boi do Maranhão
Festa do Divino Espírito Santo de Paraty
Festa do Divino Espírito Santo de Pirenópolis
Festa de Sant'Ana de Caicó
Festa do Senhor Bom Jesus do Bonfim
Festividades do Glorioso São Sebastião na Região do Marajó
Ritual *Yaokwa* do Povo Indígena *Enawene Nawe*

c) Livro de Registro das Formas de Expressão:
Arte Kusiwa – Pintura Corporal e Arte Gráfica Wajãpi
Carimbó
Cavalo-Marinho
Fandango Caiçara
Frevo
Jongo no Sudeste
Maracatu Nação
Maracatu de Baque Solto
Matrizes do Samba no Rio de Janeiro: Partido Alto, Samba de Terreiro e Samba-Enredo
O Toque dos Sinos em Minas Gerais
Roda de Capoeira
Rtixòkò: Expressão Artística e Cosmológica do Povo *Karajá*
Samba de Roda do Recôncavo Baiano
Tambor de Crioula do Maranhão
Teatro de Bonecos Popular do Nordeste

d) Livro de Registro dos Lugares
Cachoeira de Iauaretê – Lugar Sagrado dos Povos Indígenas dos Rios *Uaupés* e *Papuri*

Feira de Caruaru
Tava, Lugar de Referência para o Povo Guarani

Pela leitura do texto que compilamos percebe-se que um Bem pode ao mesmo tempo emanar de uma IG e ser Registrado no Livro de Registro dos Saberes[202].

---

[202] Nunca esquecer que o verbo 'saber' pode ter, também ,o sentido de sabor ou gosto ou, ainda, ser sápido, o que dá origem a expressões como "sabe a quem sabe" o que vale afirmar que quem tem cultura e sensibilidade aproveita mais e "saber bem" o que equivale a agradar ao paladar.

2
Natureza Jurídica

A Natureza Jurídica das Indicações Geográficas é tema controverso na Doutrina.

Há várias teorias diferentes entre si, várias antagônicas, algumas até contraditórias.

Mas por que tanta celeuma se Indicações Geográficas parecem ser Propriedade no seu sentido legal e doutrinário?

A CF no seu artigo 5º XXIX trata do tema[203]. Este é o único comentário inserto na Constituição a respeito e não aborda as IG's especificamente.

O Código Civil Brasileiro[204] no seu artigo 82 define como "bens móveis os bens suscetíveis de movimento próprio, ou de remoção por força alheia, sem alteração da substância ou da destinação econômico-social". O artigo 83, III, considera como móveis para efeitos legais os direitos pessoais de caráter patrimonial e respectivas ações, abarcando no texto tudo o que se refere à *Propriedade* Imaterial.

O artigo 5º da Lei da **Propriedade** Industrial nº 9279/1996[205] (no âmbito do Direito Comercial) diz que se consideram bens móveis, para os efeitos legais, os direitos de propriedade industrial.[206]

---

[203] "XXIX – a lei assegurará aos autores de inventos industriais privilégio temporário para sua utilização, bem como proteção às criações industriais, à propriedade das marcas, aos nomes de empresas e a outros signos distintivos, tendo em vista o interesse social e o desenvolvimento tecnológico e econômico do País." (BRASIL, 1988).

[204] Brasil (2002).

[205] Brasil (1996).

[206] A propósito, o artigo 3º da lei de Direitos Autorais 9610/1998 (no âmbito do Direito Civil) diz que os direitos autorais reputam-se para os efeitos legais, bens móveis. (BRASIL, 1998).

A Lei de Propriedade Industrial (que refere a Convenção de Paris[207], o Acordo de *Madrid*[208] e o Acordo de Lisboa[209]) trata das Indicações Geográficas.

O TRIPS[210] (cuja tradução em vernáculo é Acordo sobre Aspectos dos Direitos de *Propriedade* Intelectual relacionados ao Comércio) trata das Indicações Geográficas.

O termo Propriedade Intelectual ou mais propriamente, Propriedade Imaterial, circunscreve o tema Indicações Geográficas.

Grande parte da doutrina não foge do assunto e considera as Indicações Geográficas como Propriedade.

Impõem-se desde logo duas perguntas: Indicação Geográfica é Propriedade de quem e contra quem? E o proprietário de uma Indicação Geográfica é proprietário exatamente do quê?

E, se definidos seu proprietário e o objeto de sua propriedade, perguntamos se, no exercício de sua função, ele, o proprietário, pode usar (*jus utendi*), se pode retirar frutos (*jus fruendi*), se dela pode dispor (*jus abutendi*), se, proprietário, ele a possui e se pode reclamá-la de quem injustamente a possua, se ele pode ceder, se pode alienar, se pode locar, sua Indicação Geográfica? Se ele pode renunciar a ela e em caráter perpétuo? Se, enquanto Propriedade, ela pode ser objeto de penhor de algum credor impago?

Ou seja, se ela compreende, mesmo, todas as possibilidades de uma Propriedade.

Estas perguntas devem permear a compreensão de algumas das teses que existem sobre a matéria e que serão apresentadas a seguir.

Quanto mais responderem ãs questões básicas mais próximas da realidade estarão; ao revés, quanto menos responderem tais perguntas menos compreenderão o tema.

Para tratar do tema privilegiamos e preferimos a ordem do professor Alberto Francisco Ribeiro de Almeida que[211] trata da matéria.

Vamos segui-la quase *ex verbis* antes de avançar o tema.[212]

Ao fim, apresentamos nossa própria versão do assunto.

---

[207] ONU (1883).
[208] ONU (1891).
[209] ONU (1958).
[210] WTO (1994a).
[211] Almeida (1999, p. 102-107).
[212] Importante trabalho neste sentido também foi realizado, dentre inúmeros outros, por Norbert Olszak (2001).

2.1. As diversas teorias

A pesquisa adiante abrange várias tendências analíticas sobre a IG e é bastante compreensiva ampliando os horizontes do estudioso da matéria.

Almeida[213] trata da temática sob a visão já de uma DO e não alteramos seu texto de DO para IG para não ferir o desenvolvimento do trabalho.

2.2. Direito de participação numa sociedade pública

Refere M. Plaisant e F. Jacq[214] que admirados pelo caráter imaterial e coletivo da DO, consideram que o titular do direito é membro de uma espécie de sociedade pública cujo aporte social é constituído pelo fato da exploração comercial dentro do mesmo lugar. A sociedade pública constituída por aglomeração rural ou urbana da qual faz parte o associado é a verdadeira proprietária de um patrimônio sobre o qual ela não exerce senão um direito de desfrute precário limitado pela duração de sua participação. A usurpação da qualidade por um intruso provoca a intervenção da sociedade. O direito do produtor resultaria de uma convenção concluída com a referida sociedade pública.

Almeida[215] opina que esta curiosa explicação tem o mérito de por em relevo o caráter coletivo e localizado da DO, mas não pode concordar com ela, pois lança a DO na categoria de direitos pessoais ou de crédito e, além disso, não expressa o fato real, pois os produtores locais podem não ter a intenção de se unir faltando a *affectio societatis* necessária à existência e criação de qualquer sociedade; por fim essa sociedade não se pode confundir com uma coletividade local preexistente dado que a área geográfica da DO não coincide necessariamente com a demarcação administrativa oficial.

2.3. Direito mobiliário

Refere M. David[216] na sua tentativa de conciliar diversas concepções que ele examinou: sua idéia básica é a de que o laço que une a DO à terra é apenas indireto; não é o solo em si mesmo que lhe interessa, mas o produto; o solo só interessa como fator de qualidade; esta qualidade se aprecia atra-

---

[213] Almeida (1999).
[214] Plaisant e Jacq (1921 apud ALMEIDA, 1999). Todos os nomes de autores mencionados a seguir em todos os verbetes são listados e classificados na obra citada.
[215] Almeida (1999).
[216] David (1938 apud ALMEIDA, 1999).

INDICAÇÕES GEOGRÁFICAS

vés do produto; o direito ao nome está ligado diretamente ao produto e é por isto que David vê aí um direito mobiliário.

Almeida[217] fulmina esta teoria afirmando que não estamos perante um direito que incida diretamente sobre o produto em si mesmo: os titulares da DO têm a faculdade de reproduzir a DO nos produtos que preencham os requisitos exigidos de forma exclusiva. Essa faculdade não pode ser dada aos proprietários sucessivos do produto, pois seria violar o direito que compete exclusivamente aos produtores de certa região.

2.4. Direito acessório de um direito de propriedade sobre uma coisa móvel

Almeida cita M. Vivez[218], melhorando a teoria anterior. Parte do pressuposto do caráter móvel da DO, ligada não ao solo, mas ao produto e considera que a DO está ligada à coisa a que se aplica de uma forma mediata: estamos diante de um direito acessório do direito de propriedade sobre o produto.

Tal direito serve para marcar a relação entre produto e sua origem, serve para determinar a personalidade do produto. O autor caracteriza este direito como institucional no sentido que faz nascer para seu titular um conjunto de direitos e um conjunto de obrigações legais ou regulamentares que podem ser diferentes segundo o uso que ele faz desse direito. Vivez julga que o erro das teorias imobiliárias é que só levam em conta o produtor e não os intermediários e os consumidores. O direito sobre a DO circula com a propriedade do produto. Para além dos produtores, baseando-se nas leis francesas de 01/08/1905 e de 06/05/1919, hoje obsoletas, também os consumidores e os comerciantes podem dar início a ações judiciais repressivas.

Almeida[219] discorda dessa teoria por não considerar a hipótese da ligação da DO e dos direitos de propriedade industrial em geral ao produto que individualiza. Distingue o *corpus mechanicum* da coisa incorpórea sem se olvidar que os direitos de propriedade industrial carecem de um suporte físico em que se sensibilizem. É certo que sem produto a DO permanece no mundo das idéias.

---

[217] Almeida (1999).
[218] Vivez (1943 apud ALMEIDA, 1999).
[219] Almeida (1999).

Além, esse suporte é particularmente importante para a DO dado que esta só pode designar um produto típico, determinado. O direito intelectual em que a ideação é o objeto protegido e o objeto que é o suporte sensível desta ideação convivem com o conceito que informa que os direitos reais podem ter por objeto coisa incorpórea. Finalizando, se os adquirentes sucessivos do produto adquirem a propriedade do referido suporte material, eles não adquirem a possibilidade de reproduzir a DO. Se os intermediários e os consumidores dispõem de uma ação judicial para protegê-los contra as falsidades – origem, qualidade... – não podem absorver a violação do direito de propriedade industrial de que não são titulares.

2.5. Direito imobiliário

Para esta posição, a DO está inserida nas terras compreendidas pela área geográfica da denominação. A DO pode ser comparada a uma servidão que onera um prédio. Tratar-se-ia de um direito inerente a todas as parcelas agrícolas ou terrenos que fazem parte da área geográfica da DO conferindo-lhe, ao contrário da servidão clássica, uma valorização econômica. A DO pela sua particular ligação ao solo seria entendida como um imóvel incorpóreo, um direito imobiliário. Tal teoria afasta qualquer ligação da DO ao estabelecimento comercial. Aqui o titular do direito seria o proprietário do solo quer explore ou não a DO (o arrendatário do imóvel seria apenas concessionário de tal direito).

Almeida[220] fulmina tal teoria: além de favorecer a propriedade fundiária, tropeça em outros obstáculos. Se a inerência da DO às parcelas se pode verificar nos produtos para os quais a área da DO coincide com a área da colheita, fica mais difícil conceber sua aplicação para outros casos. Assim para os produtos manufaturados e industrializados que se beneficiam de uma DO, os fatores humanos podem ter um papel mais relevante que os fatores naturais. Contudo, mesmo que admitida, a inerência da DO ao prédio levanta algumas dificuldades: a servidão predial, como todo direito imobiliário preso a um imóvel, segue o destino desse imóvel, transmite-se com ele. No caso de alienação de um terreno, o novo dono pode não continuar o destino anterior e dar início a uma cultura que não seja típica da região: neste caso ele perderá a DO, o que demonstra que se a parcela

[220] Almeida (1999).

INDICAÇÕES GEOGRÁFICAS

agrícola pode ser suporte necessário à elaboração dos produtos sob DO, o direito não lhe é inerente.

2.6. Direito real e institucional

M. Jean Malapas[221] entende o direito à DO como um direito real. A DO, direito real, tem por corolário a instituição da DO, isto é, um conjunto de regras impostas pelo legislador, pela corporação ou pela jurisprudência para que a DO possa preencher sua função social e que ela não sirva apenas para o gozo dos particulares, para que ela leve a cabo não só a proteção dos produtores mas também a proteção dos consumidores: propriedade coletiva, a DO é sobretudo um excelente instrumento de proteção e de salvaguarda dos consumidores. A realização do fim social da DO é a proteção do consumidor. Uma das restrições à análise de Malapas refere-se ao fato de ele abordar o tema apenas sob ótica francesa. Considera um erro do autor fazer passar pela legislação uma possível finalidade social, a de tentar proteger apenas os interesses dos consumidores, pois há mais em jogo. Quando se protege o consumidor deixa-se uma lacuna que é precisamente a ausência de regulamentação da DO sendo muito arriscado transportar a legislação da DO para uma instituição protetora do consumidor.

Dentro do tema é a grande crítica que lhe faz Jean-Michel Aubouin[222] referindo-se em particular às legislações norte-americana e inglesa que cometem este esquecimento[223]: protegem o consumidor e deixam de lado a DO.

2.7. Monopólio concedido pela autoridade pública

Trata-se de posição defendida em França por Auby e Plaisant[224]. Não consideram ser o direito à DO um direito de propriedade. Referem vasta jurisprudência francesa em virtude da qual o direito à DO é entendido como direito de propriedade.

---

[221] Malapas (1937 apud ALMEIDA, 1999).

[222] Auboin (1951 apud ALMEIDA, 1999).

[223] Como informam a Filosofia da Mente e a Neurofisiologia qualquer decisão é sempre fruto do Sentimento e nunca da Razão, o que foi, aliás, tema de nossa Dissertação de Mestrado em Filosofia do Direito. (ROCHA FILHO, 2005).

[224] Auby e Plaisant (1974 apud ALMEIDA, 1999).

NATUREZA JURÍDICA

Consideram[225] que esta postura nunca foi pacífica na doutrina. Dizem que o direito à DO aproxima-se do direito de propriedade pelo seu caráter exclusivo e opõe-se a ele pela sua indisponibilidade e pelo seu caráter coletivo – eis que nenhuma pessoa jurídica é o seu titular. Defendem que a DO é um bem coletivo que, contudo, não pertence a uma coletividade legalmente constituída e somente o Estado pode intervir para regulamentá-la no interesse geral. Em definitivo, o direito à DO aparece como um dos casos de monopólio legal, cujo fundamento é o esforço criador dos beneficiários, que o legislador protege estatutariamente no interesse destes, mas também no interesse geral. É o caso dos direitos de propriedade industrial, literária e artística. O caráter estatutário do direito à DO é mais marcado do que naqueles dado o seu caráter coletivo. Como os outros direitos de propriedade intelectual, o direito à DO é um monopólio concedido pela autoridade pública para certos fins definidos e segundo as condições que impõem estes fins. Os autores julgam que a lei francesa de 06/05/1919 considera a DO como uma prerrogativa de direito privado, acessória à propriedade do solo ainda que coletiva resultante de usos locais e constantes consagrados como tais pelos tribunais em caso de contestação entre os sujeitos de direito.

Almeida[226] contesta dizendo que a experiência mostrou a insuficiência desta concepção, que conduziria na sua pureza à multiplicação das DO's sem qualquer valor comercial ou, o que é ainda pior, a criar no público uma confusão que conduziria a uma degradação geral. Lembra que se deve ter em conta três idéias essenciais quando se regulamenta o interesse geral: proteção coletiva dos interessados; proteção do consumidor contra as falsificações; organização da produção e da distribuição para assegurar o sucesso comercial da DO nos mercados interno e externo, idéia esta que tende a tornar-se mais importante na época contemporânea em que a DO é concebida como um meio eficaz de promoção de vendas.

Auby e Plaisant[227] continuam dizendo que se se tratasse de proteger direitos individuais, uma legislação especial seria escusada, pois a ação de concorrência desleal seria suficiente como no caso do nome comercial ou da insígnia. Se, pelo contrário, se trata, por um lado, de garantir o sucesso

---

[225] Auby e Plaisant (1974 apud ALMEIDA, 1999).
[226] Almeida (1999).
[227] Auby e Plaisant (1974 apud ALMEIDA, 1999).

INDICAÇÕES GEOGRÁFICAS

comercial da DO através de uma política constante de qualidade e, por outro lado, de proteger o público, impõe-se uma regulamentação estrita, o que explica, segundo eles, a profusão de siglas de controle (DO, VDQS...) que surge em França e em outros países através de legislação própria, complexa e detalhada em matéria, principalmente, de queijos e vinhos.

Em muitos países, a DO é um sinal distintivo, por um lado territorial e, por outro, garante ao consumidor certa qualidade. Ela constitui um instrumento para granjear clientela nos mercados interno e internacional e é um meio eficaz para assegurar o equilíbrio do mercado através de uma política de qualidade permitindo a promoção das vendas.

A ligação com o território é fundamental. A DO é uma riqueza natural, mas uma riqueza cujo valor é elevado ao máximo pela indústria do homem. Esta indústria para ser frutuosa deve ser organizada e disciplinada. O poder público intervém para fixar as normas de qualidade, os modos de apresentação e designação dos produtos e para controlar a observância dessas exigências.

Dada a relevância do interesse público que representa a DO para estes autores, e a dimensão da intervenção estatal, chegam a considerar a DO como um direito semipúblico. Esta posição, pelas conseqüências que atribui à intervenção estatal, encontra-se de um modo geral afastada pela doutrina. Os direitos de propriedade industrial não são – ou já não são – um privilégio ou monopólio concedido pela autoridade pública.

2.8. Denominação de origem como marca coletiva que constitui um direito absoluto de natureza fundiária

Esta tese é defendida por Jean-Michel Aubouin[228]. Considera o autor que o direito à DO tem um caráter coletivo. A exploração da DO pertence a todos os habitantes de uma comuna ou região. Pretende, por outro lado, que este direito coletivo se refira a um tipo particular de marca coletiva. A definição de marca em direito francês é bastante ampla e pode abarcar a DO na sua forma de marca coletiva. O elemento comum à marca individual e à marca coletiva – e à DO – é o direito de reproduzir os sinais distintivos admitidos nos produtos. Por exemplo: o direito à denominação de origem *Cognac*, não é outra coisa que a faculdade de reproduzir o nome

---

[228] Auboin (1951 apud ALMEIDA, 1999).

Cognac nas etiquetas das garrafas de aguardente proveniente da região de *Cognac*. Este direito apresenta os caracteres essenciais do direito à marca.

O problema agora é saber a quem pertence esta marca coletiva.

Para M. Vivez, refere Aubouin[229], a DO não pertence somente ao produtor, mas também ao consumidor. M. David[230] partilha desta opinião.

Aubouin critica esta posição. Uma coisa é produzir sob DO, outra é o consumidor comprar este produto. A propriedade que ele adquire não lhe dá direito de uso da denominação. Enquanto o produtor tem a cada safra o direito de reproduzir a DO sobre os produtos, toda a utilidade de uma DO para os consumidores é limitada às quantidades que eles adquirirem.

A classificação das DO's entre as marcas coletivas insere-se, diz Aubouin[231], na regulamentação minuciosa de que estas são objeto nos grandes países produtores. Na medida em que uma marca é propriedade de uma coletividade, na medida em que ela serve de título de apresentação no mercado da produção de um grupo de indústrias ou de agricultores, as mercadorias às quais ela se aplica devem corresponder a certas características e apresentar certas qualidades. Os membros do grupo devem-se submeter a uma regulamentação comum. Se um dentre eles introduz no mercado, com o sinal distintivo comum, um produto inferior que não corresponde às normas, ele provoca prejuízo à comunidade, devendo-lhe ser aplicada uma sanção.

Estes são os princípios que disciplinam a instituição das marcas coletivas. Elas são utilizadas, seja como indicação de um lugar ou de uma região de proveniência, seja como sinal indicativo de qualidade, com o controle exercido por um sindicato de produtores, seja com um objetivo protecionista, para distinguir os produtos nacionais.

As marcas coletivas estão previstas na maioria dos países e, desde logo, nos estados que não protegem as DO's.

A marca coletiva caracteriza-se, ainda, pela existência de um organismo (*directoire*), por vezes semi-estatal, que tem a tarefa de estabelecer as regras que todos os utilizadores têm que observar.

---

[229] Auboin (1951 apud ALMEIDA, 1999).
[230] David (1938 apud ALMEIDA, 1999).
[231] Auboin (1951 apud ALMEIDA, 1999).

INDICAÇÕES GEOGRÁFICAS

Jean-Michel Aubouin[232] pensa no *Institut National des Appellations d'Origine*[233] (INAO), em França, na Casa do Douro e no Instituto do Vinho do Porto em Portugal.

O autor vai mais além: considera a marca coletiva como transmissível; se todos os membros da coletividade à qual ela pertence estão de acordo em dela dispor, nada se opõe a que ela seja objeto de venda. Ela pode, ainda, ser transformada em uma marca individual, se a coletividade decide tornar-se numa pessoa física. Finalmente, o direito à marca coletiva pode perder-se por prescrição, quando um longo uso provocou a sua transferência para outro beneficiário. Pelo contrário, todo ato de disposição isolado é inconcebível para a DO; ligada ao solo ela não pode ser cedida independentemente do "*fonds* de terre": propriedade dos habitantes de toda uma região ela não pode em nenhum caso caber na sua totalidade a um só e a sua sorte, confundida com a de um território, não pode ser posta em causa pela prescrição aquisitiva.

A DO, marca coletiva, é ainda, para Aubouin[234], um direito absoluto de natureza fundiária. Não aceita que o direito à DO seja um direito de propriedade (ou qualquer outro direito real) pela ausência de um elemento material; não aceita que também possa ser um direito pessoal. O seu caráter fundamental é ser, ao contrário do direito pessoal, oponível a todos. Afasta-se do direito romano e de sua divisão em direitos reais e pessoais: constata que tal divisão envelheceu e direitos novos nasceram que, sem serem direitos reais apresentam a característica comum de oponibilidade *erga omnes*. São direitos absolutos por oposição aos direitos relativos, oponíveis somente a uma ou a diversas pessoas. Assim, o direito à DO, como todos os direitos incluídos na propriedade industrial, é um direito absoluto.

Quanto a ser de natureza móvel ou imóvel, entende o autor que todas as legislações protetoras da DO fazem nascer um direito imobiliário, ligado à terra.[235]

O direito à DO é antes de tudo de natureza fundiária. Ele apresenta todos os caracteres de um direito fundiário e pertence apenas aos produtores da região delimitada.

---

[232] Auboin (1951 apud ALMEIDA, 1999).
[233] Sobre o tema veja capítulo 2, item 2.4, da Parte II.
[234] Auboin (1951 apud ALMEIDA, 1999).
[235] Auboin (1951 apud ALMEIDA, 1999).

Aubouin tem o mérito de aproximar a DO da marca de certificação, desconhecida no seu tempo.

A marca de certificação assegura ao consumidor que o serviço ou o produto tem certas características e qualidade, e que isto pode se dar em virtude de características geográficas com regulamento de uso e localização determinada.

Mas, adiantando o que se discutirá depois em capítulo próprio, distinguem-se por que a marca de certificação existe primariamente para defesa de um público consumidor e só depois para defesa dos produtores enquanto que na DO a importância é diametralmente oposta: primeiro objetiva os produtores e depois, como parte da equação, os consumidores.

2.9. Direito de propriedade

Almeida[236] reconhece que há poucos estudos relativos à DO. E pretende (com o que não concordamos pelo que se verá a seguir) em estender à DO as análises feitas em outros direitos intelectuais. Refere M. Matter com sua definição: a DO é um direito de propriedade comercial e coletivo, atribuído pelo uso constante a todos os produtores de uma mesma região. Invoca, para tal, M. Matter a seu favor a prática do parlamento e dos tribunais franceses de considerar a DO como direito de propriedade.

Almeida[237], adiantando-se, entende que o direito à DO é um direito real, mais precisamente, um direito de propriedade, cujo objeto é uma coisa incorpórea.

É exclusivo, absoluto, dotado de eficácia *erga omnes* como resulta da tutela que é concedida ao seu titular. Por fim preceitua que a DO, pelo regime que lhe é consagrado, é independente quer do produto que individualiza quer da área geográfica (*terroir* + fatores humanos) ou do solo.

Sem querer – ainda – tomar posição, Almeida[238] procura aproximar a DO ao direito de propriedade: procura avizinhar a DO ao *jus utendi* (o produtor desde que os seus produtos respondam às condições preestabelecidas pode fazer uso da DO, aplicando-a a estes produtos, sem quem este uso lhe possa ser recusado ou retirado. Nenhuma outra pessoa para além deste produtor pode fazer uso da DO); ao *jus fruendi* (na verdade o produtor vai colocar a DO no seu rótulo com a finalidade de retirar lucros supe-

---

[236] Almeida (1999).
[237] Almeida (1999).
[238] Idem.

riores aos que obteria de produtos similares em uso da DO. Faz reparar que só quem usa a DO retira lucros, vedada a locação da DO, o que a distancia da marca ou da patente); ao *jus abutendi* (concluindo que cada produtor isoladamente está impossibilitado de dispor da DO. Ele pode sim alienar, ceder, etc. a sua propriedade – o seu fundo agrícola ou de comércio, melhor dizendo – mas não a DO).

Avança perquirindo se há na DO, como no direito de propriedade, a plenitude, a absolutidade, a exclusividade e a perpetuidade.

Considera que, sim, que a DO atende a todos estes requisitos. E conclui que a DO é objeto de um direito de propriedade.

2.10. Natureza jurídica da denominação de origem (cont.). A titularidade de Denominação de Origem

Almeida[239] pressupõe que os proprietários da DO são os produtores estabelecidos na área geográfica da DO e que aí se dedicam à elaboração e produção do produto tipo.

Por metodologia, ele se volta agora a referir a posição dos autores que acham que os produtores não são os proprietários da DO para depois defender sua posição.

2.11. Direito *à* denominação de origem e direito *sobre* a denominação de origem

Esta interessante tese foi desenvolvida por Jacques Audier[240] que considera que a DO é fruto da vontade dos profissionais e é em seguida reconhecida pela autoridade pública.

É a tese que mais se aproxima da nossa e que explicitaremos em 2.17 adiante.

O direito sobre a DO tem como titular a autoridade pública; o direito à DO é dos profissionais que se beneficiam de seu uso.

Em todo o mundo o nascimento do direito sobre a DO é precedido de um acordo profissional, de uma vontade comum e, em seguida, de uma regulamentação das condições de produção e de elaboração do produto.

Em virtude de seu trabalho, um produto vende internamente e logo depois além fronteiras o que leva os profissionais responsáveis pelo feito irem procurar a autoridade pública para obter reconhecimento.

---

[239] Almeida (1999, p. 102-137).
[240] Audier (1993 apud ALMEIDA, 1999).

NATUREZA JURÍDICA

O autor[241] após analisar vários textos legais conclui que eles se limitam a definir a DO sem precisar quem é o titular do ou dos direitos correlativos que ele faz nascer.

O direito sobre à DO é um direito pertencente à autoridade pública; o direito à DO é a prerrogativa que é reconhecida a um operador de utilizar a DO para designar o seu produto.

Audier[242] termina a defesa de sua idéia levantando o fato de a maioria dos Estados considerar a DO como patrimônio nacional.

Quanto ao direito à DO, J. Audier considera que todos os produtores de uma região, de um local, são titulares desse direito desde que estejam respeitadas as condições de uso exigidas pela autoridade competente. Estriba-se para tal em vários exemplos vitivinícolas.

Assim, apresentando sua tese, o autor nega ao produtor direito de propriedade embora aceite que os produtores são titulares de um direito patrimonial embora lhes retire a propriedade; o produtor tem apenas um direito de uso – que no caso das DO vitivinícolas lhes seria renovado a cada ano – atribuído pela autoridade pública e que tem como conseqüência a valorização de sua produção.

Finaliza dizendo que o direito à denominação de origem é um direito de uso, patrimonial incorpóreo. Em relação à autoridade pública, o autor afirma que seu direito não é objeto da mesma qualificação jurídica. Aliás, considera que tal qualificação não tem interesse dado que a autoridade pública não tem ansiedade em ceder ou transmitir seu direito, interessando-se pela duração da eficácia do direito sobre a DO.

Claro que não podemos aceitar esta dualidade criada por Audier.

2.12. A denominação de origem como elemento do domínio de uma pessoa coletiva de direito público

Exemplificando com o direito mexicano que é legalmente o titular da denominação de origem, qualquer seja ela[243], Almeida acentua o papel da auto-

---

[241] Audier (1993 apud ALMEIDA, 1999).

[242] Idem.

[243] A *Ley de Propiedad Industrial* mexicana, publicada no Diário Oficial da Federação em 27 de junho de 1991, sendo que a última reforma publicada foi em 09 de abril de 2012, traz em seu artigo 167 a seguinte redação: "El Estado Mexicano será el titular de la denominación de origen. Esta sólo podrá usarse mediante autorización que expida el Instituto". Disponível em: < https://www.sep.gob.mx/work/models/sepl/Resource/7dc3f003-329b-42ba-abb3-b7921ad2eda6/ley_propiedad_industrial.pdf >. Acesso em: 14 jan. 2015.

ridade pública em matéria de DO e que a DO pode ser um elemento de domínio de uma pessoa de direito público.

Nesta tese estatista, o Estado teria a propriedade da DO, fundaria uma pessoa coletiva de direito público (um instituto público, por exemplo) para fiscalizar sua propriedade e aceitaria a participação dos produtores como diretamente interessados no assunto.

Ora o Estado intervém em todos os ramos da propriedade imaterial regulamentando (legislando, pois), mas tal postura normativa não lhe confere a propriedade sobre qualquer marca, patente ou DO.

A confusão evidente desta tese que confronta o direito dos produtores faz com que seja abandonada sem maiores preocupações.

2.13. A denominação de origem como elemento do patrimônio nacional

Benoît Moritz[244] considera que o produtor é titular do direito à DO; admite que esse direito deve ser considerado como direito real mas não um direito de propriedade pelo fato de não poder dispor do sinal nem modificar seu destino, ou seja, falta-lhe o abuso. Vai à busca do seu titular, não aceita que o Estado seja o titular do direito sobre a DO e chega à consideração que é um patrimônio nacional.

Henry Dupeyron[245] avaliando vinhos e aguardentes franceses não considera os viticultores como os proprietários da DO. Defende que a DO interessa à coletividade nacional como um todo, que contribui para seu bom nome e para sua prosperidade e, por isso, entende que ela deve ser considerada patrimônio nacional como os sítios ou monumentos históricos.

Até podem ser patrimônio nacional, mas tal constatação não contribui para resolver o problema de sua natureza jurídica e conduz o tema para o Estado de novo, apesar de querer dele se distanciar.

2.14. Denominação de origem: propriedade dos produtores: comunhão individualística ou comunhão coletivística?

Almeida[246], como já referimos, entende que sobre a DO versa um direito de Propriedade.

---

[244] Moritz (1992 apud ALMEIDA, 1999).
[245] Dupeyron (1950 apud ALMEIDA, 1999).
[246] Almeida (1999).

Os produtores são os proprietários da DO e, assim, utilizam a denominação como extensão desse direito.

Ora a DO é coisa incorpórea que pertence a diversos titulares, é uma situação de comunhão surgindo a pergunta: individualística ou coletivística?

a) Comunhão de tipo romano (compropriedade)

Almeida[247] prepara o campo para a apresentação de sua tese sobre natureza jurídica da Indicação Geográfica: aduz que no direito português existe propriedade em comum ou compropriedade quando duas ou mais pessoas são simultaneamente titulares do direito de propriedade sobre a mesma coisa. Cada comproprietário pode dispor de toda a sua quota na comunhão ou de parte dela e pode também onerá-la; pode, enfim, exercer na plenitude seu *jus utendi abutendi fruendi* e, inclusive, requerer a divisão da coisa comum.

Aduz que para o direito romano clássico o *dominium* tinha uma natureza individualista e exclusivista não conhecida a comunhão em mão comum.

Na comunhão de tipo romano a coisa reparte-se entre os diversos titulares por quotas ideais.

Os vários direitos ou o direito de cada um dos comproprietários incidem sobre toda a coisa, mas sobre parte não especificada dela, sobre uma quota ideal, sobre uma fração da coisa.

b) Comunhão de tipo germânico (comunhão em mão comum)

Na comunhão de tipo germânico (comunhão de mãos reunidas ou de mão comum) a coisa pertence em bloco e só em bloco a todos os titulares, pertence à coletividade por eles formada.

Não se pode falar em quota parte. Cada um deles não tem uma fração da coisa que lhe corresponda individualmente e de que possa dispor; cada elemento do grupo não pode dispor da sua participação na coisa.

Cita Manoel A. Domingues de Andrade[248] que diz que cada um dos membros da coletividade não pode dispor da sua posição em face do patrimônio coletivo; não pode aliená-la. Só ao grupo é que compete a massa patrimonial em questão, nenhum direito tendo de per si sobre ela, nem sobre os singulares elementos que a integram. Só a coletividade através

---

[247] Idem.
[248] Andrade (1987 apud ALMEIDA, 1999).

de todos os seus componentes é que pode dispor dos bens que constituem o patrimônio coletivo. Não existe nessa comunhão coletivista qualquer repartição de quotas. O uso e a fruição da coisa objeto da comunhão coletivista pertencem, indivisamente, a todos os titulares e nenhum dos membros pode pedir a dissolução do patrimônio comum para auferir individualmente seu domínio.

Almeida[249] cita a lei portuguesa (art. 249º/4 do CPI) que diz que "a denominação de origem e a indicação geográfica, quando registradas, constituem propriedade comum dos residentes ou estabelecidos de modo efetivo e sério, na localidade, região ou território e podem indistintamente ser usadas por aqueles que, na respectiva área, exploram qualquer ramo de produção característica." E "Lembra que o texto do CPI anterior era semelhante e que, portanto, há tradição no pensamento que é propriedade comum de todos os que se encontrarem na posição legal (residentes ou [...]"

Copia Parecer da Câmara Corporativa, Diário das Sessões nº 147 de 27/11/1937[250]:

> [...] se a denominação de origem constitui propriedade comercial dos habitantes estabelecidos em determinada localidade, de modo efetivo e sério, para o exercício de qualquer atividade econômica, característica da região, pertence-lhes o exercício do direito de propriedade da denominação de origem, e o exercício desse direito é independente da importância da exploração, como da natureza dos produtos.[251]

Prossegue o citado Parecer:

> [...] todos os habitantes estabelecidos têm igual direito à DO; nenhum privilégio pode ser concedido em proveito do que primeiramente se instalou na localidade, região ou território, ou mesmo do que, pelos seus esforços pessoais, valorizou o direito à DO, atraindo sobre ela o prestígio e a fama que outros mais tarde se aproveitaram. Os outros habitantes estabelecidos na área geográfica da DO, de modo efetivo e sério, para o exercício de uma atividade econômica, característica dessa área, são igualmente titulares do direito à DO, porque essa denominação pertence ao patrimônio comum.[252]

[249] Almeida (1999).
[250] Almeida (1999, p. 124 e ss.)
[251] Diário das Sessões nº 147 de 27 de Novembro de 1937 (p. 141, sic.) (apud ALMEIDA, 1999).
[252] Idem.

2.15. Posição de Almeida

Afirma:

> [...] assim entendemos que a DO é propriedade comunal dos produtores estabelecidos na área da denominação, que se dediquem à exploração do produto típico. Não há aqui lugar a qualquer idéia de quota ou de parcela, não sendo possível a divisão, não podendo, ainda, cada um dos produtores (ou todos eles por comum acordo) alienar a DO. O direito à DO pertence à coletividade dos produtores, contudo, entendemos que é um direito que compete íntegro a cada um dos produtores.[253]

2.16. Posição de Pontes de Miranda

Pontes de Miranda[254] considera a figura jurídica da indicação de proveniência uma das mais interessantes do direito privado.

Sua postura transcrevemos não na ordem em que se encontra na obra:

> [...] quem quer que produza ou fabrique no lugar tem direito à indicação de proveniência. A pluralidade de produtores e fabricantes, e não todos, nem determinadas pessoas físicas e jurídicas, tem direito à indicação de proveniência: todos os que satisfaçam o pressuposto de produção ou de fabricação são titulares. Não o tem a própria pessoa jurídica a que corresponde o espaço territorial (Estado-membro, Município etc.) se não produz nem fabrica. A indicação de lugar de onde se extrai, ou de onde se produz ou fabrica, sim, é indicação de proveniência de coisas, que nada tem com a sede, a localização da sucursal, filial ou agência. A pluralidade dos produtores e fabricantes é que tem direito de indicar a proveniência. Mas tal fato não gera, no mundo jurídico, comunhão *pro indiviso*, nem comunhão *pro diviso;* cada um dos membros da comunidade tem o seu direito de propriedade industrial sobre a indicação de proveniência. Há pluralidade de titulares, sem haver comunhão. A figura jurídica é uma das mais interessantes do direito privado. Não há laço entre os titulares; nem o direito de um limita o direito do outro. Nem há, sequer, comunhão *pro diviso*. O fato de ser objeto do direito real bem incorpóreo permitiu que se tivesse como suscetível de pluralidade de titulares, sem qualquer comunhão, a indicação de proveniência. A pluralidade de direitos que aqui se cogita é semelhante à dos pastos comuns ou compáscuo, ou das concessões de

[253] Almeida (1999).
[254] Miranda (1971, p. 195).

INDICAÇÕES GEOGRÁFICAS

pesca ou caça, ou de tirar lenha em terras públicas de uso não-público. Frise-
-se, porém, que o direito à indicação de proveniência, posto que o tenham
muitas pessoas, não é compropriedade. Cada pessoa que satisfaça os pressupostos o adquire. Não há comunhão *pro indiviso*, nem *pro diviso*: a titularidade
é, talvez, de muitos, mas cada um é titular do seu direito que somente é exclusivo em relação aos que não satisfazem os pressupostos. Não há pensar-se em
invocação, por analogia, das regras jurídicas sobre condomínio.[255]

A crítica que fazemos aos dois textos acima é que não se consegue
enquadrar o instituto como propriedade, como adiante se exporá.

Além, nos dias de hoje (o que não sucedia antes quando cada integrante
da IG podia defender os interesses da IG sozinho ou acompanhado de
outros titulares do mesmo direito[256]), como falamos a seguir, uma parte
interessada <u>não</u> tem legitimidade para agir, pois a representação da IG é
da associação criada para tal propósito.

2.17. Obrigação de fazer

Pretendemos desenvolver breves comentários para expor visão própria.

Repetimos as perguntas com que iniciamos a exposição das diversas
teses sobre a natureza jurídica da Indicação Geográfica ser dada como
propriedade:

**Impõem-se desde logo duas perguntas: Indicação Geográfica é
Propriedade de quem e contra quem? E o proprietário de uma Indicação Geográfica é proprietário exatamente do quê?**

**E, se definidos seu proprietário e o objeto de sua propriedade, per-
guntamos se, no exercício de sua função, ele, o proprietário, pode usar
(jus utendi), se pode retirar frutos (jus fruendi), se dela pode dispor
(jus abutendi), se, proprietário, ele a possui e se pode reclamá-la de
quem injustamente a possua, se ele pode ceder, se pode alienar, se
pode locar sua Indicação Geográfica? Se ele pode renunciar a ela e
em caráter perpétuo? Se, enquanto Propriedade, ela pode ser objeto
de penhor de algum credor impago?**

---

[255] MIRANDA (1971, p. 195).

[256] Caso da famosa ação no Brasil versando sobre o uso do nome champagne de Société
Anonyme Lanson Père et Fils contra Peterlongo e outros, União Federal inclusive, com
Recurso Extraordinário julgado em 1974 (RE 78835/GB STF). Disponível em: < http://www.
jusbrasil.com.br/jurisprudencia/709936/recurso-extraordinario-re-78835-gb-stf>.

NATUREZA JURÍDICA

Ou seja, se ela compreende, mesmo, todas as possibilidades de uma Propriedade.

Estas perguntas devem permear a compreensão do instituto.

Com o fito de desarmar espíritos estabelecidos, esclarecemos que nossas observações a seguir são válidas somente para a IG e não se aplicam às marcas e patentes, aos desenhos industriais e direitos de autor e conexos etc., ou seja, aplicam-se somente às Indicações Geográficas.

Adiantamos nossa posição para maior clareza do que se apresenta a seguir.

Não concordamos que a IG possa ser considerada Propriedade individual da associação nem possa ser considerada Propriedade comunal dos produtores lá estabelecidos e vamos, na seqüência, abordar melhor a questão.

Não achamos que alguém – individual ou coletivamente – na IG preencha o conceito "direito de usar, gozar e dispor da IG e de reavê-la do poder de quem injustamente a possua"[257]. Assim dizer que alguém é proprietário de uma IG não é uma frase que apoiamos, mas achamos que preenche sim o conceito "qualidade de próprio, qualidade especial, particularidade, caráter", ou seja, cada IG tem sua propriedade é uma frase que apoiamos.

Consideramos a Indicação Geográfica como o objeto estrito de um **contrato entre proprietários ou assemelhados,** contrato este que segue à risca o pacta sunt servanda e que delimita claramente uma **obrigação de fazer algo a alguém de uma determinada maneira e somente dentro de uma determinada área geográfica delimitada de forma a garantir o máximo de reputação àquilo que se faz e que recebe um nome pelo qual a promessa será reconhecida.**

São atos humanos, personalistas (a personalidade do devedor tem significação especial), indelegáveis e conforme proposta perene.

Quanto ao possível obstáculo de se não ver inicialmente o 'contrato', temos a propor que se aplique o raciocínio de quem nasceu em um país: quem nasce, nasce por acaso, não escolhe adredemente onde nascerá e, após nascer, pode aceitar a nacionalidade ou pode rejeitar a nacionalidade. Se aceita o faz por omissão, simplesmente continua nacional daquele país; se rejeita, renuncia valendo-se das formalidades.

Outro panorama pode ser dado pelas leis daquele país onde nasceu o cidadão: já preexistem a ele que nunca foi convidado a sobre elas se mani-

---

[257] Artigo 1.228 do Código Civil Brasileiro. (BRASIL, 2002).

INDICAÇÕES GEOGRÁFICAS

festar: ele as aceita e o faz por omissão ou não as aceita e vai à desobediência.

É como vislumbramos o tal contrato entre proprietários a que aludimos: ele não existia em sentido estrito, foi sendo formado pelos anos, por usos e costumes leais, responsáveis, locais e constantes, surgiu e lá está a reger o lugar: quem lá se estabelece ou aceita por omissão, ou seja, nada faz para combater os seus termos e tudo faz para agir conforme, ou rejeita e tenta outras coisas[258]. Não foi imposto nem pelo Poder Público nem pelos consumidores e não poderia sê-lo; foi acordado pelos proprietários locais. Consolidado pelos usos e costumes este acordo foi comunicado a toda a gente.

Não são estranhos ao saber civilizatório tais contratos. Eles existem no campo do Direito e no campo da Moral.

Em Roma antiga, tais contratos escritos, não escritos ou escritos no ar eram regidos pela deusa Fides, uma das primeiras "Virtudes", a personificação da fidelidade à palavra dada. Era o "agir como um homem". Ao lado de Júpiter, é guardiã e garantidora do juramento, da promessa que tem deus como testemunha. Fides proclama que toda lei e toda ordem social dependem do respeito à palavra dada. Uma das palavras que se dá é aquela que garante a própria honestidade de propósitos, a vontade de não prejudicar ninguém, de não provocar danos, de procurar o melhor, de agir com responsabilidade, de agir de acordo com a imagem que projeta, de cumprir com o prometido. Institui a confiança recíproca e mútua sempre a reger as partes integrantes da relação. É a base de qualquer relacionamento. A fé neste princípio está na base de qualquer viver. Um dito romano dizia *"Punica fides"*, ou seja, que a palavra de um Cartaginês não tinha qualquer valor e isto excluía qualquer Cartaginês de uma integração civilizatória decente. Não há como viver sem esta "fé" nas pessoas, nas instituições, nas relações. A *bona fides* e a *mala fides* são fundamentos em que se alicerçam a confiança ou a desconfiança no viver. Refletem um estado mental, ético e moral através do qual as pessoas podem ou não agir. Não são sempre regras escritas. Muitas vezes estão escritas no ar e são de conhecimento geral. Quem age com *mala fides* recebe de pronto total e agressiva reprovação. Ao contrário, qualquer um pensa que, como base

---

[258] Atualmente tais termos serão incorporados nas exigências da associação que se fundará para defesa e fiscalização dos usos locais, como se verá, o que formaliza o contrato antes não escrito.

NATUREZA JURÍDICA

da ação, está a percorrer caminho cheio de boa fé sua e dos demais senão não se poria em movimento. Assim, um contrato pode ser escrito ou não escrito em um sentido geral: princípios gerais do Direito derivam deste pré-conhecimento, base de qualquer relação.

A boa fé não se constitui em norma legal (desde Hamurabi há 4.000 anos) porque está escrita; ela, não escrita, paira no ar desde sempre a reger as relações humanas e as pessoas têm fé que assim sempre será.

Muitos contratos estão alicerçados em regras gerais que existem porque existem, são de conhecimento amplo e seus comandos podem ser exigidos a qualquer momento.

Os contratos são sempre promessas, são expressão do indivíduo autônomo, autárquico, digno, íntegro e responsável com capacidade para fazer promessas. São a exposição de vontade do homem uniforme que ao contratar propõe-se igual entre iguais, constante e, portanto, confiável na sua possibilidade de se comprometer. É nessa relação que o ser do homem encontra sua medida de valor que lhe permite ser constante para manter sua palavra contra o que lhe for adverso; é aí neste momento, que ele se distingue por ser confiável. A cláusula *rebus sic stantibus* não atinge a mudança de vontade ou de interesse. Ela não premia o humor. Ela quer dizer que as coisas permanecem como estão apenas se o cenário se mantiver o mesmo, ou seja, se não surgirem fatos supervenientes que alterem o equilíbrio que as partes tinham anteriormente; não pode repentinamente uma parte ter uma prestação onerada por fato aleatório e com isso comprometer sua saúde, sobrevivência ou dignidade. Mas a mudança de vontade não pode decorrer da relação contratual. A capacidade de fazer promessas se liga à capacidade de se lembrar do que se prometeu. Busca no passado as formas de crescer no futuro; quer encontrar no passado as condições civilizatórias que permitiram desabrochar a promessa assim e não de outra forma. O processo civilizatório se funda também na impossibilidade da promessa seguida de esquecimento. Há má fé quando se esquece o que foi prometido sem que o cenário tenha se alterado de maneira a prejudicar deleteriamente uma das partes: enquanto o cenário permanece o mesmo permanecem as promessas feitas e a palavra empenhada. Se uma das partes se esquece e rompe sua palavra há que indenizar. Pelo dano sofrido pela outra parte, pelo que prometeu pagar se agisse contra o que prometera fazer e pela busca de um equivalente ao dano encontrado na dor da parte ofendida. Se o esquecimento ensejar crime, o autor da falcatrua pagará com sua liberdade. Ninguém aceita o esquecimento causador do descumprimento das promessas. Quem promete deve cumprir. É o processo civilizatório coibindo os instintos e instaurando a dignidade da manutenção da palavra empenhada contra o próprio desejo de revogá-la imotivadamente. A infração contratual voluntária é expressão da faculdade ativa do esquecimento ligado à má fé. A ruptura da palavra empenhada é má e hostiliza a vida. Se os compromissos estabelecidos forem desvinculados das condições de vida em que se originam, apagam as condições que lhe dão causa, distanciam-se da sua origem e perdem seu caráter mesmo de compromisso. A justiça e o equilíbrio das partes ficam alterados pelo arbítrio de um. Tal fato não pode. A boa fé está lá a permear as relações e a fé na boa fé vem como base de todo relacionamento.

A firme intenção é produto do cenário em que nasceu, das condições vinculantes que dão causa, da previsão que se faz do futuro que virá e da boa fé das partes circunscrevendo tudo isto.

O contrato, como se vê, não se restringe aos seus aspectos formais contidos na escrita vinculante. Ele é, intencionalmente, muito mais amplo e abrangente, pleno de significados não formais, mas exibidos de várias formas.

Um contrato compreende muito mais do que está confinado na escrita que exibe.

A Semiótica, para dar apenas um exemplo fora do Direito, enxergou e ampliou sua visão.

Seus estudiosos percebem que a opinião pública deve ser informada da tipicidade local e, daí, compreender como o homem atuando na região é o responsável pela oferta do Bem prometido. Algum investimento institucional precisa ser feito e depende de linguagem ajustada ao público. O marketing de relacionamento, como explicitado em 1.3, retro estabelecerá as mídias corretas.

Esta mesma semiótica viu-se ambiciosa quando percebeu que não deveria fincar suas raízes somente nos aspectos formais semânticos, pragmáticos e sintáticos.

Eric Landowsky[259] não reduz a semiótica ao mero estudo dos símbolos: atribuindo-lhe como objeto a *significação* cria entre ela e outras ciências sociais uma inter face altamente promissora. O semioticista visa encontrar

[259] Landowski (1992, p. 58 e ss.).

NATUREZA JURÍDICA

sentido e sabe que o sentido está em toda parte. Está nos discursos, nas realidades culturais, nas manifestações humanas e nos contratos. Concorda que o real é tão rico em suas manifestações que nenhum ramo do saber apreenderá sozinho todos seus aspectos e recursos. Importante é o foco do pesquisador. Fica valendo seu ponto de vista que é o ponto de onde ele vê que vê o que vê. Daí no passar de sua mensagem cria-se um problema de comunicação que se socorre das técnicas de interpretação para se fazer entender, o que não ocorre sempre, como se sabe. No direito a busca de significado ultrapassa os limites da análise do simples texto, quaisquer sejam as técnicas particulares.

> O que chamamos de jurídico não é, apenas de fato, um corpus – ainda que vastíssimo de expressões lingüísticas (o direito da lei e da jurisprudência), mas é também todo um feixe de instituições e de atores, de situações e de decisões, de fatos e de atos 'jurídicos', cuja apreensão, enquanto sistema globalmente significante requer a construção de modelos, que, obviamente, não poderiam ser estritamente 'textuais' ou lingüísticos.[260]

Este contexto gera o comportamento base das relações, mas base de uma IG, se permanecermos no foco.

É Tercio Sampaio Ferraz Junior[261] que "parte do pressuposto de que os sistemas sociais se formam via comunicação, isto é, de que a comunicação envolve sempre uma seleção de possibilidades que, como processo, determina reações que se podem conceber antecipadamente".

Tercio busca em Paul Watzlawick, Beavin e Jackson[262] sua definição de que a comunicação é entendida como troca de mensagens no sentido de que ela ocorre quando a seletividade de uma mensagem é compreendida, isto é, pode ser usada para a seleção de outra situação sistêmica.

Se as pessoas se comunicam é porque se relacionam e há uma maneira holística de observar os fatos (ou seja, tendência de sintetizar unidades em totalidades organizadas) e mantê-las em homeostase (ou seja, em estado auto-regulador que permite manter o equilíbrio de suas variáveis essenciais ou de seu meio ambiente). A relação jurídica é estruturada em torno do sujeito que detém seu direito em face de outro. A relação jurídica, ou a

---

[260] Ibidem, p. 59-60.
[261] Ferraz Júnior (2002, p. 36).
[262] Watzlawick, Beavin e Jackson (2008).

situação jurídica, mais hodiernamente, é a posição que todo sujeito (sujeitos de direito são aqueles entre os quais se podem constituir validamente relações jurídicas) ocupa no contexto da relação jurídica. Ela se estabelece normalmente entre dois ou mais sujeitos, um dos quais tem o dever de comportar-se de certo modo e o outro ou os outros tem o poder em relação ao primeiro de esperar que ele se comporte daquele modo. A relação vem como aquilo que liga, que vincula as partes.

Aceita-se em geral que a relação se dá homem x homem (outros aceitam homem x coisa, homem x normas, homem x valores).

A relação é um termo analógico (sentidos diversos, porém conexos) que significa:

a) alteridade: não contempla psicologismos íntimos do tipo 'eu desejo', 'eu quero matar', que se encontram na esfera moral mas indica a intersubjetividade própria do sujeito, a pluralidade de sujeitos que estabelecem entre si relações e querem regular tais relações;

b) exterioridade: tudo aquilo que não se exaure no interior do eu;

c) bilateralidade: surgem então os poderes e deveres que mostram que ao poder de um corresponde o dever do outro; e

d) reciprocidade: um sujeito não pode agir de uma determinada maneira com relação ao outro sem com isso legitimar no outro, nas mesmas condições, um comportamento análogo no que diz respeito a ele próprio.

Esta relação se dá na comunicação.

Watzlawick, Beavin e Jackson[263] criaram alguns axiomas conjeturais de comunicação:

1. A impossibilidade de não comunicar significa que comportamento e comunicação são termos sinônimos. Se não há não-comportamento não há não-comunicação. Comunicamos de várias maneiras além das verbais e se negamos comunicar, comunicamos que não queremos comunicar. Não se pode não comunicar.

2. O conteúdo e níveis de relação de comunicação sugerem que qualquer comunicação implica um cometimento, um compromisso e, por conseguinte, define a relação, ou seja, impõe um comporta-

---

[263] Watzlawick, Beavin e Jackson (2008, p. 44 e ss.).

mento através de 'relato' e de 'ordem' (ou cometimento em Tércio). O relato passa a informação e equivale à comunicação humana do conteúdo da mensagem, independentemente de ser verdadeira, falsa, válida, inválida ou indeterminável. A ordem dá a espécie de mensagem e como deve ser considerada; refere-se às relações entre os comunicantes. Expõe assertivas: eis como me vejo; eis como vejo você; eis como vejo que você me vê... em um manejo infinito que é tanto mais saudável quanto menos discutido. A resposta ao relato e à ordem conota ou confirma ou rejeita ou desconfirma a pior e mais cruel das hipóteses.

3. A pontuação da seqüência de eventos diz respeito à interação entre comunicantes. Se não estiverem em conexão haverá desacerto por falta de comunicação gerando terríveis imbróglios que não alcançarão deslinde enquanto as partes não se puserem 'no mesmo canal'[264]. Márcio Pugliesi[265] finaliza este ponto ao dizer que "a última interpretação cabe sempre àquele que ouve ou a quem pode, pois o sujeito sempre se verá reagindo a atitudes alheias e, jamais, as provocando".

4. A comunicação digital e analógica mostra que na comunicação humana duas maneiras inteiramente diferentes são utilizadas para referir objetos: a digital que denota arbitrariamente um objeto (nada existe em particular para que as quatro letras g-a-t-o denotem um certo animal) e a analógica que refere toda comunicação não-verbal "na qual *existe* algo particularmente 'como coisa' naquilo que é usado para expressar a coisa"[266]. "Os seres humanos comunicam digital e analogicamente. A linguagem dígita é uma sintaxe lógica sumamente complexa e poderosa mas carente de adequada semântica no campo das relações, ao passo que a linguagem analógica possui a semântica mas não tem uma sintaxe adequada para a definição não-ambígua da natureza das relações."[267]

5. A interação simétrica e complementar é o axioma final de *Watzlawick*. No primeiro caso, os parceiros refletem um o comporta-

---

[264] É de se ver imensos estudos de Neurolingüística sobre o tema.
[265] Pugliesi (2005).
[266] Watzlawick, Beavin e Jackson (2008, p. 57).
[267] Ibidem, p. 61.

mento do outro e agem simetricamente criando relação igualitária; no segundo caso, o comportamento de um complementa o do outro podendo ser de diversos níveis: mãe/filho, médico/paciente, forte/fraco etc. e sempre acentuam diferença.

A conclusão a que Watzlawick, Beavin e Jackson[268] nos conduz é que podemos nos movimentar, fazer ruídos, fazer gestos, mas não comunicamos: envolvemo-nos em comunicação, somos parte da comunicação.

As relações entre duas ou mais pessoas são transacionais, interpessoais.

Há, como se vê, envolvimento maior do que aquele que está reduzido no contrato; a força da promessa está na fé que provoca e se somos parte da comunicação na fé que nossa imagem (nosso comportamento) estabelece.

A redução do ato a palavras não parece resolver o problema. Trata-se de uma simplificação perigosa e difícil.

Mas é comum que alguém pense na possibilidade, raciocinando que se todo direito é posto, afinal, *como* ele é posto?

Abordando a validade de um ato, Márcio Pugliesi[269] apresenta quatro características desta validade, não deixando escapar em sua obra citada quão redutor pode ser este pensamento por esperar objetividade na linguagem:

1. Ser inteligível para o ouvinte, ou seja, corresponder às regras sintáticas e aos códigos semânticos;
2. Ser verdadeiro, ou seja, corresponder ao estado de coisas descrito, ou ainda, a frase deve referir o fato que descreve;
3. Ser justo, ou seja, adequada ao contexto da relação pessoal em causa; e
4. Ser sincero ou exprimir as intenções do emissor.

Sabe-se que coesão e coerência geram congruência: como encontrá-la?

Márcio Pugliesi[270] prefere compreender e operar o Direito que é e não o que deveria ser e por isto mesmo busca no sistema a sua explicação.

E dentro dele 'a natureza interpretativa de nossa concepção de mundo'.

---

[268] Watzlawick, Beavin e Jackson (2008, p. 61).
[269] Pugliesi (2005, p. 227).
[270] Pugliesi (2005, p. 227).

As partes comunicantes[271] fazem gramática com a narrativa e encenação com freqüência; a publicidade de que se valem para se firmar oscila, tímida, entre as opções possíveis muito mais do que as escolhe; a busca de congruência prende o comunicante. Mas é no fundar, reconhecer ou apresentar diferenças que surge o conhecimento da *significação,* palavra que escolhemos ao iniciar o caminho que nos trouxe até aqui.

Em uma IG estão presentes com mais clareza que no relacionamento pessoal ou profissional determinado pelo marketing massivo, as hipóteses descritas no raciocínio desenvolvido.

São os proprietários que detêm propriedades circunvizinhas com características similares e comungam entre si do mesmo ponto de vista o que lhes permite manter promessa constante.

No contrato que fazem entre si prometem que um Bem será sempre aquele conforme a sua imagem inicial e desta forma apresentado aos seus admiradores; é sempre uma promessa, é sempre um projeto que não se realiza definitivamente, que está sempre em gestação como se nunca nascesse mas já estivesse vivo em sua concretude. Cada oferta pressupõe a próxima com a repetição do mesmo que se copia com a característica jovial e fresca do novo fornecimento, mas que, novo, é repetição de si.

Ainda há ponto importante a destacar.

O nome da IG é um sinal distintivo revelador da sua personalidade: significa algo que foi prometido e que será sempre entregue pelo seu produtor da maneira esperada pelo seu consumidor. A IG não é propriedade de alguém, mas um codinome que exatamente não criptografa nada e, todavia, exibe uma clara e manifesta intenção permanente.

Assim, não se é proprietário de uma IG: há um nome que resume uma dívida, uma promessa do contratante que é permanente devedor daquilo a que se obrigou. Com o cumprimento constante da promessa, esse nome vai se tornando notório, a partir daí diáfano, transcende e passa a ser encarado como patrimônio de uma nação como Bem Cultural Incorpóreo ou Imaterial ou, ainda, Patrimônio Imaterial (o que se nos aproxima do direito de imagem nos afasta do direito de autor ou da propriedade de u'a marca, por exemplo).

São devedores da obrigação, como se verá, os proprietários que forem membros da associação criada para fiscalizar o uso da IG, e sua personalidade

---

[271] Landowsky (1992).

INDICAÇÕES GEOGRÁFICAS

adquire especial significação; são credores da obrigação os clientes ou os consumidores, interessados diretos, ou a comunidade, interessada indireta.

Fica claro, então, que a IG não se confunde com a propriedade de cada associado, ela mesma fundiária e com as suas características jurídicas já bem delimitadas pela doutrina (com seu *jus utendi fruendi abutendi,* bem claros).

São proprietários, sem nenhuma ingerência pública, que reconhecem os atributos naturais da IG[272], que combinam a delimitação da área geográfica[273], que combinam os métodos estritos de produção que conferem a qualidade local com seus atributos típicos, regionais e peculiares, que fiscalizam a observância dos métodos, que aceitam humildemente que o melhor desempenho individual de alguns reverta em benefício da IG e que intensificam o uso do nome que tomou o local ou intensificam o nome do bem que se tornou conhecido como originário daquele local, assumindo como seu o uso de tal nome; depois, só depois, que a repetição responsável, leal e constante dos métodos conferir reputação à área delimitada e que ela seja reconhecida como origem de um Bem único, é que estes proprietários, e somente estes proprietários, vão, com *affectio societatis,* constituir uma associação que proteja e administre os métodos consagrados dentro da área determinada e que, imparcialmente, e mais com auxílio imparcial de outras associações certificadoras, fiscalize e outorgue selo de garantia, ou seja, que certifique que o Bem prometido está, em sua forma física, sendo entregue pelo produtor ao consumidor; a partir daí podem os proprietários pedir ao Órgão Competente do país em que estiverem estabelecidos que *declare* a Indicação Geográfica como tal e interferir junto ao Legislativo para que este Poder circunscreva as condições estritas da IG em lei específica, lei esta que conterá os termos mais limitantes do contrato escrito ou verbal (consagrado pelo uso) anteriormente fixado entre as partes (Lei Vitivinícola, por exemplo) ou interferir junto ao Executivo para que, via decreto, declare uma IG (Decreto da Cachaça, por exemplo), outorgando, ou não, a órgão público ou privado, com ou sem influência governamental, a fiscalização destas posturas[274].

---

[272] A Denominação de Origem é vontade exclusiva dos produtores e não pode ser imposta, diz, no Brasil, Jorge Tonietto (1993, p. 53-58).

[273] Deve haver a busca de limites geográficos técnicos e não administrativos para a demarcação das regiões, diz o mesmo autor (Ibid.).

[274] Com a tendência de entregar assuntos para Agências Reguladoras livres do Poder Executivo o tema pode merecer nos dias de hoje outra abordagem: consideramos, todavia,

Aliás, frise-se, nunca um Estado, um Governo, por si ou órgãos públicos ou privados, determinou a uma corporação privada que explorasse algo sob tal nome; sempre foi a exploração privada consagrada pelo uso constante, leal e repetido que determinou um nome para tal exploração que veio a receber proteção futuramente.

A declaração de uma IG não confere título de propriedade.

A declaração de uma IG apenas reconhece que sob tal nome há oferta de Bem com tais características específicas derivadas de seu meio geográfico e dadas determinadas condições resolutivas e em tal território demarcado e sob fiscalização desta associação específica sobre seus membros e que, finalmente, as tais características específicas estão registradas normativamente em 'caderno'[275].

Este "caderno", no caso de um Bem agrícola, por exemplo, regulará as condições de exploração da terra (o que se planta, onde se planta, quanto se planta, como se planta, quanto se colhe, quando se colhe, como se colhe), regras estritas de produção (método, feitura, envelhecimento), armazenagem, engarrafamento, rotulagem, venda, entrega, meios de comunicação, fiscalização própria e de terceiros que certifiquem que tudo caminhou conforme o "caderno".

Explicando: um nome floresceu. Ele conota um Bem. Bem este que é reconhecido por ter esta imagem e não outra. Este Bem continuará a ser oferecido no futuro em relação continuada com quem lhe for devoto. Há promessa que mantidas as condições em que tal nome floresceu,[276] o Bem será sempre aquele e sempre nomeado daquele jeito. Se, por incompetência ou ausência de compromisso, a promessa não puder mais ser cumprida

---

liberais que somos, que a associação dos produtores nada fará que ponha em risco o bom nome da IG e que se houver uma Agência Reguladora, uma Autarquia, enfim, um órgão normatizador e fiscalizador este estará sempre dependente dos bons ofícios da associação. De mais a mais ofendido o consumidor ele deixa de consumir ou toma as medidas legais que entender cabíveis. No caso de fraude, falsificação, imitação, desrespeito ao uso local, crime, enfim, por parte de algum integrante da IG deve o criminoso pagar as penas da lei.

[275] Decreto-lei, lei, portaria, regulamento, regulamento de uso, estatuto da associação, outras normas: conforme Almeida (1998).

[276] Art. 121 do Código Civil: "considera-se condição a cláusula que, derivando exclusivamente da vontade das partes, subordina o efeito do negócio jurídico a evento futuro e incerto." (BRASIL, 2002).

pela totalidade dos integrantes do contrato ou só por um deles resolve-se a promessa em relação a todos ou àquele que descumpriu[277].

Tal florescimento é contido rigorosamente por um território determinado, ou seja, o nome reputado só vale dentro de rígidos limites geográficos.

É criada pelas partes envolvidas uma associação que fiscaliza esta promessa. No Contrato de Constituição da Associação ficam estabelecidos os termos de oferta do Bem, assim como métodos, limites, proposta, condições, descrições, matéria prima e quantidades locais a serem incorporadas no produto final, delimitação geográfica, formalização do nome consagrado, atribuição de responsabilidades, promessas, deveres, como a recém criada associação fiscalizará o cumprimento das promessas de seus associados, etc.

A associação constituída não é proprietária da IG. Ela é fiscal da promessa dos produtores.

Nenhum integrante da associação é proprietário nem da IG nem da associação.

Aliás, é de se notar que a IG não sofre qualquer tributação enquanto tal: todos os impostos são cobrados diretamente dos interessados individualmente considerados no exercício de seu ofício profissional.

Cumpre esclarecer que, ao contrário do que vem afirmando a doutrina, não basta mais – nestes termos – produzir dentro dos limites da IG para poder usar o nome da IG: é condição se associar e se submeter. Não há mais, nesta acepção, produtor individual de bem, mas produtor membro da associação que fiscaliza a IG. Não é possível, portanto, a alguém, proprietário de um terreno, usar o nome da IG, mesmo tendo seu estabelecimento sediado dentro dos limites da IG se não for membro da associação que fiscaliza o uso da IG.

À associação compete fiscalizar se a obrigação de fazer está sendo ofertada dentro dos níveis mínimos exigidos anteriormente acertados pelos proprietários e se o produto está conforme o Bem prometido, se está de acordo com o espírito local. Caso não esteja conforme ãs estritas regras da IG, o sócio-proprietário faltoso pode ser advertido, suspenso ou perder

---

[277] Art. 127 do Código Civil: "se for resolutiva a condição, enquanto esta se não realizar, vigorará o negócio jurídico, podendo exercer-se desde a conclusão deste o direito por ele estabelecido." (BRASIL, 2002).

o direito de uso da IG, mas nunca perderá a propriedade sobre o terreno que é seu o que mostra que não há propriedade de uma IG no sentido literal do termo, mas outra coisa, um acordo entre sócios-proprietários que comporta sanções por descumprimento, sanção esta que consiste na perda do direito de uso da IG; não há, no caso, analogia com o associado de um clube recreativo que, se suspenso por inadimplencia com a taxa mensal de manutenção, não perde seu título patrimonial ou, de outro jeito, só perdê-lo-á se tiver seu título arrestado para cobrir a dívida com a taxa de manutenção devedora.

Caso alguém produza sob IG, mesmo tendo seu estabelecimento dentro dos limites externos da IG[278], mas não seja associado da associação que fiscaliza a IG não poderá usar a IG em seu rótulo: será intimado pela associação a deixar de fazer o que faz sob IG para fazer outra coisa, seja através de sua marca, seja através da denominação que entender conveniente e, aí sim, fazer notar em letras bem pequenas no pé do rótulo o endereço do seu estabelecimento e onde ele está situado: o que é declaração de endereço e não uso da IG.

Aliás, desenvolvendo o conceito em produtos agrícolas, ano a ano, o associado precisa avisar a associação quanto produzirá no ano seguinte e depois que já produziu, necessita informar à associação se alcançou sua meta – ou quanto de sua meta alcançou – e deve, logo após, submeter amostras do que produziu à análise química e organoléptica para que a associação certifique se precisamente o que está produzido atende às regras locais e se foi atingido o que se espera na região. Só então está o associado autorizado a fazer uso da IG naquele ano reproduzindo-a em sua etiqueta. Em termos práticos, como se percebe, o uso da IG é renovável e autorizado ano a ano. Claro que tal postura varia de região para região.

Insistimos que uma IG derrama-se de um nome mais genérico para outro regional, depois para outro comunal abrangendo, nos vários matizes, vários proprietários e constituindo-se hoje no que se entende por IG; daí pode espraiar-se para outro ponto, local bem determinado e que este ponto pode ser, e normalmente é, propriedade de uma só pessoa. Todos os matizes da IG estão imbricados entre si, dependem um do outro e seguem o mesmo regulamento geral.

---

[278] Como dito antes, os limites da IG são externos e internos: quem não estiver compreendido em ambos os limites não poderá se valer do nome da IG.

Compete à associação agir contra terceiros de má fé que usem sem legitimidade o bom nome da IG, verificando, inclusive, se há ou não implicação penal imputável ao faltoso. Se algum associado cometer crime usando o nome da IG sofrerá as penas da lei. Se a associação agir com dolo ou culpa submeter-se-á à lei ou aos ditames do tribunal.

A associação e os integrantes da associação, os seus sócios aderentes, não podem porque direito não lhes compete nem em caráter privado nem coletivamente, vender, ceder ou alugar a IG; ninguém a possui em sentido jurídico e, portanto dela não podem ser desapossados; ela só pode ser invocada contra quem turbar o seu uso; ela não pode ser penhorada; a ninguém é dado o direito de a ela renunciar perpetuamente (alguém pode cessar por um tempo ou para sempre; mas querendo, por si ou sucessor, no futuro, retomar os métodos consagrados, readquirirá imediatamente o uso da IG)[279]; os associados podem usar a IG dentro dos termos combinados (*jus utendi*) e não podem dela dispor (*jus abutendi*), mas dela não fruem diretamente (*jus fruendi*), pois o maior valor redundante provém da venda do produto assinalado pela IG e é oriundo da combinação de três fatores: o bom nome da IG, o melhor esforço individual (que se aproveita a IG, aproveita também o bolso do que se esforça mais) e, finalmente, fatores naturais específicos que não são os mesmos nem são constantes dentro dos limites da IG o que significa que se uma IG por si só é típica ela tem no interior de seus limites algumas parcelas que são mais típicas que outras e que, portanto, valem mais, acrescentando mais valor ao que é produzido lá.

Ficou em aberto a questão do nome da IG: uma coisa é o nome da IG outra coisa é o nome da associação que vai tutelar este nome e que tem na sua denominação social o nome que vai tutelar.

Exemplificando com a Associação dos Produtores de Vinhos Finos do Vale dos Vinhedos (APROVALE), vemos que tal associação tem no nome a expressão Vale dos Vinhedos que é também o nome da área em que se dá um acordo de produção desta forma e não de outra.

Há um nome que era tradicional na área geográfica em questão, nome este que já era usado nesta região para denominá-la e que foi meramente aproveitado pelos produtores locais ou, de outro modo, se assim for, há um nome que foi dado em batismo pelos produtores à área geográfica em questão.

---

[279] Afasta-se assim a caducidade das marcas, por exemplo, ou seja, a perda da propriedade da marca por falta de uso e destinação social.

Temos assim um nome que nomeia a região e um mesmo nome que integra a razão social da pessoa jurídica que tutela esta área geográfica.

Provavelmente o nome da região veio primeiro.

Ora, nome tem como função individualizar o que se quer; pode ser uma pessoa natural, uma pessoa jurídica, um conjunto musical, uma rua, uma cidade, uma região determinada, um bairro, uma lancha, um navio, um acidente da natureza, um rio, uma montanha.

Uma tese é que o nome é propriedade de quem o porta. Tal tese não se sustenta pela impossibilidade já descrita de *jus utendi abutendi fruendi* do nome[280].

As discussões doutrinárias cresceram e recorreu-se, então, à famosa alternativa de propriedade *sui generis*.

Ora, não se concebe um nome como propriedade de uma montanha por exemplo.

Teorias teriam que ser criadas como nome de um patrimônio nacional etc., quando se teria dúvida se o patrimônio nacional seria o acidente geográfico ou o nome que nomeia tal acidente e as discussões cresceriam.

No caso de nome comercial, cede-se o fundo de comércio e pode acompanhar o nome; cedem-se as quotas representativas do capital social e fica o nome; sempre resta a possibilidade de alteração pura e simples ou motivada por cisão, fusão ou incorporação.

A doutrina avançou e falou-se em direito da personalidade exercitável *erga omnes*; em direito subjetivo extrapatrimonial de objeto imaterial; em marca distintiva de filiação; em sinal distintivo revelador da personalidade, a tese, aliás, a que se filia Washington Monteiro.[281]

Ficamos sem maiores delongas com esta tese[282].

A *persona* primitivamente significava a máscara que os atores punham no rosto para fazer ecoar melhor suas palavras no teatro.

---

[280] O nome comercial no Brasil não pode ser objeto de alienação consoante o art. 1164 do CC. (BRASIL, 2002).

[281] Monteiro (1997, p. 88 e ss.).

[282] A teoria da personalidade encontra-se ultrapassada, diz Welge Gonçalves (2007, p. 87) citando Ascensão, pois basta ressaltar o caráter patrimonial dos direitos industriais que se encontra em primeiro plano para rejeitar a qualificação de direito da personalidade ou de direitos pessoais.

A máscara era uma persona porque fazia ressoar a voz da pessoa. Por curiosa transformação no sentido, o vocábulo passou a significar o papel que cada ator representava e, mais tarde, exprimiu a atuação de cada indivíduo no cenário jurídico. Por fim, completando a evolução, a palavra passou a expressar o próprio indivíduo que representa esses papéis.[283]

A história dará subsídios para se saber por que um nome é assim e não de outro jeito.

A região toma, portanto, um nome que assim é declarado como nome de uma IG pelo órgão competente.[284]

A partir desta declaração o nome não mais pode ser repetido e está indissoluvelmente ligado, atado mesmo, à região que nomeia.

As associações são as antigas *universitas personarum* que têm interesse, fins e meios próprios dos seus associados que podem deliberar livremente através de seus órgãos internos. Têm seus atos de associação formalmente constituídos. Tais atos dizem respeito ao agrupamento dos associados que são considerados, por abstração, um só sujeito. Estes atos têm obrigatoriamente que ser levados a registro no órgão competente. Após o registro, a personalidade jurídica da associação passa a ter existência legal e bem assim o direito que tem ao seu nome.

Resta repetir a observação que, em sendo a IG um local, tomará para si o nome do local; se for um Bem, todavia, terá seu nome particular e emanará de um local com nome específico, sendo IG o Bem ou o Bem e o local de onde emanar, como o desejarem os associados.

---

[283] Monteiro (1997, p. 56).

[284] No Brasil, o INPI se a IG referir um nome geográfico; por decreto se referir um Bem relacionado a uma região geográfica.

Parte 2
Como se Manifestam no Mundo

1
Definições Legais

Indicação Geográfica é para o escopo deste trabalho (quer com ênfase no *local* quer com ênfase no *Bem*) o gênero de que defluem as espécies Indicação de Procedência e Denominação de Origem.

Remarque-se que, na mesma região ou local, podem conviver os dois tipos, ou seja, um mesmo local pode apresentar IP's e DO's, dependendo[285]. A IP é manifestação local de caráter mais genérico; a DO é manifestação local de caráter muito típico e, assim, mais generoso.

Tal nomeação é tão arbitrária quanto as diversas outras que manifestam as tantas maneiras de enfocar o tema, mas tem a vantagem de estar de acordo com a lei brasileira, cuja lógica classificatória aceitamos.

O tema tem inúmeros pontos de vista; refere, contudo, sempre esses mesmos títulos ou sua variação.

A discordância conceitual ou terminológica, deste modo, também motiva confusão não só na doutrina como na legislação internacional, o que piora o entendimento do instituto.

Além destes fatores motivadores de confusão há mais outros, como dito antes: a doutrina não aborda sob nenhum prisma e nem sequer menciona as diversas classificações internas de qualidade que permeiam uma IG e dão-lhe matiz; insiste apenas na menção à IG, IP e DO, como se isto bastasse, sem avisar que quase sempre há sistema classificatório qualitativo interno e próprio de cada IG, sistema esse que expande ou acentua ou

---

[285] IP para vinhos ou queijos; DO para espumantes.

INDICAÇÕES GEOGRÁFICAS

diminui as clássicas divisões em IG e suas espécies IP e DO com as quais sempre convive, caso a caso.

Vinhos alemães têm na IP uma divisão entre *Tafelwein* (vinhos engarrafados na Alemanha e que dela provém, mas de que não necessariamente procedem, podendo ser blendados com vinhos alemães ou não, caso em que procedem de qualquer parte do mundo, *Deutscher Tafelwein* (das genéricas regiões vitivinícolas alemãs) e *Deutscher Landwein* (procedente de regiões genéricas demarcadas e com mais categoria que a anterior) e na DO uma divisão entre *qualitätswein bestimmter Anbaugebiete*, os QbA e os *qualitätswein mit Prädikkat*, os famosos QmP (que se dividem em *Kabinett, Spätlese, Auslese, Beerenauslese* e *Trockenbeerenauslese*, ficando o *Eiswein* em categoria especial) ambos passando por complexo Exame Oficial de Controle de Qualidade por órgão do governo que lhes confere o conhecido A.P.Nr. (*Amtiliche Prüfungsnummer*) quando aprovados.

Este Exame até a emissão do A.P.Nr. segue três passos:

1. Todo produtor deve informar às autoridades de sua comunidade o que ele pretende fazer naquele ano (um QmP *Spätlese* por exemplo); inspetores oficiais fazem aleatoriamente inspeções para verificação do grau de maturidade das uvas medindo o grau de peso de seu mosto em *Öchsle degrees* através do qual se pode projetar o grau alcoólico do futuro vinho; quando o produto final é submetido ao Exame faz-se acompanhar de um relatório que apresenta fatos a respeito das uvas que foram colhidas incluindo a variedade, origem, quantidade e grau de maturidade; são comparados neste momento os dois relatórios, o do produtor e o do inspetor oficial para dirimir dúvidas ou acrescentar certezas.

2. O vinho final é submetido, então, à análise laboratorial para verificação do grau alcoólico, do açúcar residual, do extrato e acidez; além, verifica-se se o vinho não contém materiais proibidos ou se foi 'ajudado' por materiais 'estrangeiros'.

3. Daí sobrevém o exame sensorial (análise organoléptica) ocasião em que o vinho passa pela análise absolutamente cega (o examinador não sabe o que vai por na boca) de julgadores credenciados; examina-se a tipicidade, a origem, a variedade de uva, a categoria de qualidade e a safra; cor, claridade, cheiro e gosto são também, avaliados; se o vinho receber o mínimo prescrito em lei para uma escala de 5 pontos ele recebe um certificado oficial, o A.P.Nr., que

DEFINIÇÕES LEGAIS

lhe confere o direito de posicionar no rótulo o grau de qualidade que ele pretendeu e anunciou pelo menos 12 ou 14 meses antes; se não alcançar os pontos necessários o vinho será rebaixado ou rejeitado. Este A.P.Nr. tem 12 caracteres: exemplificativamente 5 para a estação onde se deu o exame, 347 identificando a localização do produtor ou engarrafador, 078 como a identificação do produtor, 009 como identificação do lote e 83 como o ano do teste que não é em absoluto o ano da produção (a safra será informada normalmente no rótulo, bem como a DO, além de outros dados). Daí: 534707800983 será o A.P.Nr. aposto ao rótulo.

Esta explanação simplificada não é definitiva e não exaure o sistema classificatório qualitativo interno alemão, o que apenas exibe o tamanho da complicação que trouxemos à tona.

Como são específicos tais sistemas classificatórios qualitativos internos têm que ser estudados na legislação da região ou nas regras impostas pelo estatuto da associação que regula o uso da IG, pois não são presentes nos tratados internacionais.

A diferença, finalmente, é de intensidade: a doutrina, como dito, vê a IP com menor especificidade que a DO e esta com maior grau de tipicidade que a IP, ou de outro modo, a IP é mais abrangente e a DO mais típica que a IP.

Há também quem distinga Indicação de Proveniência[286] de Indicação de Procedência com resultado prático que percebemos: a proveniência indica o último local de onde provém a mercadoria e a procedência o local de onde ela procede que é onde se origina (onde nasce) esta mercadoria, terminologia da lei brasileira, ou, em certos casos, onde ela foi manipulada (se bem que, por desencargo de consciência, há autores que usam os dois termos indiscriminadamente ou definem tais termos usando exatamente o sentido contrário, ou seja, proveniência = local onde se origina e procedência = local de último embarque, o que contribui, mais uma vez, para confundir).

O tom que consideramos mais leve é dado por O'Connor[287] que nos apresenta o assunto concordando que há dois tipos de Indicação Geográ-

---

[286] Miranda (1971) no texto retro mencionado em 2.16, da Parte I, por exemplo, não faz tal distinção no que é acompanhado por vários autores, Almeida (1999) inclusive.
[287] O'Connor (2003).

fica de Origem aos quais se adiciona outro termo mais genérico, Indicação Geográfica somente.

Diz que a IP se refere a um sinal que indica que um produto se origina em uma região geográfica específica, por exemplo, rótulos apresentando "Feito na Alemanha" (Made in *Germany*), "Produto dos EUA" (*Product of the USA*) ou "Feito na Suíça" (*Swiss Made*); que a DO se refere a um sinal que indica que um produto se origina em uma região específica, mas somente quando este produto for devido ao meio ambiente aí incluídos fatores materiais e humanos e que a IG é um termo que incorpora não só os dois conceitos, mas algo mais que uma IP e menos que uma DO e se aplica a mercadorias apenas. Concorda, entretanto, que o coletivo é Indicação de Origem.

Não há, portanto, concordância quanto a identificar o grau hierárquico entre IG, IP e DO e para saber do que se fala é necessário consultar cada país, cada lei interna, cada lei internacional, cada tratado, cada acordo.

Como se percebe, não há qualquer referência à Indicação Geográfica como o **Bem típico, regional e peculiar,** reconhecido oficialmente como originário de local, região ou país que lhe confere qualidade, reputação e característica reconhecida pela repetição leal, responsável e constante porquanto a aproximação se dá somente pelo enfoque de Indicação Geográfica como a nomeação oficial de um **local certo** em que se dá Bem típico, regional e peculiar com garantia de procedência e com qualidade tradicional e reconhecida pela repetição leal, responsável e constante.

Há concordância, contudo, que estas IG's tornaram famosos alguns produtos que começaram a ser mais conhecidos e reputados que outros vendidos sob marca de indústria ou comércio.

O instituto data de muito tempo (O'Connor[288] refere à Carta de Steven que regulava a venda de vinhos na Iugoslávia a partir de 1222 e lembra as *"guild marks"*, marcas de guilda ou marcas de corporação de ofício com exemplos que permanecem desde a Idade Média até hoje como o vidro de Murano proveniente da Ilha de Murano, perto de Veneza, Itália) e, desde logo, necessitou proteção contra falsificação, cópia e contrafação.

Há dois tipos de proteção possíveis: um feito dentro do país onde está a IG e outro feito no país para onde se destina a exportação.

---

[288] O'Connor (2003).

DEFINIÇÕES LEGAIS

A França como país em que as IG's desenvolveram-se muito é ferrenha partidária do primeiro tipo de proteção enquanto outros países, entre os quais Inglaterra e EUA, preferem o segundo; os desdobramentos de tal disputa, que nasce com a CUP, provocam atritos até hoje, inclusive no TRIPS[289] como se verá.

As duas possibilidades conotam suspeitas: se tal proteção é feita somente no país origem, sempre poderá haver proteção desmedida até determinado patamar, o que poderá beneficiar a inércia ou a preguiça ou o desvalor; se feita no país destino, poderá haver proteção local e favor para os locais que poderão se apropriar imotivadamente da IG declarando-a de uso comum[290] e carente da proteção como IG o que poderá beneficiar alguém por exrcer a própria torpeza.

A boa fé pode ser afastada e pessoas se aproveitarem; mesmo o uso de expressões como "tipo", "sucedâneo", "qualidade", "rival de", "melhor que" etc. ou "vinho do porto australiano", "*champagne* brasileiro" ou, inclusive, tradução dos nomes como champanha ou conhaque, para disfarçar, podem ser desculpas espertas criadas para defender juridicamente uma posição usurpadora.

Que se remarque a posição brasileira, muito madura, adotada pela APROVALE que, ignorando decisões favoráveis dos tribunais brasileiros (Casos *Champagne, Cognac* e *Bordeaux*, por exemplo, sobre os quais falaremos no item 1.6.6 desta Parte II) respeita integralmente as IG's de fora[291]: Veja-se o Regulamento da I.P.V.V. artigo 16º[292]

> [...] dos Princípios da I.P. Vale dos Vinhedos: são princípios dos inscritos na I.P. Vale dos Vinhedos o respeito às Indicações Geográficas reconhecidas internacionalmente. Assim, os inscritos na I.P. Vale dos Vinhedos não poderão utilizar em seus produtos, sejam eles protegidos ou não pela I.P. Vale dos

---

[289] WTO (1994a).

[290] Sempre que a IG perde sua característica local, típica, e peculiar e torna-se usada universalmente ou em outras regiões de maneira indiscriminada, caso da Mostarda de Dijon, da Água de Colónia etc., ela perde a proteção como IG e torna-se de uso comum, veja item 1.7, da Parte I.

[291] Esta louvável iniciativa brasileira deveria, entretanto, exigir reciprocidade: só valeria para países que, igualmente, respeitassem as nossas.

[292] APROVALE (2001). Disponível em: <http://nute.ufsc.br/bibliotecas/upload/regulamento_da_i_p_v_v.pdf>. Acesso em: 14 jan. 2016.

Vinhedos, o nome de Indicações Geográficas reconhecidas em outros países ou mesmo no Brasil.

Para tentar deixar claro: são um terreno movediço; há as leis internas, as Convenções Internacionais, os Tratados e Acordos internacionais e os Acordos bilaterais.

Como dito, entretanto, a terminologia usada não é a mesma e varia diploma a diploma.

Da Indicação Geográfica como nomeação oficial de um **local certo** em que se dá Bem do mesmo nome e que seja típico, regional e peculiar com garantia de procedência e com qualidade tradicional e reconhecida pela repetição leal, responsável e constante tratam: a lei brasileira (Lei nº. 9.279 de 14 de maio de 1996, que regula direitos e obrigações relativos à propriedade industrial)[293], a Convenção de Paris (Decreto n. 75.572 de 08 de abril de 1975 c.c. Decreto n. 635 de 21 de agosto de 1992 c.c. Decreto n. 1.263 de 10 de outubro de 1994)[294], o Acordo de *Madrid* (Decreto 19.056 de 31 de dezembro de 1929 c.c. Decreto n. 5.685 de 30 de julho de 1929)[295], o Acordo de Lisboa (a ser considerado costume internacional ou princípio geral de direito internacional, pois o Brasil não é signatário)[296] e o TRIPS (Decreto n. 1.355 de 30 de dezembro de 1994)[297] c.c. Convenção de Estocolmo de 14 de julho de 1967, que criou a OMPI (Decreto n. 75.541 de 31 de março de 1975)[298].

A Indicação Geográfica como **Bem típico, regional e peculiar**, com nome certo e reconhecido oficialmente como originário de local, região

---

[293] Disponível em: <http://www.planalto.gov.br/ccivil_03/Leis/L9279.htm>. Acesso em: 15 jan. 2016

[294] ONU (1883). Disponível em: <http://www2.camara.leg.br/legin/fed/decret/1970-1979/decreto-75572-8-abril-1975-424105-publicacaooriginal-1-pe.html>. Acesso em: 15 jan. 2016.

[295] ONU (1891). Disponível em: <http://www2.camara.leg.br/legin/fed/decret/1920-1929/decreto-19056-31-dezembro-1929-561043-publicacaooriginal-84377-pe.html>. Acesso em: 15 jan. 2016.

[296] ONU (1958). Disponível em: <http://www.marcasepatentes.pt/files/collections/pt_PT/1/5/21 /Acordo%20de%20Lisboa-Registo%20Internacional%20DO.pdf >. Acesso em: 15 jan. 2016.

[297] Disponível em: <http://www.planalto.gov.br/ccivil_03/decreto/Antigos/D1355.htm>. Acesso em: 15 jan. 2016.

[298] WTO (1994a). Disponível em: <http://www2.camara.leg.br/legin/fed/decret/1970-1979/decreto-75541-31-marco-1975-424175-publicacaooriginal-1-pe.html>. Acesso em: 15 jan. 2016.

ou país nomeado diferentemente, mas que lhe confere qualidade, reputação e característica reconhecida pela repetição leal, responsável e constante, passa a ter sentido legal depois do TRIPS[299]. O conceito anti IG surge tardiamente: Por mais que a União Europeia no Regulamento (EU) nº. 1308/2013, nas medidas de controle de oferta, no tocante à regulamentação do setor vitivinícola, informe que "[...] De 2016 a 2030, aplicar-se-á um sistema de autorização de novas plantações que prevê um aumento da área plantada de até 1% por ano"[300] estas áreas novas não terão, em principio, as qualificações de uma IG .

1.1. A Convenção de Paris[301]

Quando o Império Austro-Húngaro convida em 1873 vários cidadãos de vários países a participar de uma Feira de Invenções e encontra resistência pela falta de proteção às novidades, o mundo constatou que teria que fazer algo a respeito e melhorar a defesa das patentes.

O Congresso de Viena para Reforma de Patentes é instalado no mesmo ano de 1873 e fartamente discute a matéria; segue-se em 1878 a instalação em Paris de Congresso Internacional da Propriedade Industrial que pede uniformização da legislação mundial; segue-se uma Conferência Internacional em Paris em 1880 que adota conclusões que até hoje estão insculpidas na CUP – Convenção da União de Paris[302] que, com 14 adesões, entre as quais a do Brasil em 07/07/1884[303], foi assinada em 20/03/1883.

A CUP foi alterada em Bruxelas em 14/12/1900; em Washington em 02/06/1911; em Haia em 06/11/1925; em Londres em 02/06/1934; em Lisboa em 31/10/1958; em Estocolmo em 14/07/1967 e modificada em 1979[304].

---

[299] WTO (1994a).

[300] Disponível em: <http://eur-lex.europa.eu/legal-content/PT/TXT/?qid=1452861090297&uri= URISERV:0302_1>. Acesso em: 15 jan. 2016.

[301] ONU (1883). Disponível em: <http://www2.camara.leg.br/legin/fed/decret/1970-1979/decreto-75572-8-abril-1975-424105-publicacaooriginal-1-pe.html >. Acesso em: 15 jan. 2016.

[302] Disponível em: <http://www.planalto.gov.br/ccivil_03/decreto/1990-1994/anexo/and1263-94.pdf>. Acesso em: 15 jan. 2016.

[303] Com derradeira manifestação brasileira aos arts. 1º a 12 e ao art. 28, alínea 1, do texto da Revisão de Estocolmo através do decreto nº nº. 75.572 de 8 de abril de 1975 que publicou a tradução brasileira do texto integral da CUP. Disponível em: <www.llip.com/uploads/conteudo/60/892059887.doc>. Acesso em: 15 jan. 2016.

[304] Disponível em: <http://www.inpi.gov.br/legislacao-1/cup.pdf >. Acesso em: 15 jan. 2016.

Dados do INPI mostram que na Assembleia da União a representação de cada país é de 145, com participação de 164 países não integrantes e na Comissão Executiva o número de integrantes é 159, com participação de 158 dos países não integrantes[305].

O Brasil está vinculado pelo texto de Estocolmo.

Dentro do Brasil o último texto legal que refere a CUP é o decreto nº 1.263 de 10/10/1994[306].

O preceito fundamental da CUP[307] é o que determina a não discriminação entre os nacionais e os nacionais das outras Partes da Convenção (artigo 2), o que é conhecido como princípio do tratamento nacional.

É um importante texto e referência na matéria apesar de não expor com detalhamento aspectos relativos à IG. Não há previsão de registro de IG. Sua proteção é reflexo (artigos 9 e 10) da repressão à concorrência desleal e falsa indicação de procedência.

A IG é retratada, mas não definida.

A CUP[308] enfoca diretamente as suas acepções "Indicação de Procedência" e "Denominação de Origem" que ficam também sem conceituação.

IP denota qualquer nome ou sinal que refere um dado país, uma dada localidade que tem o condão de despertar no usuário do **produto** que leva seu nome a lembrança de que tal **produto** se **origina** naquele local mencionado.

A maneira como o tema foi abordado na CUP, entretanto, dá margem à duvida se este é mesmo o conceito que se pretende fixar. Não fica claro se algo procede do local onde se originou ou se algo provém do último local de onde foi embarcado.

DO tem significado menos abrangente e, um tipo de IP, é o nome de um país, região ou localidade que serve para designar um **produto** aí originado desde que as características que tornam tal **produto** reconhecido se devam ao meio ambiente, cujo conceito contém o fator natural e o fator humano.

Pela CUP o tema está dentro do contexto "propriedade industrial": o seu artigo 1.2 diz que:

---

[305] Disponível em: <http://www.inpi.gov.br/legislacao-1/cup.pdf>. Acesso em: 15 jan. 2016.

[306] Brasil (1994a). Disponível em: <http://www.planalto.gov.br/ccivil_03/decreto/1990-1994/d1263.htm Acesso em: 15 jan. 2016.

[307] ONU (1883).

[308] ONU (1883).

DEFINIÇÕES LEGAIS

[...] a proteção da propriedade industrial tem por objetivo as patentes de invenção, os modelos de utilidade, os desenhos ou modelos industriais, as marcas de serviço, o nome comercial e as **indicações de proveniência** (note--se a tradução oficial brasileira que confunde neste artigo proveniência com procedência) ou **denominações de origem**, bem como a repressão da concorrência desleal.[309]

A falta de definição adequada certamente trouxe complicações.

No seu artigo 2 e no seu art. 3[310] a CUP[311] obriga cada Estado Contratante garantir aos nacionais dos outros Estados Contratantes o mesmo tratamento que concede aos seus nacionais e a não discriminá-los.

Pelo artigo 10, medidas devem ser tomadas por cada Estado Contratante contra direto ou indireto[312] uso ou falsa Indicação de Procedência (e aqui a palavra procedência foi corretamente traduzida) das mercadorias ou identidade do produtor, manufaturador ou negociante. O artigo 10(2) apresenta as sanções no caso de falsa indicação.

---

[309] "**Article 1 Establishment of the Union; Scope of Industrial Property**
1(2) The protection of industrial property has as its object patents, utility models, industrial designs, trademarks, service marks, trade names, **indications of source or appellations of origin**, and the repression of unfair competition." (ONU, 1883, Grifo nosso).

[310] "**Article 2 National Treatment for Nationals of Countries of the Union**
(1) Nationals of any country of the Union shall, as regards the protection of industrial property, enjoy in all the other countries of the Union the advantages that their respective laws now grant, or may hereafter grant, to nationals; all without prejudice to the rights specially provided for by this Convention. Consequently, they shall have the same protection as the latter, and the same legal remedy against any infringement of their rights, provided that the conditions and formalities imposed upon nationals are complied with.
(2) However, no requirement as to domicile or establishment in the country where protection is claimed may be imposed upon nationals of countries of the Union for the enjoyment of any industrial property rights.
The provisions of the laws of each of the countries of the Union relating to judicial and administrative procedure and to jurisdiction, and to the designation of an address for service or the appointment of an agent, which may be required by the laws on industrial property are expressly reserved.
Article 3 Same Treatments for Certain Categories of Persons as for Nationals of Countries of the Union
Nationals of countries outside the Union who are domiciled or who have real and effective industrial or commercial establishments in the territory of one of the countries of the Union shall be treated in the same manner as nationals of the countries of the Union." (ONU, 1883).

[311] ONU (1883).

[312] Uso indireto é valer-se da Estátua da Liberdade por Estados Unidos, por exemplo.

O texto do artigo 10 não contempla diretamente uma DO e exige certo raciocínio, pois em sendo DO um conceito contido no conceito de IP temos que o texto da CUP por tratar do mais abrangente trata, por conseqüência, do que estiver contido nele.[313]

A CUP determina aos países contratantes que confisquem mercadorias portando falsa indicação de procedência ou proíbam sua importação ou adotem quaisquer medidas visando a paralisação do uso das falsas indicações o que se dará segundo lei nacional. As medidas serão tomadas não só pelo Promotor Público mas por qualquer parte interessada. Além: a CUP determina aos países que tornem hábeis federações ou associações de classe como legítimas interlocutoras nas repressões às más atitudes retro faladas.[314]

O texto é pobre e alarga o conceito de falsa indicação; como foi redigido parece contemplar como não falso o produto "tipo qualquer coisa" ou "Vinho do Porto australiano", pois nestes produtos a menção a ser "tipo" ou provir "de outra localidade" basta para informar o consumidor e não iludi-lo com falsas expectativas.

Nós não consideramos séria tal postura.

A CUP[315] é muito permissiva na proteção da IG e formou países sem qualquer tradição na matéria lenientes com o mau uso do instituto; parece mais preocupada com a **identidade** do produtor, do manufatureiro e do negociante que com a verdadeira origem das mercadorias produzidas, manufaturadas ou negociadas.

O artigo 10 não resolve problema gerado com reexportação, por exemplo, no caso de alguém querer se aproveitar de acordos fiscais para se beneficiar: se um importador paraguaio trouxer da França vinhos franceses AOC, interná-los no Paraguai e, como os recebeu, na sua embalagem original, reexportá-los para o Brasil terá ou não o favorecimento fiscal previsto no Tratado do MERCOSUL? Estes vinhos serão de procedência paraguaia ou francesa? Ou serão de proveniência paraguaia, mas de procedência francesa?

Claro que o bom senso resolve a questão. Sucede que uma falsidade pode ser perpetrada com objetivos financeiros, favorecida por uma reda-

---

[313] ONU (1883).
[314] Idem.
[315] ONU (1883).

ção mais branda, o que subverte a intenção original, pois o legislador tinha em mente alguém que frauda por trazer de um lugar afirmando que traz de outro mais famoso e não por que alguém traz de um lugar e esconde a verdadeira procedência para benefício monetário sabendo que quando o produto for posto à venda a verdadeira origem aparecerá.

Nota-se com este exemplo tão singelo que problema foi gerado com uma redação imperfeita[316].

---

[316] "**Article 10 False Indications: Seizure, on Importation, etc., of Goods Bearing False Indications as to their Source or the Identity of the Producer**
(1) The provisions of the preceding Article shall apply in cases of direct or indirect use of a false indication of the source of the goods or the identity of the producer, manufacturer, or merchant.
(2) Any producer, manufacturer, or merchant, whether a natural person or a legal entity, engaged in the production or manufacture of or trade in such goods and established either in the locality falsely indicated as the source, or in the region where such locality is situated, or in the country falsely indicated, or in the country where the false indication of source is used, shall in any case be deemed an interested party.
Article 10*bis* Unfair Competition
(1) The countries of the Union are bound to assure to nationals of such countries effective protection against unfair competition.
(2) Any act of competition contrary to honest practices in industrial or commercial matters constitutes an act of unfair competition.
(3) The following in particular shall be prohibited:
(i) all acts of such a nature as to create confusion by any means whatever with the establishment, the goods, or the industrial or commercial activities, of a competitor;
(ii) false allegations in the course of trade of such a nature as to discredit the establishment, the goods, or the industrial or commercial activities, of a competitor;
(iii) indications or allegations the use of which in the course of trade is liable to mislead the public as to the nature, the manufacturing process, the characteristics, the suitability for their purpose, or the quantity, of the goods.
Article 10*ter* Marks, Trade Names, False Indications, Unfair Competition: *Remedies, Right to Sue*
(1) The countries of the Union undertake to assure to nationals of the other countries of the Union appropriate legal remedies effectively to repress all the acts referred to in Articles 9, 10, and 10*bis*.
(2) They undertake, further, to provide measures to permit federations and associations representing interested industrialists, producers, or merchants, provided that the existence of such federations and associations is not contrary to the laws of their countries, to take action in the courts or before the administrative authorities, with a view to the repression of the acts referred to in Articles 9, 10, and 10*bis*, in so far as the law of the country in which protection is claimed allows such action by federations and associations of that country.

INDICAÇÕES GEOGRÁFICAS

O art. 10bis é pródigo em exemplificar atos proibidos; o art.10ter amplia a abrangência do art. 9 (que trata de marcas) por remeter seu tema para o citado art. 9.

As marcas na CUP[317] têm tratamento mais benigno e circunstanciado que as IP's e DO's.

As disputas são resolvidas com aplicação do art. 28[318]: "se as controvérsias não forem resolvidas por negociação serão encaminhadas à Corte Internacional de Justiça; arbitragens serão bem vindas."

A CUP deixa às leis internas de cada país a repressão à concorrência desleal o que está previsto no art. 10bis que por sua vez refere o art. 9 e o art. 10.

Article 9 Marks, Trade Names: Seizure, on Importation, etc., of Goods Unlawfully Bearing a Mark or Trade Name

(1) All goods unlawfully bearing a trademark or trade name shall be seized on importation into those countries of the Union where such mark or trade name is entitled to legal protection.

(2) Seizure shall likewise be effected in the country where the unlawful affixation occurred or in the country into which the goods were imported.

(3) Seizure shall take place at the request of the public prosecutor, or any other competent authority, or any interested party, whether a natural person or a legal entity, in conformity with the domestic legislation of each country.

(4) The authorities shall not be bound to effect seizure of goods in transit.

(5) If the legislation of a country does not permit seizure on importation, seizure shall be replaced by prohibition of importation or by seizure inside the country.

(6) If the legislation of a country permits neither seizure on importation nor prohibition of importation nor seizure inside the country, then, until such time as the legislation is modified accordingly, these measures shall be replaced by the actions and remedies available in such cases to nationals under the law of such country." (ONU, 1883).

[317] ONU (1883).

[318] **"Article 28 Disputes**

(1) Any dispute between two or more countries of the Union concerning the interpretation or application of this Convention, not settled by negotiation, may, by any one of the countries concerned, be brought before the International Court of Justice by application in conformity with the Statute of the Court, unless the countries concerned agree on some other method of settlement. The country bringing the dispute before the Court shall inform the International Bureau; the International Bureau shall bring the matter to the attention of the other countries of the Union.

(2) Each country may, at the time it signs this Act or deposits its instrument of ratification or accession, declare that it does not consider itself bound by the provisions of paragraph (1). With regard to any dispute between such country and any other country of the Union, the provisions of paragraph (1) shall not apply.

(3) Any country having made a declaration in accordance with the provisions of paragraph (2) may, at any time, withdraw its declaration by notification addressed to the Director General." (ONU, 1883).

DEFINIÇÕES LEGAIS

Em qualquer caso é de se notar que a WIPO não tomará posição em controvérsias que disserem respeito à interpretação ou aplicação da CUP entre seus membros.

O artigo 19[319] possibilita o Acordo de *Madrid*.

1.2. O Acordo de *Madrid*

O Acordo de *Madrid*[320] para a Repressão às Falsas ou Enganosas Indicações de Procedência em Mercadorias (*Madrid Agreement for the Repression of False or Deceptive Indications of Source on Goods*) é de 14 de abril de 1891.

O Acordo foi revisto em Washington em 02/06/1911; em Haia em 06/11/1925; em Londres em 02/06/1934; em Lisboa em 31/10/1958 com Ato Adicional em Estocolmo em 14/07/1967.

O Brasil está vinculado pelo texto de Haia.

Tem 35 membros até agora[321] com adesão brasileira em 03/10/1896; o Acordo foi, depois de Haia, através dos decretos nº 5.685 e nº 19.056/1929[322], trazido para o direito interno.[323]

O presente Acordo é uma manifestação dos países contratantes no sentido de consertar os problemas oriundos da má redação do art. 10 da CUP[324] e de estabelecer as mais genéricas providências contra a concorrência desleal.

Teriam conseguido?

Persiste, no nosso entender, a falta de conceituação. Não se explicita o que vem a ser Indicação de Procedência nem o que é Falso ou Enganoso[325],

---

[319] **"Article 19 Special Agreements**
It is understood that the countries of the Union reserve the right to make separately between themselves special agreements for the protection of industrial property, in so far as these agreements do not contravene the provisions of this Convention." (ONU, 1883).

[320] ONU (1891).

[321] Dia 26 de janeiro de 2008, às 13h35.

[322] Porto (2005).

[323] *The 1891 Madrid Agreement Concerning the International Registration of Marks* ou o Acordo de Madrid para o Registro Internacional de Marcas – outro Acordo – permite que IG's sejam protegidas como Marcas Coletivas e como Marcas de Certificação desde que o sistema seja usado por países que não têm normas específicas para a proteção das IG's e que as protejam através de regime de marca certificada. Em 15/01/2008 este acordo tem 81 Partes Contratantes entre as quais não se encontra o Brasil.

[324] ONU (1883).

[325] Em geral considera-se falso o que não corresponde ao fato que refere e enganosa/falaciosa/ deceptiva a afirmação inexata com o objetivo de enganar/mistificar.

o que continua a contribuir para diferentes interpretações. Não menciona também a DO que, por mero raciocínio, e só, por raciocínio, está compreendida na IP.

O ínfimo número de adesões deve-se a países que não se interessam pelo tema externamente por não terem gerado internamente nomes próprios, mas que se beneficiam do uso de IP's e DO's conhecidas e oriundas de outros países em que o sistema é constituído.

Outro ponto sensível é deixar a tum ribunal de outro país a possibilidade de dizer se tal DO de outro país é genérica ou não.

O seu artigo 1 trata das sanções aplicáveis aos casos de Falsas ou Enganosas Indicações de Procedência e tem algum mérito em trazer para às IP's a proteção sempre mais abrangente e precisa das marcas no seu item (5)[326]:

O artigo 2.1[327] poderia incluir o consumidor, mas não o fez tamanha a polêmica que se criou; deve-se assim resolver a questão "quem é o interessado" com a aplicação do artigo 10.2 da CUP[328].

---

[326] **"Article 1**

(1) All goods bearing a false or deceptive indication by which one of the countries to which this Agreement applies, or a place situated therein, is directly or indirectly indicated as being the country or place of origin shall be seized on importation into any of the said countries.

(2) Seizure shall also be effected in the country where the false or deceptive indication of source has been applied, or into which the goods bearing the false or deceptive indication have been imported.

(3) If the laws of a country do not permit seizure upon importation, such seizure shall be replaced by prohibition of importation.

(4) If the laws of a country permit neither seizure upon importation nor prohibition of importation nor seizure within the country, then, until such time as the laws are modified accordingly, those measures shall be replaced by the actions and remedies available in such cases to nationals under the laws of such country.

(5) In the absence of any special sanctions ensuring the repression of false or deceptive indications of source, the sanctions provided by the corresponding provisions of the laws relating to marks or trade names shall be applicable." (ONU, 1891).

[327] **"Article 2**

(1) Seizure shall take place at the instance of the customs authorities, who shall immediately inform the interested party, whether an individual person or a legal entity, in order that such party may, if he so desires, take appropriate steps in connection with the seizure effected as a conservatory measure. However, the public prosecutor or any other competent authority may demand seizure either at the request of the injured party or ex officio; the procedure shall then follow its normal course.

(2) The authorities shall not be bound to effect seizure in the case of transit." (ONU, 1891).

[328] "(2) Any producer, manufacturer, or merchant, whether a natural person or a legal entity, engaged in the production or manufacture of or trade in such goods and established either

DEFINIÇÕES LEGAIS

O artigo 3[329] estabelece facilidades para aquele que vender e colocar de maneira inequívoca que seu domicílio é diferente do da verdadeira procedência das mercadorias.

O artigo 4[330] exclui de qualquer reserva os produtos vitivinícolas[331] que têm, portanto, a mais ampla defesa. Continua sendo competência dos tribunais de cada país – tema altamente polêmico – decidir quais outras DO's (e não IP's) não são abrangidas pelo Acordo.[332]

Volta também a possibilidade do uso de expressões "tipo qualquer coisa", "vinho do porto australiano" etc., pois tais expressões não induziriam o consumidor ao erro.

As partes contratantes mostram-se sempre ofendidas quando qualquer proposta de reescrevimento da cláusula entra em pauta porque acham que seria prova de intrusão injustificável permitindo a tribunais de outros países legislarem com efeito extraterritorial: ficam assim abertas as possibilidades de aproveitamento e uso imotivado de uma DO sob argumentação de que se tornou genérica no país de destino ou que nesse país não é suficientemente conhecida ou reconhecida.

---

in the locality falsely indicated as the source, or in the region where such locality is situated, or in the country falsely indicated, or in the country where the false indication of source is used, shall in any case be deemed an interested party." (ONU, 1883).

[329] "**Article 3**
These provisions shall not prevent the vendor from indicating his name or address upon goods coming from a country other than that in which the sale takes place; but in such case the address or the name must be accompanied by an exact indication in clear characters of the country or place of manufacture or production, or by some other indication sufficient to avoid any error as to the true source of the wares.
Article 3*bis*
The countries to which this Agreement applies also undertake to prohibit the use, in connection with the sale or display or offering for sale of any goods, of all indications in the nature of publicity capable of deceiving the public as to the source of the goods, and appearing on signs, advertisements, invoices, wine lists, business letters or papers, or any other commercial communication." (ONU, 1891).

[330] "**Article 4**
The courts of each country shall decide what appellations, on account of their generic character, do not fall within the provisions of this Agreement, regional appellations concerning the source of products of the vine being, however, excluded from the reservation specified by this Article." (ONU, 1891).

[331] A expressão abrange 'vinhos' ou também 'vinhos e seus derivados'? a maioria dos autores percebe que somente vinhos estão enquadrados; Almeida discorda.

[332] Mostarda de Dijon e Água de Colônia caíram em domínio público; mas há nomes – como Pilsner ou Pilsen – que ainda geram desacordos.

INDICAÇÕES GEOGRÁFICAS

1.3. A Convenção de Stresa[333]

A unificação da Itália trazia conseqüências uma das quais foi o desenvolvimento tecnológico do homem do campo.

Um dos beneficiados foi o queijo de Grana cuja venda em 1950 aumentara espantosas 30 vezes desde a contabilidade de 1885.

A indústria de queijo e de leite da Lombardia dera início no começo do século XX à sua organização e os produtores juntavam-se em cooperativas.

O Grana Padano recebia cada vez mais atenção do mercado consumidor para si e sua região pavimentava o caminho que levaria à fundação do Consórcio do Grana Típico (Consorzio Del Grana Tipico) em 1928.

Em 1º de junho de 1951 a indústria européia de queijo (inicialmente Itália, França, Dinamarca e Holanda são os países signatários) encontra-se em Stresa e assina a Convenção Internacional sobre o Uso de Denominações de Origem e Denominações de Queijos, conhecida como Convenção de Stresa, importante documento que estabelecia regras sobre a designação de queijos e suas características.

Vários queijos são classificados.

São protegidos no mais alto grau, como o Anexo A, as *DO's* Gorgonzola, Pecorino Romano, Roquefort e Parmigiano Romano. Outra lista, como o Anexo B, enumera os *nomes* protegidos tais como Camembert, Emmental, Gruyère, Samsõe, Danablu, Edam etc.

O antigo Grana Lodigiano foi separado em dois queijos diferentes, Grana Padano e Parmigiano-Reggiano.

A região produtora de Grana Padano, por exemplo, é reconhecida desde 1955; em 1996 foi finalmente vista como Denominazione di Origine Protetta (DOP – Denominação de Origem Protegida, de acordo com os regulamentos da UE para alimentos) e sua área de produção compreende no Vale do Po 5 regiões e 32 províncias do Piemonte ao Vêneto, incluindo a Província de Trento e parcelas da Emilia-Romagna; é tutelada e fiscalizada pelo *Consorzio per la Tutela del Formaggio Grana Padano* que faz uso do nome.

O Consorzio Del Formaggio Parmigiano-Reggiano formou-se e tutela o nome e a área compreendida pelas Províncias de Parma, *Reggio* Emilia, Modena, *Bologna*, com inúmeras comunas; é também uma DOP de acordo

---

[333] Disponível em: <http://eur-lex.europa.eu/legal-content/PT/TXT/?uri=CELEX: 61986CC0286>. Acesso em: 15 jan. 2016.

com normas da UE, inclusive Reg. 2081/92[334], hoje revogado como se verá adiante no capítulo 2.

Este mencionado Reg. (CEE) 2081/92, de 14 de julho de 1992[335], (atualmente vale o Regulamento CEE 1151 de 2012)[336] sobre o qual se falará mais tarde suplantou a Convenção de *Stresa* para alimentos e produtos agrícolas.

Mas *Stresa* permanece com o mérito de ter trazido à discussão o conceito de Denominação de Origem ao cenário europeu e de ter possibilitado as discussões que redundaram para o bem e para o mal no Acordo de Lisboa[337] para Proteção das Denominações de Origem e seu Registro Internacional.

1.4. O Acordo de Lisboa

O *Lisbon Agreement for the Protection of Appellations of Origin and their International Registration* ou Acordo de Lisboa[338] para proteção das Denominações de Origem e seu Registro Internacional de 31 de outubro de 1958 conta hoje com 26 partes contratantes[339] entre os quais não se encontram nem o Brasil nem os consumeristas EUA e Inglaterra, nem países com tradição agrícola e vitivinícola como Alemanha, Grécia e Suíça.

Espanha e Romênia cogitam vagarosamente sua adesão. França, Portugal, Itália e vários outros, como México, países afeitos a DO's, aderiram.

Este Acordo procurou tratar com mais rigor (o possível à época) questões que estavam abandonadas pela CUP e por Madrid.

Apresentou definição de DO, descolando-a da Indicação de Procedência como abordada pela CUP[340] e por Madrid[341]; dispôs que tais DO's são registrados no Escritório Internacional da WIPO em Genebra mediante

---

[334] UE (1992a).

[335] Disponível em: <http://eur-lex.europa.eu/LexUriServ/LexUriServ.do?uri=CONSLEG: 1992R2081: 20040501:it:PDF>. Acesso em: 15 jan. 2016.

[336] Disponível em: <http://eur-lex.europa.eu/legal-content/PT/TXT/?uri=CELEX%3A32012R1151>. Acesso em: 15 jan. 2016.

[337] ONU (1958).

[338] Idem.

[339] Disponível em: <http://www.clarkemodet.com.pt/perguntas-frequentes/Denominacoes-de-Origem-e-indicacoes-geograficas/Que-paises-formam-o-Acordo-de-Lisboa>. Acesso em: 15 jan. 2016.

[340] ONU (1883).

[341] ONU (1891).

requerimento das autoridades competentes dos Estados contratantes considerando-se que a DO esteja registrada no país de origem[342].

Este Escritório Internacional comunicará o registro aos outros Estados Contratantes que declararão, dentro de um ano, a impossibilidade de assegurar tal registro ou aceitando pelo silêncio.

Uma DO não poderá ser declarada de uso genérico no âmbito dos Estados Contratantes enquanto continuar protegida no país de origem e este já é um tremendo diferencial em relação ao tratamento dado ao assunto no âmbito da CUP[343] ou de Madrid[344].

O Acordo de Lisboa[345] criou uma União que tem uma Assembléia[346]. Cada Estado membro da União que aderiu pelo menos às cláusulas administrativas e às cláusulas finais do Ato de Estocolmo é membro da Assembléia.

O Acordo de Lisboa foi concluído em 1958, foi revisto em Estocolmo em 1967 e emendado em 1979 e é aberto aos que aderiram à CUP.

Não conseguiu a adesão que merece por causa de suas cláusulas exigentes de respeito mundial às DO's enquanto alguns países não estão interessados nesta proteção. A CUP[347] e seu artigo 1º e seguintes mencionam IP e DO quase como sinônimos obrigando o doutrinador a montar um certo raciocínio para dar vida distinta a ambos os termos; Madrid e seu artigo 4 excepcionam apenas os produtos vitivinícolas, o que não resolve: Lisboa com seu rigor, com sua defesa especial das DO's, não mereceu atenção maior por parte de países que não querem esta particularização.

---

[342] A proteção da DO no país de origem pode ser assegurada por lei, por regulamento, por disposição estatutária da associação criada para fiscalizar a DO e por decisões judiciais.

[343] ONU (1883).

[344] ONU (1891).

[345] ONU (1958).

[346] **"Article 1 Establishment of a Special Union; Protection of Appellations of Origin Registered at the International Bureau**
(1) The countries to which this Agreement applies constitute a Special Union within the framework of the Union for the Protection of Industrial Property.
(2) They undertake to protect on their territories, in accordance with the terms of this Agreement, the appellations of origin of products of the other countries of the Special Union, recognized and protected as such in the country of origin and registered at the International Bureau of Intellectual Property (hereinafter designated as 'the International Bureau' or 'the Bureau') referred to in the Convention establishing the World Intellectual Property Organization (hereinafter designated as 'the Organization')." (ONU, 1958).

[347] ONU (1883).

DEFINIÇÕES LEGAIS

É de se notar – de novo – que associações privadas brasileiras como a APROVALE adiantam-se na discussão e prometem respeitar as IG's e conseqüentemente as DO's de outros locais, estejam ou não protegidas no Brasil, enquanto várias autoridades em todo o planeta buscam atuar na penumbra e não reconhecer as DO's estrangeiras como legítimas manifestações espontâneas de outras paragens que merecem, enquanto forem protegidas nos seus países de origem, ser protegidas no mundo inteiro.

Importante lembrar que o âmbito de proteção de Lisboa é geográfico e não afeta nomes de Bens que sem ligação com nomes que conotam geograficamente um local são famosos e se impõem como IG's na definição que demos atrás e que têm sua 'existência' legal reconhecida somente após o TRIPS[348]; assim nomes como Cachaça ou Vinho do Porto[349] não são atingidos pela rede de proteção de Lisboa.

Os elementos necessários à proteção da DO são: ser designação geográfica de um país, região ou localidade; ser utilizada no comércio interno e externo para identificar uma mercadoria produzida no território ao qual a denominação se refere; deter qualidade e característica que decorra essencialmente ou exclusivamente do meio geográfico, aí incluídos os fatores humanos e naturais, onde são produzidos.

A notoriedade da DO não é requisito essencial, pois seria limitar a aplicação do Acordo apenas às DO's afamadas impedindo acesso das novas DO's ou de DO's menos reconhecidas o que atenta contra o espírito da matéria: insistimos que basta o reconhecimento no país de origem para que a proteção seja outorgada.

Se um nome não for considerado como DO, finalmente, será considerada como IP e assim não protegido por Lisboa.

No caso de um nome genérico não estar registrado em qualquer forma, como marca principalmente, em outro país este utente tem dois anos para sair da posição e abandonar este uso.

Incorporando a definição francesa surge na legislação o conceito do que seja uma DO:

---

[348] WTO (1994a).
[349] Relembrando: O Vinho do Porto nasce e cresce no Douro, é elevado no Douro ou em Vila Nova de Gaia e exportado através do porto de Leixões. A cidade do Porto não tem conexão com o famoso vinho, portanto. Se teve, e grifamos o SE, foi há muito tempo atrás, antes de 1750, quando diz a lenda os ingleses iam ao porto da cidade do Porto buscar seu vinho, porto este de onde o vinho era ex-port-ado.

INDICAÇÕES GEOGRÁFICAS

Article 2 [Definition of Notions of Appellation of Origin and Country of Origin]

(1) In this Agreement, "appellation of origin" means the geographical name of a country, region, or locality, which serves to designate a product originating therein, the quality and characteristics of which are due exclusively or essentially to the geographical environment, including natural and human factors.[350]

Mesmo não sendo signatário do Acordo de Lisboa o Brasil incorporou literalmente este artigo 2.1 ao direito pátrio adotando-o como artigo da LPI[351], o de número 178, meramente adicionando "ou serviço" como demonstrado abaixo:

Art. 178 – Considera-se denominação de origem o nome geográfico de país, cidade, região ou localidade de seu território, que designe produto ou serviço cujas qualidades ou características se devam exclusiva ou essencialmente ao meio geográfico, incluídos fatores naturais e humanos.[352]

O conceito de local de origem é o que segue: "(2) The country of origin is the country whose name, or the country in which is situated the region or locality whose name, constitutes the appellation of origin which has given the product its reputation."[353]

Desconhece, portanto o Bem como IG, da maneira que formatamos antes.

Adota com rigor a proteção do nome da DO abominando qualquer usurpação ou imitação mesmo que a verdadeira origem do produto esteja indicada, mesmo que o nome da apelação tenha sido traduzido para o idioma pátrio do utente, mesmo que o produto seja apresentado como "espécie", "tipo", "feito", "imitação" ou algo do gênero.

Esta postura é rígida e parte do princípio que quem faz, que construa o novo e proponha com originalidade seu feito; se o traveste sob nome alheio é porque quer se beneficiar da proposta alheia e não tem personalidade

[350] ONU (1958).
[351] Brasil (1996).
[352] Grifo nosso.
[353] ONU (1958).

suficiente para sobreviver sem parasitar algo de outrem: argumentos cândidos, portanto, não são mais aceitos na ordem mundial[354].

Estas são as regras (com as devidas exceções) para registro:

Article 5

[International Registration; Refusal and Opposition to Refusal; Notifications; Use Tolerated for a Fixed Period]

(1) The registration of appellations of origin shall be effected at the International Bureau, at the request of the Offices of the countries of the Special Union, in the name of any natural persons or legal entities, public or private, having, according to their national legislation, a right to use such appellations.

(2) The International Bureau shall, without delay, notify the Offices of the various countries of the Special Union of such registrations, and shall publish them in a periodical.

(3) The Office of any country may declare that it cannot ensure the protection of an appellation of origin whose registration has been notified to it, but only in so far as its declaration is notified to the International Bureau, together with an indication of the grounds therefor, within a period of one year from the receipt of the notification of registration, and provided that such declaration is not detrimental, in the country concerned, to the other forms of protection of the appellation which the owner thereof may be entitled to claim under

Article 4, above.

(4) Such declaration may not be opposed by the Offices of the countries of the Union after the expiration of the period of one year provided for in the foregoing paragraph.

(5) The International Bureau shall, as soon as possible, notify the Office of the country of origin of any declaration made under the terms of paragraph

---

[354] **"Article 3 Content of Protection**

Protection shall be ensured against any usurpation or imitation, even if the true origin of the product is indicated or if the appellation is used in translated form or accompanied by terms such as 'kind', 'type', 'make', 'imitation', or the like.

Article 4 Protection by virtue of Other Texts

The provisions of this Agreement shall in no way exclude the protection already granted to appellations of origin in each of the countries of the Special Union by virtue of other international instruments, such as the Paris Convention of March 20, 1883, for the Protection of Industrial Property and its subsequent revisions, and the Madrid Agreement of April 14, 1891, for the Repression of False or Deceptive Indications of Source on Goods and its subsequent revisions, or by virtue of national legislation or court decisions." (ONU, 1958).

(3) by the Office of another country. The interested party, when informed by his national Office of the declaration made by another country, may resort, in that other country, to all the judicial and administrative remedies open to the nationals of that country.

(6) If an appellation which has been granted protection in a given country pursuant to notification of its international registration has already been used by third parties in that country from a date prior to such notification, the competent Office of the said country shall have the right to grant to such third parties a period not exceeding two years to terminate such use, on condition that it advise the International Bureau accordingly during the three months following the expiration of the period of one year provided for in paragraph (3), above.[355]

O artigo 6 não permite que DO's protegidas no país de origem sejam em outro país declaradas genéricas[356], o que fixa a proteção sempre no país de origem.

1.5. TRIPS

O fim da Rodada *Uruguay* em 1994 dá nascimento ao *Trade Related Aspects on Intellectual Property Rights* – TRIPS[357], o Acordo sobre os Aspectos dos Direitos de Propriedade Intelectual Relacionados com o Comércio – ADPIC[358].

Era o apagar do *General Agrement on Tariffs and Trade* (GATT) e o início do WTO (*World Trade Organization)* ou (OMC – Organização Mundial do Comércio) em 01/01/1995.

Esta rodada foi intensamente promovida pelos Estados Unidos, auxiliados pelo Japão e pela União Europeia.

---

[355] ONU (1958).

[356] "**Article 6 Generic Appellations**

An appellation which has been granted protection in one of the countries of the Special Union pursuant to the procedure under Article 5 cannot, in that country, be deemed to have become generic, as long as it is protected as an appellation of origin in the country of origin." (ONU, 1958).

[357] WTO (1994a). Disponível em: < https://www.wto.org/english/tratop_e/trips_e/trips_e. htm >. Acesso em: 15 jan. 2016.

[358] Acordo sobre Aspectos dos Direitos de Propriedade Intelectual relacionados ao Comércio, aprovado, no Brasil, como parte integrante do Acordo de Marraqueche, pelo Decreto Legislativo nº 30, de 15 de dezembro de 1994, e promulgado pelo Decreto nº 1.355, de 30 de dezembro de 1994. (BRASIL, 1994b).

Os princípios da nação mais favorecida (artigo 4) e do tratamento nacional (artigo 3), herdados do GATT, são incorporados pelo TRIPS que inova com a apresentação do princípio da proteção mínima através do seu artigo 1[359].

Os Acordos Multilaterais concluídos sob os auspícios da WIPO/OMPI relativos à obtenção e manutenção dos direitos de propriedade intelectual poderão excluir os princípios do tratamento nacional e da nação mais favorecida conforme o artigo 5.

Sem prejuízo destes mesmos princípios e para o propósito de solução de controvérsias não podem ser invocados nem um dos termos do TRIPS para tratar da questão da exaustão dos direitos de propriedade intelectual (artigo 6), ou seja, nada no TRIPS pode ser utilizado nas questões pessoais (que não envolvam produtos) no âmbito do princípio do tratamento nacional, o que vale dizer que o legislador nacional tem autonomia para definir e limitar a questão da exaustão do direito intelectual.

No que toca às Partes II, III e IV do TRIPS[360] (normas relativas à existência, abrangência e exercício dos direitos de propriedade intelectual, aplicação de normas de proteção dos direitos de propriedade intelectual e aquisição e manutenção de direitos de propriedade intelectual e procedimentos inter partes e conexos), os Membros cumprirão o disposto nos artigos 1 a 12 e 19 da CUP[361] (artigo 2.1 do TRIPS[362]). A CUP assim fica estendida a todos os que aderirem ao TRIPS.

Brasil e Coréia com adesão da Tailândia, da Índia e de Países caribenhos trabalham pelos países emergentes contra as vigorosas posições dos desenvolvidos.

Uma dessas posições relacionava-se com temas da Propriedade Intelectual e contrafação que não tinham tido abordagem assim tão ampla antes sob égide do GATT.

A posição dos países desenvolvidos tem como objetivo garantir proteção e retorno para seus investimentos em Propriedade Intelectual; valem-se dos mais variados e comuns argumentos a respeito.

Os países em desenvolvimento discordavam dizendo que o verdadeiro objetivo era protecionista.

---

[359] WTO (1994a).
[360] WTO (1994a).
[361] ONU (1883).
[362] WTO (1994a).

INDICAÇÕES GEOGRÁFICAS

O TRIPS é o Anexo 1C do Acordo de Marraqueche estabelecendo a WTO/OMC assinado em Marraqueche em 15 de abril de 1994[363]. A WTO/OMC inicia-se em 01/01/1995.

O decreto 1355 de 30/12/1994 que incorpora ao direito pátrio a Rodada do Uruguai, a última e uma das rodadas mais importantes, ratificou e promulgou a ata final antes publicada pelo Decreto Legislativo 30 de 15/12/1994.

Pelo artigo 65.2, um país em desenvolvimento, caso do Brasil à época, tem direito a postergar a data de aplicação das disposições do TRIPS[364] por um prazo de quatro anos, além do um ano normal (artigo 65.1) com exceção dos artigos 3, 4 e 5.

O prazo de início da vigência dá-se em 01/01/2000, portanto, apesar de o Brasil não ter se manifestado a respeito, o que poderia, segundo outra corrente, fazer com que o início da vigência se desse na data em que o Acordo entrou em vigor.

Dado o decurso de tempo, esta discussão perde seu interesse acadêmico.

A proteção e a aplicação de normas de proteção dos direitos de propriedade intelectual devem contribuir para a promoção da inovação tecnológica e para a transferência e difusão de tecnologia em benefício mútuo de produtores e usuários de conhecimento tecnológico e de uma forma conducente ao bem estar social econômico e a um equilíbrio entre direitos e obrigações: tais são os objetivos do TRIPS pelo seu artigo 7[365].

Os Membros poderão, mas não estão obrigados a prover em sua legislação proteção mais ampla que a exigida no Acordo (artigo 1)[366].

O sentido do termo 'propriedade intelectual' no TRIPS abrange as seguintes categorias (artigo 1.2): "direito do autor e direitos conexos, marcas, indicações geográficas, desenhos industriais, patentes, topografias de circuitos integrados, proteção de informação confidencial."[367]

---

[363] WTO (1994a).

[364] Idem.

[365] WTO (1994a).

[366] Idem.

[367] O artigo 1(3) da CUP já apregoava esta intenção: "a propriedade industrial entende-se na mais ampla acepção e aplica-se não só à industria e ao comércio propriamente ditos, mas também às industrias agrícolas e extrativas e a todos os produtos ou naturais, por exemplo: vinhos, cereais, tabaco em folha, frutas, animais (sic), minérios, águas minerais, cervejas, flores, farinhas." O artigo 1(2) dizia: "a proteção da propriedade industrial tem por objeto as patentes de invenção, os modelos de utilidade, os desenhos ou modelos industriais, as

O TRIPS[368] dá uma definição simplificada de IG no seu artigo 22.1, distancia-se dos outros acordos e institui o Bem valendo-se da palavra *'good'* que grifamos abaixo:

SECTION 3: GEOGRAPHICAL INDICATIONS
Article 22
Protection of Geographical Indications
1. Geographical indications are, for the purposes of this Agreement, indications which identify a **good** as originating in the territory of a Member, or a region or locality in that territory, where a given quality, reputation or other characteristic of the **good** is essentially attributable to its geographical origin.[369]

A tradução oficial no Brasil é:

Proteção das Indicações Geográficas
Indicações Geográficas são, para efeito deste Acordo, indicações que identifiquem um **produto** (ou um Bem como seria mais apropriado) como originário do território de um Membro, ou região ou localidade deste território, quando determinada qualidade, reputação ou outra característica do **produto** seja essencialmente atribuída à sua origem geográfica.[370],[371]

Este artigo[372] – apesar de não parecer – é de difícil leitura:

a. "Indicações Geográficas são, para efeito deste Acordo, indicações que identifiquem um **produto** como originário do território de um Membro, ou região ou localidade deste território [...] [ênfase no local] quando determinada qualidade, reputação ou outra característica do **produto** seja essencialmente atribuída à sua origem geográfica."

---

marcas de serviço, o nome comercial e as indicações de proveniência [sic] ou denominações de origem, bem como a repressão da concorrência desleal." (ONU, 1883).

[368] WTO (1994a).

[369] Idem. Grifo nosso.

[370] "A definição do artigo 22/1 está longe da definição do Acordo de Lisboa, sendo muito mais simplificada e ampla", é o dito de Almeida (1999, p. 199). Aliás, como vimos, Lisboa privilegia a DO e não a IG esta sem qualquer menção anterior em Tratados, como remarcamos nós. Fica, todavia, a noção de IG do TRIPS (WTO, 1994a) como conceituação mais específica que a noção de IP do Acordo de Madrid (ONU, 1891).

[371] Grifo nosso.

[372] WTO (1994a).

b. "Indicações Geográficas são, para efeito deste Acordo, indicações que identifiquem um **produto** [...] quando determinada qualidade, reputação ou outra característica do **produto** seja essencialmente atribuída à sua origem geográfica." [ênfase no Bem].

c. "Indicações Geográficas são, para efeito deste Acordo, indicações que identifiquem um **produto** [...] quando determinada qualidade [...] do **produto** seja essencialmente atribuída à sua origem geográfica." [ênfase na qualidade do Bem].

d. "Indicações Geográficas são, para efeito deste Acordo, indicações que identifiquem um **produto** [...] quando determinada [...] reputação [...] do **produto** seja essencialmente atribuída à sua origem geográfica." [ênfase na reputação do Bem].

e. "Indicações Geográficas são, para efeito deste Acordo, indicações que identifiquem um **produto** quando [...] outra característica do **produto** seja essencialmente atribuída à sua origem geográfica." [ênfase em alguma característica do Bem].

f. "Indicações Geográficas são, para efeito deste Acordo, indicações que identifiquem um **produto** [...] quando determinada qualidade, reputação ou outra característica do **produto** seja essencialmente atribuída à sua origem geográfica." [e não essencialmente atribuída ao meio geográfico como expressa o Acordo de Lisboa, pois origem identifica o ponto em que algo vem à vida, mas que se desenvolve de um jeito que sem nunca negar a sua origem, sempre carregando--a consigo, não está com seu fim por ela predeterminado enquanto meio geográfico, ou seja, os fatores naturais e humanos, vem como algo que se orienta para um fim predeterminado, como algo que serve a um fim predeterminado e que vincula exclusiva ou essencialmente o produto final[373]].

g. "Indicações Geográficas são, para efeito deste Acordo, indicações que identifiquem um **produto** [...]" [surge pela primeira vez o termo Indicação Geográfica; vale para quaisquer bens, quer sejam de extração, agrícolas, agroindustriais, manufaturados ou industriais; o artigo 22 não compreende serviços].

---

[373] À doutrina tem sido difícil precisar o que seja exatamente os tais 'fatores naturais e humanos'; o TRIPS (WTO, 1994a) fugindo da discussão aborda o tema pela ótica mais simples e genérica da 'origem geográfica'.

DEFINIÇÕES LEGAIS

Estabelecem-se normas de proteção para impedir[374]

(a) que um produto seja propagandeado com originário de um ponto do qual não proceda, (b) a concorrência desleal no termos do artigo 10bis da CUP[375], (c) o registro de marca que contenha ou consista em IG, (d) a veiculação de uma IG mesmo que verdadeira quanto ao lugar em que se origina dê falsa idéia (homonímia) de que se origina em outro ponto.[376],[377]

Proteções adicionais são estabelecidas para vinhos e outras bebidas; mesmo o uso de "tipo qualquer coisa", traduções e "porto australiano" ficam proibidos[378],[379].

---

[374] WTO (1994a).

[375] ONU (1883).

[376] "22

2. In respect of geographical indications, Members shall provide the legal means for interested parties to prevent:

(a) the use of any means in the designation or presentation of a good that indicates or suggests that the good in question originates in a geographical area other than the true place of origin in a manner which misleads the public as to the geographical origin of the good;

(b) any use which constitutes an act of unfair competition within the meaning of Article 10*bis* of the Paris Convention (1967).

3. A Member shall, *ex officio* if its legislation so permits or at the request of an interested party, refuse or invalidate the registration of a trademark which contains or consists of a geographical indication with respect to goods not originating in the territory indicated, if use of the indication in the trademark for such goods in that Member is of such a nature as to mislead the public as to the true place of origin.

4. The protection under paragraphs 1, 2 and 3 shall be applicable against a geographical indication which, although literally true as to the territory, region or locality in which the goods originate, falsely represents to the public that the goods originate in another territory." (WTO, 1994a).

[377] O artigo 22.2. (b) fala da Ata de Estocolmo (1967) da CUP (WTO, 1994a).

[378] "Article 23 Additional Protection for Geographical Indications for Wines and Spirits

1. Each Member shall provide the legal means for interested parties to prevent use of a geographical indication identifying wines for wines not originating in the place indicated by the geographical indication in question or identifying spirits for spirits not originating in the place indicated by the geographical indication in question, even where the true origin of the goods is indicated or the geographical indication is used in translation or accompanied by expressions such as 'kind', 'type', 'style', 'imitation' or the like.

2. The registration of a trademark for wines which contains or consists of a geographical indication identifying wines or for spirits which contains or consists of a geographical indication identifying spirits shall be refused or invalidated, *ex officio* if a Member's legislation

INDICAÇÕES GEOGRÁFICAS

Aliás a proteção do TRIPS[380] vem nesta ordem: indicação geográfica para qualquer tipo de produto, depois para vinhos e espirituosos e, finalmente, para vinhos isoladamente.

O artigo 24 estabelece exceções às negociações internacionais que visem aumento da proteção às IG's autorizadas. Sucede que este artigo nos itens 4, 5, 6, 7, e 8 procura agradar aos países que alegadamente pretendem preservar direitos adquiridos com usurpações anteriores; os itens 1,2 e 3 são redigidos para defesa dos usurpados contra os usurpadores:

Pelos três primeiros, os Membros podem entabular negociações para ampliar a proteção às IG's, um Conselho para TRIPS revisará periodicamente as disposições desta seção, nenhum Membro reduzirá as proteções às IG's, proteções estas concedidas antes da entrada em vigor do Acordo Constitutivo da OMC[381].

---

so permits or at the request of an interested party, with respect to such wines or spirits not having this origin.

3. In the case of homonymous geographical indications for wines, protection shall be accorded to each indication, subject to the provisions of paragraph 4 of Article 22. Each Member shall determine the practical conditions under which the homonymous indications in question will be differentiated from each other, taking into account the need to ensure equitable treatment of the producers concerned and that consumers are not misled.

4. In order to facilitate the protection of geographical indications for wines, negotiations shall be undertaken in the Council for TRIPS concerning the establishment of a multilateral system of notification and registration of geographical indications for wines eligible for protection in those Members participating in the system." (WTO, 1994a).

[379] Lembremos que a nossa LPI permite, criando choque entre diplomas legais. (BRASIL, 1996).

[380] WTO (1994a).

[381] "Article 24 International Negotiations; Exceptions

1. Members agree to enter into negotiations aimed at increasing the protection of individual geographical indications under Article 23. The provisions of paragraphs 4 through 8 below shall not be used by a Member to refuse to conduct negotiations or to conclude bilateral or multilateral agreements. In the context of such negotiations, Members shall be willing to consider the continued applicability of these provisions to individual geographical indications whose use was the subject of such negotiations.

2. The Council for TRIPS shall keep under review the application of the provisions of this Section; the first such review shall take place within two years of the entry into force of the WTO Agreement. Any matter affecting the compliance with the obligations under these provisions may be drawn to the attention of the Council, which, at the request of a Member, shall consult with any Member or Members in respect of such matter in respect of which it has not been possible to find a satisfactory solution through bilateral or plurilateral consultations

DEFINIÇÕES LEGAIS

O item 4 fala de serviço o que nos leva a concluir que os anteriores não tratam deste tema particular; note-se, também a isenção de que gozam os locais de boa fé ou que tenham usado termo idêntico ou similar à uma IG por pelo menos 10 anos antes de 15/04/1994[382].

O item 5 aborda o tema da boa fé no uso de marca que contenha o nome de uma IG[383].

No item 6, volta o tema serviço[384] e permite que uma IG de um estado membro não se estenda a outro país Membro nas situações que aborda, inclusive fazendo tal exceção agasalhar casos em que a indicação seja igual ao nome habitual para uma variedade de uva existente no território daquele membro na data da entrada em vigor do Acordo Constitutivo da OMC.

No item 7, estabelecem-se prazos para marcas[385].

---

between the Members concerned. The Council shall take such action as may be agreed to facilitate the operation and further the objectives of this Section.
3. In implementing this Section, a Member shall not diminish the protection of geographical indications that existed in that Member immediately prior to the date of entry into force of the WTO Agreement." (WTO, 1994a).

[382] "4. Nothing in this Section shall require a Member to prevent continued and similar use of a particular geographical indication of another Member identifying wines or spirits in connection with goods or services by any of its nationals or domiciliaries who have used that geographical indication in a continuous manner with regard to the same or related goods or services in the territory of that Member either (*a*) for at least 10 years preceding 15 April 1994 or (*b*) in good faith preceding that date." (Ibid.).

[383] "5. measures adopted to implement this Section shall not prejudice eligibility for or the validity of the registration of a trademark, or the right to use a trademark, on the basis that such a trademark is identical with, or similar to, a geographical indication where a trademark has been applied for or registered in good faith, or where rights to a trademark have been acquired through use in good faith either:
(a) before the date of application of these provisions in that Member as defined in Part VI; or
(b) before the geographical indication is protected in its country of origin." (Ibid.).

[384] "6. Nothing in this Section shall require a Member to apply its provisions in respect of a geographical indication of any other Member with respect to goods or services for which the relevant indication is identical with the term customary in common language as the common name for such goods or services in the territory of that Member. Nothing in this Section shall require a Member to apply its provisions in respect of a geographical indication of any other Member with respect to products of the vine for which the relevant indication is identical with the customary name of a grape variety existing in the territory of that Member as of the date of entry into force of the WTO Agreement." (WTO, 1994a).

[385] "7. A Member may provide that any request made under this Section in connection with the use or registration of a trademark must be presented within five years after the adverse use of the protected indication has become generally known in that Member or after the

INDICAÇÕES GEOGRÁFICAS

No item 8, respeitam-se nomes comerciais[386] mas um Sr. Bordeaux produzindo no Brasil não poderá invocar seu nome por claramente confundir o consumidor e remeter um vinho brasileiro à região de Bordeaux na França.

O item 9, remete ao país de origem a responsabilidade que deve mesmo ser dele[387] afirmando não haver nos termos do TRIPS obrigação de proteger IG's que não estejam protegidas, que tenham deixado de estar protegidas ou que tenham caído em desuso no país de origem.

Os Procedimentos de Defesa estão observados no art. 41 e seguintes e o Estabelecimento de Disputa perante a WTO/OMC está contido no art. 64 que remete o tema ao disposto nos artigos XXII e XXIII do GATT.

1.6. Brasil
1.6.1. O CDC
Como vimos uma das pontas da IG é o consumidor. A IG existe visando, também, a sua proteção.

O Código de Defesa do Consumidor (CDC), Lei nº 8078[388] de 11 de setembro de 1990 traz no seu artigo 4º VI a proibição de prejuízo ao consumidor por uso deceptivo de signos distintivos[389].

O artigo 67 considera crime fazer ou promover publicidade que sabe ou deveria saber ser enganosa ou abusiva, atribuindo Pena Detenção de três meses a um ano e multa.

---

date of registration of the trademark in that Member provided that the trademark has been published by that date, if such date is earlier than the date on which the adverse use became generally known in that Member, provided that the geographical indication is not used or registered in bad faith. (Ibid.).

[386] "8. The provisions of this Section shall in no way prejudice the right of any person to use, in the course of trade, that person's name or the name of that person's predecessor in business, except where such name is used in such a manner as to mislead the public." (Ibid.).

[387] "9. There shall be no obligation under this Agreement to protect geographical indications which are not or cease to be protected in their country of origin, or which have fallen into disuse in that country." (Ibid.).

[388] Brasil (1990).

[389] "Art. 4º A Política Nacional das Relações de Consumo tem por objetivo o atendimento das necessidades dos consumidores, o respeito à sua dignidade, saúde e segurança, a proteção de seus interesses econômicos, a melhoria da sua qualidade de vida, bem como a transparência e harmonia das relações de consumo, atendidos os seguintes princípios". (Redação dada pela Lei nº 9.008, de 21.3.1995). "VI – coibição e repressão eficientes de todos os abusos praticados no mercado de consumo, inclusive a concorrência desleal e utilização indevida de inventos e criações industriais das marcas e nomes comerciais e signos distintivos, que possam causar prejuízos aos consumidores." (BRASIL, 1995).

São estas as poucas menções legais que o CDC faz ao tema das IG's que seria quase seis anos mais tarde tratado por diploma legal específico, ressalvando-se que a introdução do artigo 4º tem sua redação dada pela lei 9008/1995[390], um ano antes, portanto, da nossa LPI.

Mas há alguns temas importantes a mencionar. Claudia Lima Marques[391] constata com acuidade que a oferta e a publicidade são declarações que não são totalmente controláveis pelo empresário no mercado de massas. Menciona que, no sistema do CDC, a oferta de consumo é, por força do art. 30 e 35, um negócio jurídico unilateral e vincula o fornecedor que a veicular ou dela se aproveitar e que, portanto, não se pode olvidar a existência dos negócios jurídicos unilaterais, aqueles que criam obrigações para um indivíduo. Enaltece a forte cláusula geral de boa fé do CDC e encarece o fato de o CDC regular a oferta de consumo com primazia e em detalhes, aplicando-se o CC de 2002 somente no que couber (se lacuna no sistema especial houver!). Explica que não há conflito entre estas leis somente antinomias, e exemplifica com a aparente contradição entre o art. 429 do CC e os arts. 30 e 35 do CDC.

Ademais, não custa lembrar que é no art. 6º, inc. III do CDC que se estabelece como direito do consumidor a informação adequada e clara com a especificação correta da qualidade.

1.6.2. A LPI

A Lei de Propriedade Industrial[392], Lei nº 9.279, de 14 de maio de 1996, que regula direitos e obrigações relativos à propriedade industrial, trata do tema de maneira específica[393].

O Art. 2º diz que a proteção dos direitos relativos à propriedade industrial, considerado o seu interesse social e o desenvolvimento tecnológico e econômico do País, efetua-se mediante: IV – repressão às falsas indicações geográficas; e V – repressão à concorrência desleal.[394]

Esta LPI trata, desde logo, de afastar o caráter marcário da propriedade industrial das IG's dispondo que, na SEÇÃO II – DOS SINAIS NÃO

---

[390] Brasil (1995).

[391] Marques (2004).

[392] Brasil (1996). Disponível em: <http://www.planalto.gov.br/ccivil_03/Leis/L9279.htm>. Acesso em 15 jan. 2016.

[393] No correr deste trabalho fomos apresentando nossas objeções a LPI.

[394] Brasil (1996).

INDICAÇÕES GEOGRÁFICAS

REGISTRÁVEIS COMO MARCA, no artigo 124 que "Não são registráveis como marca":

VI – sinal de caráter genérico, necessário, comum, vulgar ou simplesmente descritivo, quando tiver relação com o produto ou serviço a distinguir, ou aquele empregado comumente para designar uma característica do produto ou serviço, quanto à natureza, nacionalidade, peso, valor, qualidade e época de produção ou de prestação do serviço, salvo quando revestidos de suficiente forma distintiva; [...]

IX – indicação geográfica, sua imitação suscetível de causar confusão ou sinal que possa falsamente induzir indicação geográfica;

X – sinal que induza a falsa indicação quanto à origem, procedência, natureza, qualidade ou utilidade do produto ou serviço a que a marca se destina; [...]

XXIII – sinal que imite ou reproduza, no todo ou em parte, marca que o requerente evidentemente não poderia desconhecer em razão de sua atividade, cujo titular seja sediado ou domiciliado em território nacional ou em país com o qual o Brasil mantenha acordo ou que assegure reciprocidade de tratamento, se a marca se destinar a distinguir produto ou serviço idêntico, semelhante ou afim, suscetível de causar confusão ou associação com aquela marca alheia.[395]

No TÍTULO 4 – DAS INDICAÇÕES GEOGRÁFICAS – como vimos com ênfase apenas no *local*, temos que:

art. 176 – Constitui indicação geográfica a indicação de procedência ou a denominação de origem; Art. 177 – Considera-se indicação de procedência o nome geográfico de país, cidade, região ou localidade de seu território, que se tenha tornado conhecido como centro de extração, produção ou fabricação de determinado produto ou de prestação de determinado serviço;Art. 178 – Considera-se denominação de origem o nome geográfico de país, cidade, região ou localidade de seu território, que designe produto ou serviço cujas qualidades ou características se devam exclusiva ou essencialmente ao meio geográfico, incluídos fatores naturais e humanos.[396]

Esta proteção estender-se-á à representação gráfica ou figurativa da indicação geográfica, bem como à representação geográfica de país, cidade,

---

[395] Idem.
[396] Brasil (1996).

região ou localidade de seu território cujo nome seja indicação geográfica (Art. 179).

Quando o nome geográfico se houver tornado de uso comum, designando produto ou serviço, não será considerado indicação geográfica (Art. 180).

O nome geográfico que não constitua indicação de procedência ou denominação de origem poderá servir de elemento característico de marca para produto ou serviço, desde que não induza falsa procedência (Art. 181).

Finalmente, o uso da indicação geográfica é restrito aos produtores e prestadores de serviço estabelecidos no local, exigindo-se, ainda, em relação às denominações de origem, o atendimento de requisitos de qualidade (Art. 182).

O Parágrafo único do Art. 182 diz que será o INPI quem estabelecerá as condições de registro das indicações geográficas.[397]

A Instrução Normativa n. 25 de 2013[398] dispõe as normas para registro no Brasil da IG quer seja nacional quer seja estrangeira e dispõe que é de natureza declaratória o registro de uma IG.

Isto vale dizer que o INPI reconhece a pré-existência da IG e, portanto, a declara. Não há constituição de direito. Há preservação de direitos o que possibilita o seu exercício. Não há outorga de título de propriedade de uma IG como se faz com marca, por exemplo[399]. Reconhece-se a existência ou inexistência de relação jurídica [400].

No CAPÍTULO 5 – DOS CRIMES CONTRA INDICAÇÕES GEOGRÁFICAS E DEMAIS INDICAÇÕES – são tipificados os crimes contra IG's.

> Pelo Art. 192 – "Fabricar, importar, exportar, vender, expor ou oferecer à venda ou ter em estoque produto que apresente falsa indicação geográfica, com Pena de detenção, de 1 (um) a 3 (três) meses, ou multa."[401]

---

[397] Idem.

[398] INPI (2000a).

[399] Remetemos o tema à releitura do 2.17, da Parte I, deste trabalho.

[400] Veja-se subsidiariamente o artigo 4º I do nosso CPC além do que em 2.17, da Parte I, discorremos sobre relação jurídica.

[401] Brasil (1996).

INDICAÇÕES GEOGRÁFICAS

O artigo seguinte está em desarmonia com o TRIPS[402] porque a LPI assegura ao fornecedor o uso de expressões "tipo qualquer coisa", traduções e "porto australiano" **desde que ressalve a verdadeira procedência do produto**[403].

Assim, o Art. 193 diz que

> [...] usar, em produto, recipiente, invólucro, cinta, rótulo, fatura, circular, cartaz ou em outro meio de divulgação ou propaganda, termos retificativos, tais como "tipo", "espécie", "gênero", "sistema", "semelhante", "sucedâneo", "idêntico", ou equivalente, **não ressalvando a verdadeira procedência do produto**, com Pena de detenção, de 1 (um) a 3 (três) meses, ou multa.[404]

Pelo Art. 194,

> [...] usar marca, nome comercial, título de estabelecimento, insígnia, expressão ou sinal de propaganda ou qualquer outra forma que indique procedência que não a verdadeira, ou vender ou expor à venda produto com esses sinais, assegura Pena de detenção, de 1 (um) a 3 (três) meses, ou multa.[405]

1.6.3. O decreto da cachaça

Whisky é um nome genérico que identifica produto que pode ser produzido em qualquer parte do mundo.

Desde que seja um espírito produzido a partir de cereais e que mature em cascos de carvalho por 2/3 anos terá este chamamento.

Era um Bem Escocês e se tornou genérico.

Seu nome tem esta evolução: aqua vitae do latim e, paralelamente, *uisge-beatha* do gálico, *usquebaugh* do celta, *usky* do inglês e finalmente *whisky* conforme um registro inglês de 1746.

Não há uma região, um país, uma localidade, uma cidade que se chame *Whisky*.

Scotch *whisky*[406] foi a solução para reaver o Bem local que passa a ser protegido pela UK Law desde 1933; só pode ser produzido na Escócia e

---

[402] WTO (1994a).

[403] Brasil (1996, grifo nosso).

[404] Idem (grifo nosso).

[405] Brasil (1996).

[406] Mesma solução adotada pelo camembert de normandie e tantos outros mais.

DEFINIÇÕES LEGAIS

é considerado IG protegido pelo TRIPS[407] e como AOC nos países que detêm o conceito.

A cachaça brasileira vai pelo mesmo caminho e pode, se houver interessados na outra linha, vir a ser considerada bem genérico.

É considerada Rum para efeitos fiscais fora do Brasil[408]. E Rum, além de produto, já é palavra de uso comum, como se sabe.

Não está demarcada[409], não tem associação atuante que regule todos seus associados quer nacional quer localmente e que coopte os potenciais que ainda não aderiram, e não é enquadrada pelo INPI, pois este órgão não aceita inexplicavelmente o TRIPS[410] e seu artigo 22 como existentes.

Em uma tentativa de proteção, tentou-se criar as expressões Cachaça, Brasil e Cachaça do Brasil.

Com esta última iniciativa, a de defender uma Cachaça do Brasil, dá-se a entender que já há, ou que pode haver, uma Cachaça Não Brasileira o que forma verdadeira contradição entre termos e confessa que cachaça não é um Bem típico brasileiro.

Frise-se até agora[411] somente a região de Paraty conseguiu ser reconhecida como IP, apresentação mista, perante o INPI, mas não **como** Cachaça e sim **para** cachaça e aguardente, ou seja, foi reconhecido um local – Paraty – em que se manufaturam dois produtos devidamente regulados pela Lei de Bebidas[412] e reconhecidos como distintos entre si e entre os assemelhados.

Entra assim a cachaça como **produto** da IP Paraty e não como IP ela mesma como Bem que emana (também de lá tanto quanto de outros lugares, sabemos) da IP Cachaça de Paraty.

---

[407] WTO (1994a).

[408] Até o começo de 2008 pelo menos.

[409] Poderia, só para começar, abranger várias áreas no Rio Grande do Norte, em Pernambuco, Bahia, Espírito Santo, Rio de Janeiro, São Paulo, Minas Gerais, Santa Catarina e muitas outras.

[410] WTO (1994a).

[411] Dia 10/07/07.

[412] Veja-se Decreto nº. 4851, de 2 de outubro de 2003, art. 81, 90, 91 e ss (BRASIL, 2003a, disponível em: <http://www.planalto.gov.br/ccivil_03/decreto/2003/d4851.htm>. Acesso em: 15 jan. 2016), revogado pelo Decreto nº. 6.871, de 4 de junho de 2009 (disponível em: <http://www.planalto.gov.br/ccivil_03/_Ato2007-2010/2009/Decreto/D6871.htm>. Acesso em: 15 jan. 2016). Instrução Normativa nº 13 de 29/06/2005, Ministério da Agricultura, Pecuária e Abastecimento (MAPA, 2005, disponível em: < https://www.legisweb.com.br/legislacao/?id=76202>. Acesso em: 15 jan. 2016), alterada pela Instrução Normativa nº 27 de 15 de maio de 2008 (Disponível em: <http://extranet.agricultura.gov.br/sislegis-consulta/consultarLegislacao.do?operacao=visualizar&id= 18627>. Acesso em: 15 jan. 2016.

A situação é no mínimo esdrúxula, pois, cachaça entra aqui como outra palavra, vinho, talvez, e que pode, destarte, se originar em qualquer lugar, não precisamente no Brasil[413].

Esta sutileza escapou aos que 'inventaram' Paraty'.

Eis a íntegra do decreto que tenta corrigir a situação da cachaça, mas realmente piora o problema:

DECRETO Nº 4.062, DE 21 DE DEZEMBRO DE 2001.[414]

Define as expressões "cachaça", "Brasil" e "cachaça do Brasil" como indicações geográficas e dá outras providências.

O PRESIDENTE DA REPÚBLICA, no uso da atribuição que lhe confere o art. 84, inciso IV, da Constituição, e tendo em vista o disposto no art. 22 do Acordo sobre Aspectos dos Direitos de Propriedade Intelectual relacionados ao Comércio, aprovado, como parte integrante do Acordo de Marraqueche, pelo Decreto Legislativo nº 30, de 15 de dezembro de 1994, e promulgado pelo Decreto nº 1.355, de 30 de dezembro de 1994, e nos arts. 176 a 182 da Lei nº 9.279, de 14 de maio de 1996.

DECRETA:

Art. 1º O nome "cachaça", vocábulo de origem e uso exclusivamente brasileiros, constitui indicação geográfica para os efeitos, no comércio internacional, do art. 22 do Acordo sobre Aspectos dos Direitos de Propriedade Intelectual relacionados ao Comércio, aprovado, como parte integrante do Acordo de Marraqueche, pelo Decreto Legislativo nº 30, de 15 de dezembro de 1994, e promulgado pelo Decreto nº 1.355, de 30 de dezembro de 1994.

Art. 2º O nome geográfico "Brasil" constitui indicação geográfica para cachaça, para os efeitos da Lei nº 9.279, de 14 de maio de 1996[415], e para os efeitos, no comércio internacional, do art. 22 do Acordo a que se refere o art. 1º.

Parágrafo único. O nome geográfico "Brasil" poderá se constituir em indicação geográfica para outros produtos e serviços a serem definidos em ato do Poder Executivo.

Art. 3º As expressões protegidas "cachaça", "Brasil" e "cachaça do Brasil" somente poderão ser usadas para indicar o produto que atenda às regras

---

[413] A Resolução 110 de que se falará no capítulo 5 mostra bem a imensidade do problema de se ter algo como produto e não como IG.

[414] Brasil (2001). Disponível em: <http://www.planalto.gov.br/ccivil_03/decreto/2001/D4062.htm>. Acesso em: 15 jan. 2016.

[415] LPI.

gerais estabelecidas na Lei nº 8.918, de 14 de julho de 1994[416], e no Decreto nº 2.314, de 4 de setembro de 1997[417], e nas demais normas específicas aplicáveis.

§ 1º O uso das expressões protegidas "cachaça", "Brasil" e "cachaça do Brasil" é restrito aos produtores estabelecidos no País.

§ 2º O produtor de cachaça que, por qualquer meio, usar as expressões protegidas por este Decreto em desacordo com este artigo perderá o direito de usá-la em seus produtos e em quaisquer meios de divulgação.

Art. 4º A Câmara de Comércio Exterior aprovará o Regulamento de Uso das Indicações Geográficas previstas neste Decreto de acordo com critérios técnicos definidos pelos Ministérios do Desenvolvimento, Indústria e Comércio Exterior e da Agricultura, Pecuária e Abastecimento, no âmbito de suas respectivas competências.

Art. 5º Este Decreto entra em vigor na data de sua publicação.

Brasília, 21 de dezembro de 2001; 180º da Independência e 113º da República.

FERNANDO HENRIQUE CARDOSO
Sérgio Silva do Amaral

É um decreto muito importante por seu caráter inédito e intenção, mas confuso pela escolha.

1.6.4. O INPI

O instituto brasileiro reconhece os produtos e os serviços que tomam o Nome do local onde se originam; não reconhece o Bem oriundo de um local; segue a orientação dogmática antiga e, ignorando totalmente o TRIPS[418], fixa-se no local como centro de extração. Aceita também o "tipo qualquer coisa" ou o "Porto australiano" desde que respeitada a origem verdadeira.

A LPI[419] não possibilita a declaração de um Bem como IG, conforme já falamos.

Quem declara a IG como tal no Brasil é o INPI[420] e declara somente a Indicação Geográfica com ênfase no geográfico, acompanhando, aliás, a LPI brasileira e desconhecendo o TRIPS.

---

[416] Lei de bebidas.
[417] Regulamenta a lei de bebidas.
[418] WTO (1994a).
[419] Brasil (1996).
[420] INPI (2005).

INDICAÇÕES GEOGRÁFICAS

A competência legal do Instituto Nacional de Propriedade Industrial, em relação às Indicações Geográficas nasce com a Lei de Propriedade Industrial, Lei nº 9.279, de 14 de maio de 1996, ao estatuir no parágrafo único do art. 182, que "o INPI estabelecerá as condições de registro das indicações geográficas".[421]

O que é Indicação Geográfica para o INPI? Quem pode pedir? O que pensa o INPI a respeito?

Identifiquemos passo a passo a sua posição[422]:

i. O reconhecimento de uma IG origina-se do esforço de um grupo de produtores ou prestadores de serviços (para o INPI) que se organizam para defender seus produtos ou serviços, motivados por lucro coletivo.

ii. O produto ou o serviço portador de uma IG tem identidade própria e inconfundível e exatamente por isso, e visando, a perpetuação dessa identidade, o produtor ou o prestador do serviço tem que respeitar as regras de produção ou prestação específicas o que pode vir a elevar o seu preço. No entanto, o produto ou o serviço passa a ter, para o consumidor, qualidades específicas, fazendo com que e se disponha a remunerar os esforços dos produtores ou dos prestadores de serviço.

Estas características justificam um valor agregado bastante significativo, capaz de remunerar as condições de produção ou de prestação de serviço que são distintas daquelas feitas em grande escala.

O produto ou serviço passa a desfrutar de uma reputação e os seus consumidores ou usuários se dispõem a pagar um pouco mais já que se trata de um produto ou serviço excepcional. Conseqüentemente a sua substituição por outros passa a ser mais rara.

A Lei nº 9.279[423], de 14 de maio de 1996, inova ao prever o INPI como órgão que estabelece as condições de registro.

A LPI não define o que é Indicação Geográfica, estabelecendo apenas suas espécies, a Indicação de Procedência e a Denominação de Origem,

---

[421] Brasil (1996).

[422] INPI (2007).

[423] Brasil (1996). Disponível em: <http://www.planalto.gov.br/ccivil_03/Leis/L9279.htm>. Acesso em: 15 jan. 2016.

inexistindo hierarquia legal entre elas, sendo possibilidades paralelas à escolha dos produtores ou prestadores de serviços que planejam buscar esta modalidade de proteção, atendidos os requisitos da lei e de sua regulamentação.

O INPI[424] em seu site, todavia, conceituava Indicação Geográfica como a identificação de um produto ou serviço como originário de um local, região ou país, quando determinada reputação,característica e/ou qualidade possam ser vinculadas essencialmente a esta sua origem particular[425]. Em suma, é uma garantia quanto à origem de um produto e/ou suas qualidades e características regionais.

Reconhece suas espécies:

> **A Indicação de Procedência** – IP é caracterizada por ser o nome geográfico conhecido pela produção, extração ou fabricação de determinado produto, ou pela prestação de dado serviço, de forma a possibilitar a agregação de valor quando indicada a sua origem, independente de outras características. Ela protegerá a relação entre o produto ou serviço e sua reputação, em razão de sua origem geográfica específica, condição esta que deverá ser, indispensavelmente, preexistente ao pedido de registro.[426]

Atualmente, em 2016, tem-se que a indicação de procedência refere-se "ao nome geográfico de um país, cidade, região ou uma localidade de seu território, que **se tornou conhecida** com centro de produção, fabricação ou extração de determinado produto ou prestação de serviço [grifo nosso]"[427]

A IG confere ao produto ou ao serviço uma identidade própria visto que o nome geográfico utilizado junto ao produto ou serviço estabelece uma ligação entre suas características e a sua origem; consequentemente cria um fator diferenciador entre aquele produto ou serviço e os demais disponíveis no mercado tornando-o mais atraente e confiável, "Desta forma, os produtores ou prestadores de serviço, através de sua entidade representativa, deverão fazer prova desta reputação ao pleitear o reconhecimento

---

[424] INPI (2005).
[425] Aproximando-se da definição do TRIPS (WTO, 1994a), portanto, apesar de este Acordo não ser aceito pelas disposições do INPI.
[426] INPI (2005).
[427] INPI (2016). Disponível em: <http://nit.unemat.br/indicacao_geografica.php>. Acesso em: 15 jan. 2016.

junto ao INPI a Indicação de Procedência, juntado documentos hábeis para tanto."[428]

A Denominação de Origem – DO cuida do nome geográfico 'que designe produto ou serviço cujas qualidades ou características se devam exclusiva ou essencialmente ao meio geográfico, incluídos fatores naturais e humanos'[429]. Em suma, a origem geográfica deve afetar o resultado final do produto ou a prestação do serviço, de forma identificável e mensurável, o que será objeto de prova quando formulado um pedido de registro enquadrado nesta espécie ante ao INPI, através de estudos técnicos e científicos, constituindo-se em uma prova mais complexa do que a exigida para as Indicações de Procedência. [...] A proteção em ambos os casos dar-se-á sobre o 'nome geográfico', constituído tanto pelo nome oficial, quanto pelo tradicional ou usual de uma área geográfica determinável, devidamente comprovada através nos autos do processo administrativo do pedido de proteção junto ao INPI.[430]

Atualmente, em 2016, tem-se que a denominação de origem "refere-se ao nome do local, que **passou a designar** produtos ou serviços, cujas qualidades ou características podem ser atribuídas a sua origem geográfica"[431]

Podem requerer o pedido de reconhecimento de um nome geográfico como IG sindicatos, associações, institutos ou qualquer outra pessoa jurídica de representatividade coletiva, com legítimo interesse e estabelecida no respectivo território.

Nesse caso esta pessoa jurídica age como substituto processual da coletividade que tiver direito ao uso de tal nome geográfico[432].

O associativismo é a regra para o exercício do direito ao uso exclusivo do nome geográfico na sua atividade econômica, afastando a sua exploração individual, salvo inexistam outros produtores ou prestadores de serviço que possam se valer do nome geográfico, podendo este único apresentar o pedido pessoalmente, prescindindo de se fazer representar. [...] O uso da Indicação Geográfica é restrito aos produtores e prestadores de serviço estabelecidos

---

[428] INPI (2016).

[429] Conforme Acordo de Lisboa (ONU, 1958), como relatado.

[430] INPI (2005). Disponível em: <http://nit.unemat.br/indicacao_geografica.php>. Acesso em: 15 jan. 2016.

[431] INPI (2016).

[432] Ver 2.17, Parte I.

DEFINIÇÕES LEGAIS

no local, conforme estabelecido pelo Art. 182 da Lei nº 9.279[433], exigindo--se, ainda, em relação às denominações de origem, o atendimento de requisitos de qualidade. [...] A proteção concedida pela Indicação Geográfica é de natureza declaratória, pois implica no reconhecimento pela representação estatal de condições pré-existentes, seja a reputação ou a influência do meio geográfico, estando incluído no âmbito do Direito Privado. Tal natureza é conclusão lógica do texto da lei e está expressa no parágrafo único do Art. 1º da Resolução INPI nº 075. [...] A Legislação em vigor não estabelece prazo de vigência para as Indicações Geográficas, de forma que o período para o uso do direito é o mesmo da existência do produto ou serviço reconhecido, dentro das peculiaridades das Indicações de Procedência e das Denominações de Origem. [...] O titular da Indicação Geográfica, pode tomar medidas contra aqueles que estejam fabricando, importando, exportando, vendendo, expondo, oferecendo à venda ou mantendo em estoque produto que apresente falsa Indicação Geográfica, consistindo em crimes, nos termos dos arts. 192 e 193 da Lei nº 9.279. Tais medidas podem ser também tomadas contra quem usa, em produto, recipiente, invólucro, cinta, rótulo, fatura, circular, cartaz ou em outro meio de divulgação ou propaganda, termos retificativos, tais como 'tipo', 'espécie', 'gênero', 'sistema', 'semelhante', 'sucedâneo', 'idêntico', ou equivalente, **não ressalvando a verdadeira procedência do produto.**[434]

A matéria está regulada pela referida Instrução Normativa n. 25 de 2013[435].

Esta instrução normativa estabelece as condições para registro das IG's; diz ter o registro natureza declaratória e implicar somente no reconhecimento da IG; define IP como nome geográfico conhecido como centro de extração, produção ou fabricação de produto e DO como nome geográfico que designe o produto, cujas qualidades se devam exclusiva ou essencialmente ao meio geográfico, incluídos fatores naturais e humanos. Como apresentado acima; aplica-se também à representação gráfica ou figurativa da IG bem como à representação geográfica de país, cidade, região ou localidade de seu território cujo nome seja IG; não aceita registro de nomes geográficos que se tornaram de uso comum; diz poderem requerer

---

[433] Brasil (1996).
[434] INPI (2005, grifo nosso).
[435] Disponível em: <http://www.inpi.gov.br/legislacao-1/in_25_21_de_agosto_de_2013.pdf>. Acesso em: 15 jan. 2016.

o registro de IG's, na qualidade de substitutos processuais, as associações, os institutos e as pessoas jurídicas representativas da coletividade legitimada ao uso exclusivo do nome geográfico e estabelecidas no respectivo território; facilita o registro de IG's estrangeiras; descreve fluxo burocrático para obtenção do registro da IG.

1.6.5. O MAPA

Do Decreto nº. 4.062, de 21/12/2001[436], do decreto da cachaça retro falado extraímos:

> Art. 4º A Câmara de Comércio Exterior aprovará o Regulamento de Uso das Indicações Geográficas previstas neste Decreto de acordo com critérios técnicos definidos pelos Ministérios do Desenvolvimento, Indústria e Comércio Exterior e da Agricultura, Pecuária e Abastecimento, no âmbito de suas respectivas competências.[437]

Pois bem, o MDICE tem como uma de suas competências[438] a propriedade intelectual e neste âmbito tem no INPI um órgão encarregado de declarar a IG.

Ora, apesar do art. 4º, o INPI, como dito, não entende o Bem como uma IG, mas a entende como um local certo e determinado o que não ocorre – nem nunca ocorrerá – com a cachaça que, vista como **produto** e não como IG, nunca atenderá ao anseio do decreto 4.062.

O MAPA cuida do agronegócio[439] e, não fosse a atribuição específica do citado art. 4º, procura, via sua Secretaria de Desenvolvimento Agropecuário e Cooperativismo, influenciar as IG's.

Assim temos o INPI declarando e o MAPA influenciando uma IG, mas nenhum órgão governamental – ainda – para fiscalizar seu uso regular dentro das normas do estatuto da Associação criada para fiscalizar a IG[440], considerando-se que, como vemos o tema, seja necessário para cada setor

---

[436] Disponível em: <http://www.planalto.gov.br/ccivil_03/decreto/2001/D4062.htm>. Acesso em: 15 jan. 2016.

[437] Brasil (2001).

[438] MP 1.918-8 de 29/07/1999.

[439] Lei nº 10.683 de 28/05/2003 (BRASIL, 2003b) e decreto nº 5.351 de 21/01/05 (BRASIL, 2005), além do decreto nº 5.741 de 30/03/06 (BRASIL, 2006b).

[440] Vide 2.17, Parte I.

um órgão específico[441]. O MAPA, diligentemente, vem através de sua Portaria 085 de 10/04/2006 procurar preencher tal vazio[442] atribuindo à Secretaria de Desenvolvimento Agropecuário e Cooperativismo, SDC, o planejamento, o fomento, a coordenação, a supervisão e a avaliação das IG's e DO's.

A SDC[443] por sua vez delegou ao DEPTA – Departamento de Propriedade Intelectual e Tecnologia Agropecuária a coordenação das IG's e DO's.

O DEPTA[444] por sua vez delegou ao CIG/DEPTA – Coordenação de Incentivo à Indicação Geográfica de Produtos Agropecuários um sem número de responsabilidades na área da IG.

Assume assim o MAPA a liderança da matéria no Brasil.

O CIG/DEPTA age, como visto antes, em comum acordo com o INPI o que privilegia a IG como local de procedência ou origem, mas, por enquanto e apesar do decreto que criou todo o movimento, desconhece a IG como Bem.

O CIG/DEPTA[445] recém edita[446] um Guia Para Solicitação de Registro de Indicação Geográfica Para Produtos Agropecuários muito útil e circunstanciado apesar de se deter na IG como local e não como Bem embora refira o TRIPS.

1.6.6. Posição do tribunal brasileiro

O Brasil não privilegia as IG's.

Sobre a LPI já tivemos oportunidade de falar em 1.6, desta Parte II.

Adota mesmo, nos tribunais (nos quais, afinal, se dá o verdadeiro entendimento porque é a posição a ser aplicada) postura tão diferente que não derrama – inclusive por falta de segurança jurídica – respeito e credibilidade ao instituto.

---

[441] Talvez, e em vários casos, o INMETRO. Recorde-se que os estudos de regulação apontam o Comissariado de Alimentação Pública (1918), o Instituto de Defesa Permanente do Café (1923), o Instituto do Álcool e do Açúcar (1933), o Instituto Nacional do Mate (1938), o Instituto Nacional do Sal (1940) e o Instituto Nacional do Pinho (1941), como sendo o prenúncio das agencias reguladoras, no Brasil (GROTTI, 2006, p. 4).

[442] Art. 1º da Portaria nº 85. (MAPA, 2006).

[443] Art. 3º e art. 24º da Portaria nº 85. (MAPA, 2006).

[444] Art. 28 da Portaria nº 85. (MAPA, 2006).

[445] Disponível em: <http://www.agricultura.gov.br>.

[446] Meados de 2008.

Vamos abordar três decisões: em uma a IG é atropelada (caso *Champagne*); em outra é reconhecida em coabitação com a brasileira (*cognac* e conhaque); em outra, finalmente, é super protegida (*Bordeaux*).

No primeiro caso (RE 78835/GB, STF, 2ª Turma em 26/11/1974[447]) a DO Champagne foi atropelada.

Há séculos que na *Champagne* faz-se o *Champagne*.

Isto toda gente sabe.

O nosso STF não sabe.

Sob os argumentos (1) eminentemente positivistas e formais de que o Brasil era signatário da CUP[448] e do Acordo de *Madrid*[449] e, portanto, não reconhecia à época da ação, uma DO, somente uma IP (como se a IP não abrangesse a DO) o nome *Champagne* foi considerado genérico e passível de apropriação no país; (2) o cândido de que o nome era usado livremente e de boa fé desde aproximadamente 1940 (como se os produtores brasileiros ignorassem o nome *Champagne* e sua importância na designação de um vinho espumante único); (3) o distante da realidade local francesa de que nem todos os produtores do vinho espumante estabelecidos na *Champagne* têm o direito de uso da denominação (o que afastaria a IP *Champagne*); (4) o esclarecedor de que o nome Brasil, o nome do produtor brasileiro e a expressão 'indústria brasileira' constam em letras visíveis no rótulo (o que afastaria a indicação de falsa procedência), a ação declaratória foi julgada improcedente e aberta no Brasil a possibilidade de livre uso do nome *Champagne*.

Durante muitos anos, as empresas gaúchas garantiram o uso do nome; cessaram espontaneamente com a prática, apesar da vantagem judicial, mais ou menos 10 anos antes do findar do século XX.

No segundo caso, a quizila envolve o nome *Cognac*: por causa fundamentalmente dos brasileiros Conhaque de Alcatrão São João da Barra e do Conhaque Palhinha o *Bureau National Interprofessionel Du Cognac* teve problemas com seu pedido de Registo nº IG 980001 de 12/03/1998 no INPI que foi afinal aprovado em 11/04/2000.[450]

Houve forte oposição da Associação Brasileira de Bebidas (ABRABE).

---

[447] *Societé Anonyme Lanson Pére et Fils* contra União Federal, Peterlongo & Cia e outros. (BRASIL, 1975).

[448] ONU (1883).

[449] ONU (1891).

[450] INPI (2000b).

DEFINIÇÕES LEGAIS

Cognac é uma região famosa na França e produtora do Bem do mesmo nome; no Brasil há, pelo menos, dois produtos, o Conhaque de Alcatrão de São João da Barra, vendido no mercado desde 1880 mais ou menos e o Conhaque Palhinha no mercado desde 1940 mais ou menos.

Imensa encrenca inclusive porque ambos os produtos são aguardentes de cana coloridas e feitas com adição de mel, gengibre, alcatrão, adoçantes e aromatizantes e não guardam qualquer relação com o *cognac* original que é um destilado vínico (de uvas, portanto).

São, portanto, bebidas similares e não idênticas.

Mas ambas usam a mesma denominação, não importando se uma usa a expressão *cognac* e outra a expressão conhaque, ou seja, uma simples tradução.

E tradução, diga-se, mal feita do francês porque se apropria de nome famoso para chamar outra coisa.

Mas coabitam há mais de cem anos no mercado.

Daí declarar que o nome *cognac* tornou-se genérico vai um grande salto; desconsiderar a longevidade de uso também não está em questão.

Considerar que houve má fé (e pode ter havido, pode não ter havido) é discussão antiga, inútil e persistente.

Como resolver?

O INPI em 05/1999 publica em sua Revista a decisão: ambas podem coexistir: há direito adquirido dos brasileiros de boa fé (!).

O ideal seria dar um prazo longo para que os brasileiros mudassem de nome e fazer uma campanha elucidativa para esclarecimento público.

Todos ganhariam. Agora fica a percepção do mercado que um é cópia do outro (e nem isso são!) numa tradução mal feita do francês[451] e esta sempre foi a posição francesa ao abordar o tema em negociações anteriores ao estabelecimento formal da quizila.

Finalmente, a polêmica (inclusive porque motivou votos diferentes dos juízes julgadores) envolvendo o nome Bordeaux.

Trata-se de decisão emanada do Tribunal Regional Federal da 2ª Região (Rio de Janeiro) tendo como apelante *Institut National des Appellations de Vins et Eaux-de Vie*, apelados Instituto Nacional de Propriedade Industrial – INPI

---

[451] Na ABRABE, associação cujo Conselho Deliberativo presidimos com muita honra de 1987 a 1992, tentamos todo o tempo expor nossa posição aos associados sem qualquer sucesso como se vê.

INDICAÇÕES GEOGRÁFICAS

– com origem na 26ª Vara Federal do Rio de Janeiro, processo 9000019281, em que se visava anular o registro da palavra Bordeaux para Buffets.

Prevaleceu a tese que *Bordeaux* dava carona ao *Buffet* e passaria conceito de luxo e categoria para a atividade que se aproveitaria, portanto, da tradição do nome que, aliás, incorporava por isto mesmo.

Um dos inúmeros artigos mencionado foi o 124 IX da LPI.

Em Comentários[452] há menção ao famoso julgamento em que se proibiu a adoção do nome *champagne* como marca de perfume por se tratar de exploração indevida de prestígio.

Apesar de vislumbrar excesso de encômios na decisão concordamos com a proibição pois pensamos que a proteção dada a uma IG deve ser absoluta.

Que se remarque a posição muito madura adotada pela APROVALE que, ignorando as decisões dos tribunais brasileiros (Casos *Champagne*, *Cognac* e *Bordeaux*, acima falados) respeita integralmente as IG's de fora.

Veja-se o Regulamento da I.P.V.V. artigo 16º[453]

> dos Princípios da I.P. Vale dos Vinhedos: são princípios dos inscritos na I.P. Vale dos Vinhedos o respeito às Indicações Geográficas reconhecidas internacionalmente. Assim, os inscritos na I.P. Vale dos Vinhedos não poderão utilizar em seus produtos, sejam eles protegidos ou não pela I.P. Vale dos Vinhedos, o nome de Indicações Geográficas reconhecidas em outros países ou mesmo no Brasil.

1.7. Outros países

As IG's segundo todos os tratados internacionais citados não têm qualquer restrição quanto à possibilidade de sua aplicação para produtos industriais; a legislação interna de vários países europeus, todavia, só prevê a proteção de uma IG para produtos agrícolas, sendo exceções o *Swiss Made*, para relógios, por exemplo,[454] e diversos bens russos.

Fora da UE prevalece o discurso moral de evitar a falsa indicação de procedência, mas há leniência no trato da IG que se tornou 'de uso comum', 'foi adquirida com boa fé', 'foi registrada sem que o requerente soubesse bem a origem do nome' etc.

---

[452] Frões (2005).
[453] APROVALE (2001).
[454] Desde 23/12/1971.

Os países diferem substancialmente na maneira com que lidam com IG: alguns têm regras específicas; outros se valem da lei de marcas, da lei de negócios, da lei de proteção do consumidor, da lei de proteção do empreendedor, somente aceitam proteger o nome geográfico, aceitam proteger também o nome do Bem ligado a uma região de que provém.

Há, enfim, várias maneiras de atacar o tema que carece de uma sistematização maior advinda do entendimento comum do que seja realmente o instituto.

Há sistemas mistos, como nos EUA, em que marcas de certificação vêm atestar que um produto se originou em dada região geográfica específica ou que certificam que as mercadorias estão dentro de certos padrões de qualidade, material ou modo de produção ou, ainda, que o manufatureiro apresenta padrões ou pertence à organização determinada.

Nos EUA, aliás, discursa-se sobre a pouca importância da região de que procede o Bem (já começa o mesmo discurso no Brasil), enaltece-se o produtor individual como se a individualidade é que fosse a vantagem, mas, nota-se, toda a gente admira escondidamente a IG.

Para vinhos e só para vinhos reconhece-se uma *Appellation of Origin* (igual a IG) ou uma *American Viticultural Area* (área determinada para cultivo de tal vitisvinífera) que só é reconhecida como tal, a partir de 1978, se assim o disser o *Bureau of Alcohol, Tobacco, and Firearms* (*Code of Federal Regulations* – CFR – 27 parte 9) e que refere algo como um *Vin de Pays* francês ou um vinho italiano de *Indicazione Geografica Tipica*.

De acordo com o site Academia do Vinho há mais de 3000 mil vinícolas em operação nos Estados Unidos, organizadas em AVAs, chegando a um total de 198 apelações oficiais em 2010.[455]

1.8. MERCOSUL

O Protocolo de Harmonização de Normas sobre Propriedade Intelectual no Mercosul[456], Decisão nº 08/95 de 14/08/1995[457] do CMC (Conselho do Mercado Comum) trata de marcas, Indicações de Procedência e Deno-

---

[455] Disponível em: <http://www.academiadovinho.com.br/_regiao_mostra.php?reg_num=US>. Acesso em: 15 jan. 2016.

[456] MERCOSUL (1995). Disponível em: <http://www.sice.oas.org/trade/mrcsrs/decisions/dec0895p .asp>. Acesso em: 15 jan. 2016.

[457] Órgão mais categorizado do MERCOSUL.

INDICAÇÕES GEOGRÁFICAS

minações de Origem e foi, como tem que ser nas Decisões do Conselho, aprovado por unanimidade.

Foi ratificado pelo Paraguai e pelo Uruguai somente; Argentina e Brasil ainda não internaram a Decisão[458].

Estabelece em seu artigo 1º o princípio da proteção mínima dando que, como "Natureza e Alcance das Obrigações" que os

> [...] Estados Partes garantirão uma proteção efetiva à propriedade intelectual em matéria de marcas, indicações de procedência e denominações de origem, assegurando, no mínimo, a proteção derivada dos princípios e normas enunciados neste Protocolo. Poderão, no entanto, conceder proteção mais ampla, desde que não seja incompatível com as normas e princípios dos Tratados mencionados neste Protocolo.[459]

Obriga-se com a CUP[460] e o TRIPS[461] no seu artigo 2º.

Estabelece em seu artigo 3º o princípio do tratamento nacional a partir do qual cada

> Estado Parte concederá aos nacionais dos demais Estados Partes um tratamento não menos favorável ao que concede a seus próprios nacionais quanto à proteção e exercício dos direitos de propriedade intelectual em matéria de marcas, indicações de procedência e denominações de origem.[462]

No seu artigo 9º dá como marcas irregistráveis determinados signos determinando que os "Estados Partes proibirão o registro, entre outros, de signos descritivos ou genericamente empregados para designar os produtos ou serviços ou tipos de produtos ou serviços que a marca distingue, ou que constitua indicação de procedência ou denominação de origem."

Também os Estados Partes "proibirão o registro, entre outros, de signos enganosos, contrários à moral ou à ordem pública, ofensivos às pessoas vivas ou mortas ou a credos; constituídos por símbolos nacionais de qualquer País; suscetíveis de sugerir falsamente vinculação com pessoas

---

[458] 12/03/2008
[459] MERCOSUL (1995).
[460] ONU (1883).
[461] WTO (1994a).
[462] MERCOSUL (1995).

DEFINIÇÕES LEGAIS

vivas ou mortas ou com símbolos nacionais de qualquer país, ou atentatórios a seu valor ou respeitabilidade.

Os Estados Partes denegarão as solicitações de registro de marcas que comprovadamente afetem direitos de terceiros e declararão nulos os registros de marca solicitados de má-fé, que afetem comprovadamente direitos de terceiros.

Os Estados Partes proibirão em particular o registro de um signo que imite ou reproduza, no todo ou em parte, marca que o solicitante evidentemente não podia desconhecer como pertencente a um titular estabelecido ou domiciliado em qualquer dos Estados Partes e suscetível de causar confusão ou associação.

O Artigo 6 bis da Convenção de Paris[463] para a Proteção da Propriedade industrial aplicar-se-á, *mutatis mutandis,* aos serviços. Para determinar a notoriedade da marca nos termos da citada disposição, tomar-se-á em conta o conhecimento do sinal no segmento de mercado pertinente, inclusive o conhecimento no Estado Parte em que se reclama a proteção, adquirido em decorrência de publicidade da marca.

Os Estados Partes assegurarão em seus territórios a proteção das marcas dos nacionais dos Estados Partes que tenham alcançado um grau de conhecimento excepcional contra sua reprodução ou imitação, em qualquer ramo de atividade, sempre que houver possibilidade de prejuízo."[464]

Estabelece as bases das IG's em seu artigo 19 que trata das INDICAÇÕES DE PROCEDÊNCIA E DAS DENOMINAÇÕES DE ORIGEM.

> "Os Estados Partes comprometem-se a proteger reciprocamente suas indicações de procedência e suas denominações de origem.
>
> Considera-se indicação de procedência o nome geográfico de país, cidade, região ou localidade de seu território, que seja conhecido como centro de extração, produção ou fabricação de determinado produto ou de prestação de determinado serviço.
>
> Considera-se denominação de origem o nome geográfico de país, cidade, região ou localidade de seu território, que designe produtos ou serviços cujas qualidades ou características devam-se exclusiva ou essencialmente ao meio geográfico, incluídos fatores naturais ou humanos."[465]

---

[463] ONU (1883).
[464] MERCOSUL (1995).
[465] Idem.

INDICAÇÕES GEOGRÁFICAS

Pelo Artigo 20 que trata da "Proibição de Registro como Marca", as indicações de procedência e as denominações de origem previstas nos considerandos anteriores não serão registradas como marcas.

E as controvérsias são resolvidas pelo Artigo 25:

> As controvérsias que surgirem entre os Estados Partes em decorrência de aplicação, interpretação ou de não cumprimento das disposições contidas no presente Protocolo serão resolvidas mediante negociações diplomáticas diretas. Se mediante tais negociações não se chegar a um acordo ou se a controvérsia for solucionada apenas parcialmente, serão aplicados os procedimentos previstos no sistema de solução de controvérsias vigente no MERCOSUL.[466]

---

[466] Idem.

2
WIPO. WTO. IWO.

2.1. WIPO/OMPI

WIPO – *World Intellectual Property Organization*[467] ou OMPI – Organização Mundial da Propriedade Intelectual tem atualmente 184 membros[468].

É uma agência especializada da ONU e se dedica a desenvolver um razoável sistema de propriedade intelectual; a *WIPO Convention* foi assinada em Estocolmo em 14 de julho de 1967 e emendada em 28 de setembro de 1979; tem seus escritórios em Genebra, Suíça.

Considera Propriedade Intelectual como criações da mente: invenções, trabalhos literários e artísticos e símbolos, nomes, imagens e desenhos usados no comércio.

Seguindo a WIPO a Propriedade Intelectual é dividida em duas categorias: Propriedade Industrial que inclui patentes, invenções, marcas, desenhos industriais e indicações geográficas de procedência; e *Copyright* (direito de autor) que inclui trabalhos intelectuais e artísticos como novelas, poemas e peças, filmes, musicais, desenhos, pinturas, fotografias, esculturas e desenhos arquitetônicos.[469]

Administra o Sistema de Lisboa criado sob o Acordo de Lisboa[470], a CUP[471], o Acordo de Madrid[472], dentre outros.

---

[467] WIPO (2008). Disponível em: <http://www.wipo.int/portal/en/index.html>. Acesso em: 15 jan. 2016.

[468] Disponível em: <http://ajonu.org/2012/10/17/organizacao-mundial-da-propriedade-intelectual-ompiwipo/>. Acesso em: 15 jan. 2016.

[469] WIPO (2008).

[470] ONU (1958).

[471] ONU (1883).

[472] ONU (1891).

INDICAÇÕES GEOGRÁFICAS

Para WIPO a IG é um sinal usado em mercadorias que têm específica origem geográfica e que possuem qualidade, reputação ou características que são essencialmente atribuídas àquele local de origem; reconhece que muito comumente a IG inclui o nome do local de origem das mercadorias; que produtos agrícolas tipicamente têm qualidades que derivam do local de produção e que são influenciadas por fatores locais específicos tais como clima e solo; que se um sinal é reconhecido como IG ou não, é um assunto da lei nacional do país em questão; e que IGs podem ser usadas por grande gama de produtos quer sejam naturais, quer sejam agrícolas, quer industriais.[473]

Uma DO é um tipo especial de IG e que geralmente consiste em um nome geográfico ou em uma tradicional designação usada por produtos que têm uma qualidade especial ou características que são essencialmente devidas ao meio ambiente no qual são produzidos.

Considera que o conceito de DO está contido no de IG.

No seu site enfatiza que a IG não se resume a produtos agrícolas e cita como exemplo os cristais da Bohemia (*Czech Republic*) para ilustrar o fato.[474]

Ressalta que a IG aponta para um local específico ou região de produção que determina as qualidades características do produto que se origina naquele lugar, desde que tais qualidades dependam do local de produção, passando a existir uma estreita ligação entre o produto e seu local originário.[475]

Daí resulta que as IG's são entendidas pelos consumidores como responsáveis pela origem e pela qualidade dos produtos; muitas delas têm alta reputação adquirida que se não corretamente protegida pode ser deturpada por desonestos operadores comerciais.

Falso uso de indicação geográfica por pessoas não autorizadas prejudica consumidores e deslegitima os produtores; consumidores são enganados por acreditarem que estão adquirindo um produto genuíno com específicas características e qualidades quando na realidade estão comprando uma imitação: os legítimos produtores são privados de vultosos negócios e têm sua fama e a de seus produtos arranhada.

Abjura o uso das expressões "tipo" etc., que quando apostas a um rótulo visam, na realidade, confundir o consumidor.

---

[473] WIPO (2008).
[474] Idem.
[475] Idem.

IG's são protegidas de acordo com tratados internacionais e leis nacionais sob um grande espectro conceitual como segue: leis especiais para proteção de IG's e DO's; leis marcarias na forma de marcas coletivas ou marcas de certificação ou garantidas; leis contra competição desleal; leis de proteção ao consumidor; leis específicas ou decretos que reconheçam Indicações Geográficas individualizadas.[476]

Em essência pessoas não autorizadas não podem usar uma IG: serão aplicadas sanções através de tribunais autorizados e condenadas a pagar perdas e danos, multas e, dependendo, até encarceradas.[477]

Há que se administrar IG's, marcas e IG's genéricas: u'a marca é um sinal usado por empreendedores para distinguir os produtos de sua empresa e distingui-los de outros similares da concorrência. Tais empreendedores têm todo o direito de afastar seus concorrentes que tentem usar estas marcas. Uma marca consiste em criação arbitrária ou criativa de um nome ou de uma invenção. De outro lado, uma IG expressa aos consumidores a origem do produto com característica conhecida devida ao local de produção; pode ser usada por todos os produtores estabelecidos dentro de certas condições no local determinado cujos produtos compartilhem qualidades específicas; distintamente de uma marca o nome usado como IG será usualmente determinado pelo nome do local de produção. Já se um termo geográfico for usado como designação comum de uma espécie de produto ao invés de apontar para uma localidade onde se produz algo típico, tal termo não mais serve como IG. Neste caso, o termo torna-se genérico e não tem mais a proteção de uma IG. WIPO exemplifica com o termo colônia que não mais designa um produto oriundo da cidade de Colônia, podendo a água de colônia ser feita em qualquer lugar.

Há tratados internacionais administrados pela WIPO que oferecem proteção, notadamente a *Paris Convention for the Protection of Industrial Property of 1883*[478], e o *Lisbon Agreement for the Protection of Appellations of Origin and Their International Registration*[479], além dos artigos 22 a 24 do *Agreement on Trade-Related Aspects of Intellectual Property Rights* (TRIPS[480]) que lida com

---

[476] WIPO (2008).
[477] Idem.
[478] ONU (1883).
[479] ONU (1958).
[480] WTO (1994a).

a proteção internacional das IG's dentro do campo de atuação da *World Trade Organization* (WTO).

O papel da WIPO nisto tudo é preventivo: oferece estudos, seminários, busca consensos, promove estudos, estimula debates, produz *papers*, principalmente através do *Standing Committee on the Law of Trademarks, Industrial Designs and Geographical Indications* (SCT), explorando novas formas de melhorar a proteção das indicações geográficas.

2.2. WTO/OMC

A *World Trade Organization* ou Organização Mundial do Comércio, segundo sua própria versão é uma organização que visa liberalizar o comércio; é um fórum para governos negociarem acordos comerciais; é um lugar para se transigir disputas.[481]

A WTO começou a funcionar em 1º de janeiro de 1995, mas seu sistema é anterior: desde 1948 que o *General Agreement on Tariffs and Trade* – GATT – providenciava regramentos para o comércio.

Através do GATT várias rodadas de negociação aconteceram.

A última e maior rodada foi conhecida com Rodada Uruguai e durou de 1986 a 1994 e possibilitou a criação da WTO.[482]

Enquanto o GATT tinha foco no comércio de mercadorias, a WTO cobre comércio, serviços e propriedade intelectual.

A terceira vocação da WTO é a "*dispute settlement*" no sentido de resolver, decidir, provocar transação, acertar, acalmar um litígio e procura resolver os casos com lucidez e rapidez.

Seu *site* informa:

> How long to settle a dispute
>
> These approximate periods for each stage of a dispute settlement procedure are target figures – the agreement is flexible. In addition, the countries can settle their dispute themselves at any stage. Totals are also approximate.
>
> 60 days: consultations, mediation etc
>
> 45 days: panel set up and panelists appointed
>
> 6 months: final panel report to parties
>
> 3 weeks: final panel report to WTO members
>
> 60 days: dispute settlement body adopts report (if no appeal)

---

[481] WTO (2008). Disponível em: <https://www.wto.org/>. Acesso em: 15 jan. 2016.
[482] WTO (2008).

Total = 1 year (without appeal)
60-90 days: appeals report
30 days: dispute settlement body adopts appeals report
Total = 1y3m (with appeal).[483]

A solução da divergência é da competência do Órgão de Solução de Disputas integrado por todos os membros da WTO.

Este Órgão estabelece grupos especiais de experts para que examinem o caso e aceitem ou afastem as conclusões destes grupos bem como o resultado de uma apelação; tem poder para autorizar medidas de retaliação quando um país não respeita a resolução.

A primeira etapa consiste em conversa: os países têm que se entender para verificar se podem resolver seus problemas sozinhos. Este período deve durar 60 dias e ajudas são bem vindas, inclusive do Diretor Geral.

A segunda etapa que deve demorar até 45 dias é para constituição do grupo especial. Este grupo tem até 6 meses para entregar sua conclusão.

É muito difícil a conclusão de um painel (*panel*) e este deve sempre se basear nos acordos internacionais vigentes.

As partes podem apelar da decisão. As alegações devem ser sempre de direito: nunca podem reexaminar provas ou novas questões.

Cada apelação é examinada por um Órgão Permanente de Apelações, composto por 3 membros.

Este Órgão tem 60 dias, 90 no máximo para se pronunciar.

O Órgão de Solução de Disputas tem que aceitar ou rechaçar o exame da apelação em um prazo de 30 dias e só se manifesta por consenso.

O País que perdeu a disputa deve cessar imediatamente suas práticas condenadas e se não o faz sofrerá sanções financeiras adequadas impostas pela WTO.

a) DS 174 e DS 290

Com o fito de proteger as Indicações Geográficas e Denominações de Origem dos Produtos Agrícolas e dos Gêneros Alimentícios bem como estabelecer regras de Registro a UE editou o Regulamento (CE) nº 2081/1992 do

---

[483] Idem (grifo nosso).

INDICAÇÕES GEOGRÁFICAS

Conselho em 14 de julho de 1992[484]; foi sistematizado pelo Regulamento (CE) nº 2037/93[485] da Comissão em 27 de julho de 1993; foi alterado pelo Regulamento (CE) nº 535[486] do Conselho em 17 de março de 1997[487].

Países inconformaram-se e abriram *Dispute Settlement* na WTO visando opor-se. Tomaram os números DS 174 e 290.

O primeiro teve como reclamante os Estados Unidos da América e como terceiras partes interessadas Argentina, Austrália, Brasil, Canadá, China, Colômbia, Guatemala, Índia, México, Nova Zelândia, Taiwan e Turquia.

O segundo teve como reclamante a Austrália e como terceiras partes interessadas Argentina, Brasil, Canadá, China, Colômbia, Estados Unidos, Guatemala, Índia, México, Nova Zelândia, Taiwan e Turquia.

Basicamente reclamaram que o Regulamento (CE) nº 2081 não proporcionava suficiente tratamento nacional com respeito às IG's e não proporcionava suficiente proteção às marcas similares ou idênticas pré-existentes às IG's; que a situação seria inconsistente com as obrigações da UE notadamente as assumidas com o TRIPS[488] nos seus artigos 2, 3, 4, 16, 22, 24, 63 e 65 e artigos I e III:4 do GATT/1994[489].

Invocaram o artigo 10bis da CUP[490].

Pediu-se abertura de um painel (*painel*).

Em 15 de março de 2005 o *painel* concorda com Estados Unidos e Austrália no sentido que as regulamentações da UE não proporcionam tratamento nacional (conforme art. 3.1 do TRIPS[491]) aos membros da WTO, que, por outro lado, não foram encontrados indícios de que a substância do sistema de proteção de IG's da UE que requer a inspeção dos produtos seja inconsistente com as obrigações da WTO e que, finalmente, concorda com UE que, embora sua Regulamentação de IG's permita seu registro mesmo quando conflitarem com uma prévia marca, esta Regulamentação, como escrita, é suficientemente restringida para que possa ser considerada

---

[484] UE (1992a). Disponível em: <http://eur-lex.europa.eu/legal-content/it/TXT/?uri=CELEX%3A3 1992R2081>. Acesso em: 15 jan. 2016.

[485] UE (1993).

[486] UE (1997). Disponível em: <http://eur-lex.europa.eu/legal-content/PT/TXT/?uri=CELEX:3199 7R0535>. Acesso em: 15 jan. 2016.

[487] No próximo capítulo há u'a menção ligeiramente mais privilegiada do Regulamento.

[488] WTO (1994a).

[489] WTO (1994b).

[490] ONU (1883).

[491] WTO (1994a).

como "exceção limitada" dos direitos das marcas; concorda, todavia, com EUA e Austrália que o TRIPS não permite coexistência não qualificada e incondicional de IG's com marcas pré-existentes.

UE diante do resultado obriga-se a editar novo Regulamento que acolha as prescrições do painel.

Concedem-lhe 11 meses e duas semanas, prazo expirado em 03/04/2006.

A UE informa que com a edição do Regulamento (CE) 509/2006 do Conselho de 20/03/2006[492] e do Regulamento (CE) 510/2006[493] do Conselho de 20/03/2006 as prescrições foram aceitas e internadas.

EUA e Austrália discordam como veemência e convidam a UE que acorde para o real sentido de seus comentários e revise a nova Regulamentação.

Este é o estado em que se encontram as discussões[494].

2.3. IWO/OIV

A *Office International de La Vigne et du Vin* criada em 29/11/1924 por Espanha, França, Grécia, Hungria, Itália, Luxemburgo, Portugal e Tunísia cedeu todo seu patrimônio científico e técnico à Organização Internacional da Vinha e do Vinho em 03/04/2001 (ou OIV – *International Organization of Vine and Wine/Organization Internationale de la Vigne et du Vin*).[495]

Tem hoje 46 países membros.

Uma das missões da Organização é a proteção das Denominações de Origem e das Indicações Geográficas.

Esses assuntos são especialmente sensíveis aos homens do vinho que buscam tal proteção há muito tempo.

Suas Resoluções são precedidas de abreviações como segue: ECO é abreviação de *Economy*, VITI de *Viticulture*, OENO de *Oenology*, CST de *Scientific and Technical Committee*, COMEX de *Executive Committee* e AGE de *General Assembly*.

As DO's e IG's foram tratadas por várias ECO's; 02/1992 (distinção entre DO e IG), 03/1994 (chamando países a darem tratamento legal interno às questões), ECO 03/1999 (Homônimos), ECO 06/1999 (Indicações Geo-

---

[492] UE (2006a).

[493] UE (2006b).

[494] Escrevemos o comentário em 23/02/2008 e a informação no site estava atualizada até 20/08/07 para DS 290 e 22/01/08 para DS 174.

[495] OIV (2008).

INDICAÇÕES GEOGRÁFICAS

gráficas e Internet) e mais recentemente ECO 07/2006 (Harmonização na Rotulagem dos Vinhos, apresentação do país ou dos países de origem).[496]

A OIV considera que uma IG é um nome geográfico usado para designar um vinho ou uma bebida espirituosa baseada em vinho que possuem qualidade e/ou características devidas ao ambiente geográfico incluindo fatores humanos e naturais.

A IG significa algo entre Indicação de Procedência e Denominação de Origem e, pela OIV, todas merecem o mesmo grau de proteção.

Um nome geográfico, lembra O'Connor[497], aposto em rótulo de produto dentro do âmbito da OIV tem os seguintes significados: indicação de procedência que não traduz nenhuma característica especial do produto; apelação de origem que implica que o produto possui qualidade e/ou características devidas ao ambiente geográfico incluindo fatores naturais e humanos; e indicação geográfica que também implica que o produto tem qualidade ou característica atribuída ao seu local de origem.

Um ponto interessante da OIV é não ignorar "nomes tradicionais" (nem poderia) e separá-los dos nomes geográficos, mas aceitá-los como ligados a um sítio geográfico determinado o que só seria posto em vidência com o TRIPS[498] art. 22 como já vimos.

Em caso de homonímia o tema é referido pela ECO 03/99[499] ao art. 23.3 do TRIPS e vem carregado com as seguintes recomendações:

- ✓ que se considere o reconhecimento oficial usado no país de origem;
- ✓ que se considere o decurso de tempo em que o nome foi usado;
- ✓ que se considere se o nome foi usado em boa fé;
- ✓ que se considere a importância da apresentação dos rótulos homônimos para a publicidade;
- ✓ que se encoraje a divulgação de dados que previnam o consumidor e tirem-lhe dúvidas eventuais; e
- ✓ que se encorajem consultas, em casos de disputa entre países ou territórios aduaneiros a respeito dos homônimos.[500]

---

[496] OIV (2008).
[497] O'Connor (2003).
[498] WTO (1994a).
[499] OIV (1999).
[500] Idem.

2.4. INAO

Controlada pelo governo francês, parte do Ministério da Agricultura e da Pesca, o *Institut National des Appellations d'Origine* é a organização encarregada de controlar IG's e DO's protegidas em França.[501]

Considerando-se a França como o país em que as IG's mais se desenvolveram e evoluíram é imensa a importância do INAO como órgão de controle.

Uma das funções primordiais é controlar a área delimitada; em vinho isto significa além de controlar a área de plantio, também a produção e envelhecimento.

O tema começou a ser alvo de mais atenção no fim do século XIX e com a lei de 1º de agosto de 1905 fica determinado um órgão para delimitar fronteiras de uma região produtora de agronegócio, mas sem se importar, ainda, com qualidade e super produção.

Em 6 de maio de 1919 uma segunda lei dá aos tribunais poder para resolver casos em que os limites determinados não estivessem sendo respeitados pelos produtores.

Motivado pelos problemas surgidos na área vitivinícola é criado por decreto de 30 de julho de 1935 o conceito de AOC; o INAO vem neste momento para cobrir aspectos administrativos, profissionais e jurídicos das AOC's.

Em 2 de julho de 1990, o parlamento francês tendo em vista o sucesso das IG's amplia a competência do INAO para qualquer produto agrícola.

Em 5 de janeiro de 2006, o Instituto é rebatizado *de Institut National de l'Origine et de la Qualité* mas continua com a abreviação INAO e passa a garantir também produtos orgânicos e emissão de um certificado *Label Rouge* além dos selos referidos e copiados no capítulo seguinte bem como os selos AOC tradicionais.

Controla hoje algo como 1.000 signos AO, IGP e LR.

Seu *site* informa que recentemente prestou assessoria técnica ao Brasil esclarecendo pontos e explicando o sistema francês.[502]

Não conhecemos na França uma IG que seja um Bem; todas, segundo nosso saber, referem um local certo como centro de extração (o que os deixa atrapalhados para nos explicar a nossa cachaça, por exemplo...).

---

[501] INAO (2008).

[502] INAO (2008). Disponível em: <http://www.inao.gouv.fr/>. Acesso em: 15 jan. 2016.

3
Sob a UE

Inúmeros Regulamentos da União Européia foram emitidos para circunscrever da melhor maneira o tema.

São eles:

- regulamentos UE 2081/92[503] e 2082/92[504]
- regulamentos UE 1151/12[505] e 668/14[506]
- regulamento UE 1308/13[507]
- regulamento CE 509/06 e 510/06[508]
- regulamentos CE 1493/1999[509],479/2008[510] e respectivas alterações (491/2009[511])

---

[503] UE (1992a). Disponível em: <http://eur-lex.europa.eu/legal-content/PT/TXT/?uri=CELEX%3A31992R2081>. Acesso em: 16 jan. 2016.

[504] UE (1992b). Disponível em: <http://eur-lex.europa.eu/legal-content/PT/TXT/?uri=CELEX:31992R2082>. Acesso em: 16 jan. 2016.

[505] UE (2012). Disponível em: <http://eur-lex.europa.eu/legal-content/PT/TXT/?uri=CELEX:02012R1151-20130103>. Acesso em: 16 jan. 2016.

[506] UE (2014). Disponível em: <http://eur-lex.europa.eu/legal-content/PT/TXT/?qid=1453035269923&uri=CELEX:32014R0668>. Acesso em: 16 jan. 2016.

[507] UE (2013). Disponível em: <http://eur-lex.europa.eu/legal-content/PT/TXT/?qid=1453035377189&uri=CELEX:32013R1308>. Acesso em: 16 jan. 2016.

[508] UE (2006). Disponível em: <http://eur-lex.europa.eu/LexUriServ/LexUriServ.do?uri=OJ:L:2006:093:0012:0025:PT:PDF>. Acesso em: 16 jan. 2016.

[509] Disponível em: <http://eur-lex.europa.eu/legal-content/pt/ALL/?uri=CELEX:31999R1493>. Acesso em: 16 jan. 2016.

[510] Disponível em: <http://eur-lex.europa.eu/LexUriServ/LexUriServ.do?uri=OJ:L:2008:148:0001:0061: PT:PDF>. Acesso em: 16 jan.2016.

[511] Disponível em: <http://eur-lex.europa.eu/LexUriServ/LexUriServ.do?uri=OJ:L:2009:154:0001: 0056:PT:PDF>. Acesso em: 16 jan. 2016.

INDICAÇÕES GEOGRÁFICAS

- regulamento CE 110/2008[512] e respectivas alterações
- regulamento CE 1576/1989[513]

A UE desde sempre se preocupou com a temática das Indicações Geográficas.

Por ter domínio do tema sabia que sua diversidade não podia ser colocada em uma legislação genérica que a contivesse em sentido estrito, pois isto a encerraria em câmara escura retirando-lhe a necessária criatividade, a desejada flexibilidade e a possibilidade de inovação.

Ademais tinha convicção que não seria possível estreitar em um texto legal assunto tão vasto, tão cheio de nuances e tão diverso: havia que encontrar o denominador comum e deixar à legislação local o aprofundamento classificatório.

E, finalmente, sabia que a atividade deveria ser observada dentro da órbita do produtor, fazê-lo melhorar sua qualidade para melhor agradar o seu consumidor natural.

Terceiros países não concordam que esta postura tenha sido alcançada pela UE e reclamam do detalhamento dos regulamentos europeus.

Basicamente a unificação havia se dado com a edição dos regulamentos que seguem: regulamento UE 1576/1989[514] para bebidas espirituosas que revogado foi substituído pelo regulamento UE 110/2008[515]; regulamento UE 1493/1999[516] para vinhos que foi substituído pelo regulamento UE 479/2008[517] que foi revogado pelo regulamento CE 491/2009; regulamento UE 2081/92[518] (que foi substituído pelo regulamento UE 510/06[519]) e regulamento UE 2082/92[520] (que foi substituído pelo regulamento UE 509/06[521]) para produtos agrícolas e gêneros alimentícios. Atualmente, em

---

[512] UE (2008b). Disponível em: <http://eur-lex.europa.eu/legal-content/PT/TXT/?qid=145303663162 8&uri=CELEX:32008R0110>. Acesso em: 16 jan. 2016.

[513] UE (1989). Disponível em: <http://eur-lex.europa.eu/legal-content/PT/TXT/?qid=145303663162 8&uri=CELEX:32008R0110>. Acesso em: 16 jan. 2016

[514] UE (1989).

[515] UE (2008a).

[516] UE (1999).

[517] UE (2008b).

[518] UE (1992a).

[519] UE (2006b).

[520] UE (1992b).

[521] UE (2006a).

2016, vigoram os regulamentos UE 1151/12 (regimes de qualidade dos produtos agrícolas e dos gêneros alimentícios) e 668/14[522] (que estabelece as regras de aplicação do regulamento UE 1151/12). Vigora também o Regulamento UE 1308/13[523] (organização comum dos mercados dos produtos agrícolas) e o Regulamento UE nº 251/2014[524] (relativo à definição, descrição, apresentação, rotulagem e proteção das indicações geográficas dos produtos vitivinícolas aromatizados e que revoga o Regulamento (CEE) nº 1601/91 do Conselho .

Falemos de alguns regulamentos.

3.1. Regulamentos UE 2091/92, 2082/92, 1151/12, 1308/13 e 668/14

Os regulamentos 2081/92[525] e 2082/92[526] foram criticados por países fora do âmbito da UE como se viu no item 2.2, da Parte II. A retro por discriminação e não atendimento às regras básicas do TRIPS[527]. Um dos itens era o registro de IG's por parte de terceiros países da maneira como prevista no art. 12º do regulamento 2081/92[528].

A UE conformou-se.

---

[522] UE (2014). Disponível em: <http://eur-lex.europa.eu/legal-content/PT/TXT/?qid=1453037487562 &uri=CELEX:32014R0668>. Acesso em: 16 jan. 2016.

[523] Disponível em: <https://www.portugal2020.pt/Portal2020/Media/Default/docs/Legislacao/ Regulamento_1308-2013_PARLAMENTO_EUROPEU_E_DO_CONSELHO.pdf>. Acesso em: 16 jan. 2016.

[524] UE (2014). Disponível em: <http://eur-lex.europa.eu/legal-content/PT/TXT/?qid=1453037867038 &uri=CELEX:32014R0251>. Acesso em: 16 jan. 2016.

[525] UE (1992a).

[526] UE (1992b).

[527] WTO (1994a).

[528] "Artigo 12º

1. Sem prejuízo do disposto em acordos internacionais, qualquer país terceiro pode beneficiar do disposto no presente regulamento relativamente a um produto agrícola ou género alimentício desde que:

– o país terceiro possa oferecer garantias idênticas ou equivalentes às referidas no artigo 4º, – exista no país terceiro em causa um regime de controlo equivalente ao resultante do disposto no artigo 10º,

– o país terceiro em causa esteja disposto a conceder aos produtos agrícolas ou géneros alimentícios correspondentes provenientes da Comunidade uma protecção similar à existente na Comunidade.

2. No caso de existir uma denominação protegida de um país terceiro homónima de uma denominação protegida comunitária, o registo é concedido tomando na devida conta os usos praticados local e tradicionalmente e o risco efectivo de confusão.

INDICAÇÕES GEOGRÁFICAS

Será perda de tempo enumerar as várias críticas ao sistema como concebido diante da substituição destes regulamentos por outros que atendessem mais e melhor os reclamos.

Remarque-se que a Indicação de Procedência IP não é mais mencionada (como se não existisse mais a CUP, por exemplo) a partir destes Regulamentos; a nomeação passa a ser Indicação Geográfica IG tal e qual passaria a ser prevista no TRIPS e Denominação de Origem DO como referida no Acordo de Lisboa[529].

O Regulamento (CE) 2082/92 do Conselho de 14/07/1992 foi substituído pelo Regulamento (CE) 509/2006 do Conselho de 20/03/2006[530] que disciplina o tema das "Especialidades Tradicionais Garantidas" e que numa perspectiva de clarificação julga conveniente abandonar a referência à expressão 'certificado de especialidade' e utilizar apenas a expressão 'especialidade tradicional garantida', mais facilmente compreensível, e, a fim de tornar mais explícito o objeto do regulamento para os produtores e os consumidores precisa a definição de especialidade[531] introduz uma definição do termo tradicional[532] e fala da especificidade[533].

O Regulamento (CE) 2081/92 do Conselho de 14/07/1992 foi substituído pelo Regulamento (CE) 510/2006 do Conselho de 20/03/2006[534] que disciplina o tema das 'Indicações Geográficas e das Denominações de Origem' e

---

Apenas é autorizada a utilização de tais denominações no caso de o país de origem do produto ser indicado de maneira clara e visível no rótulo." (UE, 1992a).

[529] ONU (1958).

[530] Relativo às especialidades tradicionais garantidas dos produtos agrícolas e dos gêneros alimentícios. (UE, 2006ª).

[531] Especialidade tradicional garantida é qualquer produto agrícola ou gênero alimentício tradicional que beneficia do reconhecimento da sua especificidade pela Comunidade por intermédio do seu registo em conformidade com o presente regulamento (sic).

[532] Tradicional de uso comprovado no mercado comunitário por um período que mostre a transmissão entre gerações; este período deve corresponder à duração geralmente atribuída a uma geração humana, ou seja, pelo menos 25 anos.

[533] Especificidade é o elemento ou conjunto de elementos pelos quais um produto agrícola ou um gênero alimentício se distingue claramente de ouros produtos ou gêneros similares pertencentes à mesma categoria.

[534] Relativo à proteção das Indicações Geográficas e Denominações de Origem dos produtos agrícolas e dos gêneros alimentícios. (UE, 2006b).

[...] prevê uma abordagem comunitária das denominações de origem e indicações geográficas permitindo o seu desenvolvimento na medida em que garante através de abordagem mais uniforme uma concorrência leal entre os produtores de produtos que beneficiem dessas menções e reforça a credibilidade desses produtos aos olhos dos consumidores.

Os dois novos regulamentos se harmonizam com o TRIPS[535], mencionando-o inclusive, e dão o mesmo tratamento ao registro de DO's e IG's quer o requerente seja domiciliado em um país que integre a UE quer seja domiciliado em terceiro país.

A DO e a IG são assim definidas no seu artigo 2º[536]:

Denominação de origem e indicação geográfica
1. Para efeitos do presente regulamento, entende-se por:
   a) **Denominação de origem**: o nome de uma região, de um local determinado ou, em casos excepcionais, de um país, que serve para designar um produto agrícola ou um gênero alimentício:
   ✓ originário dessa região, desse local determinado ou desse país,
   ✓ cuja qualidade ou características se devem essencial ou exclusivamente a um meio geográfico específico, incluindo os fatores naturais e humanos, e
   ✓ cuja produção, transformação e elaboração ocorrem na área geográfica delimitada.
   b) **Indicação geográfica**: o nome de uma região, de um local determinado ou, em casos excepcionais, de um país, que serve para designar um produto agrícola ou um gênero alimentício:
   ✓ originário dessa região, desse local determinado ou desse país, e
   ✓ que possui determinada qualidade, reputação ou outras características que podem ser atribuídas a essa origem geográfica, e
   ✓ cuja produção e/ou transformação e/ou elaboração ocorrem na área geográfica delimitada.

---

[535] WTO (1994a).
[536] UE (2006b).

2. São igualmente consideradas denominações de origem ou indicações geográficas as denominações tradicionais, geográficas ou não, que designem um produto agrícola ou um gênero alimentício que satisfaça as condições previstas no nº 1.

3. Em derrogação à alínea a) do nº 1, são equiparadas a denominações de origem certas designações geográficas, quando as matérias-primas dos produtos em questão provenham de uma área geográfica mais vasta ou diferente da área de transformação, desde que:

   a) A área de produção das matérias-primas se encontre delimitada;

   b) Existam condições especiais para a produção das matérias-primas; e

   c) Exista um regime de controle que garanta a observância das condições referidas na alínea b).

Avanço considerável é a expansão do conceito (em 2 acima) fazendo com que abranja a IG e a DO quer sejam expressão do local quer sejam expressão do Bem.

As designações em questão devem ter sido reconhecidas como denominações de origem no país de origem antes de 1 de Maio de 2004, data que escolheram como terminal.

Com isto aumentou a tranqüilidade da opinião pública internacional[537] quanto ao tratamento dado pela UE à matéria:

a Comunidade Européia criou, em 1992, sistemas de proteção e de valorização dos produtos agro-alimentares (DOP, IGP e ETG).

A **Denominação de Origem Protegida (DOP)** é o nome de um produto cuja produção, transformação e elaboração ocorrem numa área geográfica delimitada com um saber fazer reconhecido e verificado.

Na **Indicação Geográfica Protegida (IGP)**, a relação com o meio geográfico subsiste pelo menos numa das fases da produção, transformação ou elaboração. Além disso, o produto pode beneficiar de uma boa reputação tradicional.

A **Especialidade Tradicional Garantida (ETG)** não faz referência a uma origem, mas tem por objeto distinguir uma composição tradicional do produto ou um modo de produção tradicional.[538]

---

[537] Não se pode dizer que esteja pacificada.

[538] UE (2006b, grifo nosso).

No caso desta última são exemplos como queijos, a *Mozzarela* na Itália e o *Boerenkass* nos Países Baixos, como produtos à base de carne, o *Jamón* Serrano na Espanha e o *Falukorv* na Suécia, dentre vários outros de várias categorias de produtos agro-alimentares.

Os selos que identificam tais categorias são os seguintes[539]:

Figura 1 – Denominação de Origem Protegida (DOP)

Fonte: União Europeia. Disponível em: <http://ec.europa.eu/agriculture/quality/schemes/logos/index_en.htm>. Acesso em: 17 jan. 2016.

Figura 2 – Indicação Geográfica Protegida (IGP)

Fonte: União Europeia. Disponível em: <http://ec.europa.eu/agriculture/quality/schemes/logos/index_en.htm>. Acesso em: 17 jan. 2016.

Figura 3 – Especialidade Tradicional Garantida (ETG)

Fonte: União Europeia. Disponível em: <http://ec.europa.eu/agriculture/quality/schemes/logos/index_en.htm>. Acesso em: 17 jan. 2016.

---

[539] Ibid.

INDICAÇÕES GEOGRÁFICAS

O Regulamento (CE) nº 1898/2006[540] da Comissão, de 14 de Dezembro de 2006 estabelece regras de execução do Regulamento (CE) nº 510/2006 do Conselho relativo à proteção das indicações geográficas e denominações de origem dos produtos agrícolas e dos gêneros alimentícios.

Atualmente, vigoram os Regulamentos UE 1151/12 e 668/14. Veiculam os três conceitos: denominações de origem protegidas; indicações geográficas protegidas; e especialidades tradicionais garantidas.

Os requisitos das denominações de origem e das indicações geográficas estão no art. 5º do Regulamento UE 1151 de 21 de novembro de 2012, como especificações sobre a delimitação geográfica da produção das matérias-primas, bem como sobre o que se considera por matérias-primas. E o art. 6º dispõe que as menções genéricas não podem ser registradas como denominações de origem, estipulando regras para casos de conflito com nomes de variedades vegetais, de raças animais, homônimos e marcas. Vigora, igualmente, o Regulamento 1308 de 2013 (organização comum dos mercados dos produtos agrícolas), que dispõe sobre denominações de origem em seu art. 93.

3.2. Regulamentos UE 509/06 e 510/06

O Regulamento (CE) nº 1216/2007 da Comissão, de 18 de Outubro de 2007, estabelecia regras de execução do Regulamento (CE) nº 509/2006 do Conselho relativo às especialidades tradicionais garantidas dos produtos agrícolas e dos gêneros alimentícios.

Em ambos os regulamentos, só os agrupamentos podem apresentar pedidos de registro[541].

De acordo com o Regulamento 510[542] não podem ser registradas denominações que se tornaram genéricas; e que para serem avaliadas como genéricas, ou não, deve se levar em conta a situação existente nos Estados-Membros e nas zonas de consumo, as disposições legislativas nacionais ou comunitárias pertinentes; não podem ser registradas como DO ou IG denominações que entrem em conflito com o nome de uma variedade vegetal ou de uma raça animal e que possam assim induzir o consu-

[540] UE (2006c).
[541] Para efeito dos regulamentos, entende-se por «agrupamento» qualquer organização, independentemente da sua forma jurídica ou composição, de produtores ou de transformadores do mesmo produto agrícola ou do mesmo gênero alimentício
[542] UE (2006b).

midor em erro quanta à verdadeira origem do produto; o registro de uma Denominação homônima ou parcialmente homônima de uma denominação já registrada em conformidade com o regulamento deve ter na devida conta as práticas locais e tradicionais e o risco efetivo de confusão; não são registradas as denominações de origem ou as indicações geográficas cujo registro, atendendo à reputação, à notoriedade e à duração da utilização de uma marca, for suscetível de induzir o consumidor em erro quanto à verdadeira identidade do produto.

Conforme o artigo 13º: as denominações registradas são protegidas contra[543]:

a) Qualquer utilização comercial direta ou indireta de uma denominação registrada para produtos não abrangidos pelo registro, na medida em que esses produtos sejam comparáveis a produtos registrados sob essa denominação, ou na medida em que a utilização dessa denominação explore a reputação da denominação protegida;

b) Qualquer usurpação, imitação ou evocação, ainda que a verdadeira origem do produto seja indicada ou que a denominação protegida seja traduzida ou acompanhada por termos como "gênero", "tipo", "método", "estilo" ou "imitação", ou por termos similares;

c) Qualquer outra indicação falsa ou falaciosa quanto à proveniência, origem, natureza ou qualidades essenciais do produto, que conste do acondicionamento ou embalagem, da publicidade ou dos documentos relativos ao produto em causa, bem como o acondicionamento em recipientes susceptíveis de criarem uma opinião errada sobre a origem do produto;

d) Qualquer outra prática susceptível de induzir o consumidor em erro quanto à verdadeira origem do produto.

As denominações protegidas não podem tornar-se genéricas.
O Artigo 14º determina que:

Relações entre marcas, denominações de origem e indicações geográficas:

1. Sempre que uma denominação de origem ou uma indicação geográfica for registrada ao abrigo do presente regulamento, é recusado o pedido

---

[543] UE (2006b).

INDICAÇÕES GEOGRÁFICAS

de registro de uma marca que corresponda a uma das situações referidas no artigo 13º e diga respeito à mesma classe de produto, caso o pedido de registro da marca seja apresentado após a data de apresentação à Comissão do pedido de registro da denominação de origem ou indicação geográfica.

As marcas registradas contrariamente ao disposto no primeiro parágrafo são consideradas inválidas.

2. Na observância da legislação comunitária, uma marca cuja utilização configure uma das situações referidas no artigo 13º, que tenha sido objeto de pedido, registro ou, nos casos em que tal seja previsto pela legislação em causa, que tenha sido adquirida pelo uso de boa fé no território comunitário, quer antes da data de proteção da denominação de origem ou da indicação geográfica no país de origem, quer antes de 1 de Janeiro de 1996, pode continuar a ser utilizada, não obstante o registro de uma denominação de origem ou de uma indicação geográfica, sempre que a marca não incorra nas causas de invalidade ou de caducidade previstas na Primeira Diretiva 89/104/CEE do Conselho, de 21 de Dezembro de 1988, que harmoniza as legislações dos Estados-Membros em matéria de marcas (8) ou no Regulamento (CE) nº 40/94 do Conselho, de 20 de Dezembro de 1993, sobre a marca comunitária.[544]

Sobre o tema, todavia, deve sempre prevalecer o bom senso.

Interessante questão foi posta por Portugal em relação ao nome Torres: sempre foi u'a Marca prestigiosa de propriedade da firma espanhola Torres (que, ademais, é patronímico).

Sucede que em 1989 foi reconhecida em Portugal a DO Torres.

O Regulamento anterior aos aqui analisados (Regulamento 3897/91[545], revogado) era claro no sentido de que a DO passava à frente e a marca deveria ser desabilitada.

No caso a notoriedade da marca prevaleceu e a DO passou a ser chamada de Torres Vedras.

Interessante caso ainda não resolvido versa sobre a marca Budweiser americana contra sua homônima tcheca: o assunto é polêmico como se vê[546].

De qualquer modo se u'a marca tem pelo menos dois fundamentos, ser sinal distintivo que diferencie tal produto de seus congêneres competi-

---

[544] UE (2006b).
[545] UE (1991).
[546] Este caso obriga os norte-americanos a 'entender' melhor o que é uma IG.

dores e ser uma indicação de proveniência de tal pessoa jurídica, há que se esperar um requisito básico, qual seja, para cumprir bem suas funções, o mínimo que se espera desta marca é que seja como manifestação de espírito humano, uma criação intelectual, portanto, que seja, para dizer pouco, original.

Neste sentido, deplorável o que se vê mundo afora com dezenas de pedidos de registro da marca "Cachaça", por exemplo.

Atualmente, em 2016, vigora o Regulamento UE 1151 de 2012 relativo aos regimes de qualidade de produtos agrícolas e gêneros alimentícios, que tem sua execução regulamentada pelo Regulamento UE 668 de 2014.

3.3. Regulamentos UE 1493/99 e 479/08

O Regulamento (CE) n° 1493/1999 do Conselho, de 17 de Maio de 1999[547], que estabelece a organização comum do mercado vitivinícola é circundado por um sem número de outros regulamentos específicos.

Não é um regulamento liberal, pois extremamente dirigista visa também diminuir a oferta de vinho no mercado bem como ampliar a qualidade do que se oferece.

É muito detalhista e do alto dos seus 80 "considerandos", 8 Anexos e 82 artigos visa disciplinar o tema afirmando em seu artigo 1º:

> 1. A organização comum do mercado vitivinícola compreende as regras relativas ao potencial de produção vitícola, aos mecanismos de mercado, aos agrupamentos de produtores e às organizações interprofissionais, às práticas e tratamentos enológicos, à designação, denominação, apresentação e proteção dos produtos, aos vinhos de qualidade produzidos em regiões determinadas (vqprd) e ao comércio com países terceiros.[548]

Define Indicação Geográfica no seu artigo 50º bem como proibe o "tipo qualquer coisa":

> 1. Os Estados-Membros tomarão as medidas necessárias para permitir que os interessados evitem, nos termos dos artigos 23º e 24º do Acordo sobre os aspectos dos direitos de propriedade intelectual relacionados com o comércio, a utilização na Comunidade de uma indicação geográfica associada aos pro-

---

[547] UE (1999).
[548] UE (1999).

dutos referidos no n.o 2, alínea b), do artigo 1º para produtos que não sejam originários do local mencionado na indicação geográfica em causa, ainda que a verdadeira origem dos produtos seja referida ou que a indicação geográfica seja utilizada na tradução ou acompanhada de menções como "género", "tipo", "estilo", "imitação" ou outras menções análogas.

2. Na acepção do presente artigo, entende-se por "indicação geográfica" uma indicação que indentifique um produto como originário do território de um país terceiro membro da Organização Mundial de Comércio ou de uma região ou localidade situada nesse território, nos casos em que determinada qualidade, reputação ou outra característica do produto possa ser atribuída, essencialmente, a essa origem geográfica.[549]

O Comitê de Gestão do Vinho da União Europeia aprovou em reunião realizada em Bruxelas em 23/01/07 o pedido de registo da IG brasileira Vale dos Vinhedos (no Brasil IP, lembre-se!); por causa desta decisão a denominação Vale dos Vinhedos foi incluida na lista das indicações geográficas de vinhos protegidas na UE em conformidade como Regulamenteo UE 1493/99 e passou a gozar de proteção legal em todo o território.

Este regulamento UE 1493/99 foi substituído pelo regulamento UE 479/2008[550].

O Artigo 33º – Dá seu Âmbito de aplicação:[551]

1. As regras relativas às denominações de origem, indicações geográficas e menções tradicionais previstas nos capítulos IV e V aplicam-se aos produtos a que se referem os pontos 1, 3 a 6, 8, 9,11, 15 e 16 do anexo IV[552].
2. As regras a que se refere o n.o 1 baseiam-se nos seguintes objetivos:
   a) Proteger os interesses legítimos:
      i) dos consumidores, e
      ii) dos produtores;

---

[549] Idem

[550] UE (2008a).

[551] UE (2008a).

[552] Vinho; vinho licoroso; vinho espumante natural; vinho espumante de qualidade; vinho espumante de qualidade aromático; vinho frisante natural; vinho frisante gaseificado; mosto de uvas parcialmente fermentado; vinho proveniente de uvas passas e vinho de uvas sobre amadurecidas.

b) Garantir o bom funcionamento do mercado comum dos produtos em causa;

c) Promover a produção de produtos de qualidade, permitindo simultaneamente a tomada de medidas nacionais em matéria de política de qualidade.

Importante remarcar que os interesses dos consumidores vêm primeiro e se sobrepõem aos interesses dos produtores.

No seu CAPÍTULO IV "Denominações de origem e indicações geográficas" apresenta suas definições:

Artigo 34º – Definições:

1. Para efeitos do presente regulamento, entende-se por:

   a) **Denominação de origem**: o nome de uma região, de um local determinado ou, em casos excepcionais, de um país que serve para designar um produto referido no n.o 1 do artigo 33.o que cumpre as seguintes exigências:

   i) As suas qualidades e características devem-se essencial ou exclusivamente a um meio geográfico específico, incluindo os fatores naturais e humanos,

   ii) As uvas a partir das quais é produzido o vinho provenham exclusivamente dessa área geográfica,

   iii) A sua produção ocorre nessa área geográfica,

   iv) É obtido a partir de castas pertencentes à espécie *Vitis vinifera*;

   b) **Indicação geográfica**: uma indicação relativa a uma região, um local determinado ou, em casos excepcionais, um país, que serve para designar um produto referido no n.o 1 do artigo 33.o que cumpre as seguintes exigências:

   i) Possui determinada qualidade, reputação ou outras características que podem ser atribuídas a essa origem geográfica,

   ii) Pelo menos 85 % das uvas utilizadas para a sua produção provêm exclusivamente dessa área geográfica,

   iii) A sua produção ocorre nessa área geográfica,

   iv) É obtido a partir de castas pertencentes à espécie *Vitis vinifera* ou provenientes de um cruzamento entre esta e outra espécie do gênero *Vitis*.

INDICAÇÕES GEOGRÁFICAS

2. Determinadas designações utilizadas tradicionalmente constituem uma denominação de origem, quando:
   a) Designem um vinho;
   b) Se refiram a um nome geográfico;
   c) Satisfaçam as exigências referidas nas sub alíneas i) a iv) da alínea a) do nº 1; e
   d) Sejam sujeitas ao procedimento de concessão de proteção: as denominações de origem e indicações geográficas estabelecidas no presente capítulo.
3. As denominações de origem e indicações geográficas, incluindo as relativas a áreas geográficas em países terceiros, são elegíveis para proteção na Comunidade em conformidade com as regras estabelecidas no presente capítulo.[553]

Na Secção 2, "Pedido de proteção", temos que:

Artigo 35º – Conteúdo dos pedidos de proteção:
1. Os pedidos de proteção de nomes como denominações de origem ou indicações geográficas devem conter um processo técnico de que constem:
   a) O nome a proteger;
   b) O nome e o endereço do requerente;
   c) O caderno de especificações previsto no nº 2; e
   d) Um documento único de síntese do caderno de especificações previsto no número 2.
2. O caderno de especificações deve permitir às partes interessadas comprovar as condições de produção associadas à denominação de origem ou indicação geográfica. Do mesmo devem constar, pelo menos:
   a) O nome a proteger;
   b) Uma descrição do(s) vinho(s):
      i) Para vinhos com denominação de origem, as suas principais características analíticas e organolépticas,
      ii) Para vinhos com indicação geográfica, as suas principais características analíticas, bem como uma avaliação ou indicação das suas características organolépticas;

[553] UE (2008a).

c) Se for este o caso, as práticas enológicas específicas utilizadas para a elaboração do(s) vinho(s), bem como as restrições aplicáveis à sua elaboração;

d) A demarcação da área geográfica em causa;

e) Os rendimentos máximos por hectare;

f) Uma indicação da ou das castas de uva de vinho a partir das quais o vinho é obtido;

g) Os elementos que justificam a relação referida no artigo 34.o, n.o 1, alínea a), suba línea i) ou, consoante o caso, no artigo 34.o, n.o 1, alínea b), suba línea i);

h) As exigências aplicáveis, estabelecidas nas disposições comunitárias ou nacionais ou, se for caso disso, previstas pelos Estados-Membros, por uma organização de gestão da denominação de origem protegida ou indicação geográfica, atendendo a que devem ser objetivas e não discriminatórias e compatíveis com a legislação comunitária;

i) O nome e o endereço das autoridades ou organismos que verificam a observância das disposições do caderno de especificações, bem como as suas missões específicas.[554]

O Artigo 36º – Regula o Pedido de proteção relativo a uma área geográfica num país terceiro:

1. Sempre que se refira a uma área geográfica num país terceiro, o pedido de proteção, para além dos elementos previstos no artigo 35º, deve apresentar a prova de que o nome em questão é protegido no seu país de origem.

2. O pedido é dirigido à Comissão, quer diretamente pelo candidato, quer através das autoridades do país terceiro em causa.

3. O pedido de proteção é redigido numa das línguas oficiais da Comunidade ou acompanhado de uma tradução autenticada numa dessas línguas.

O Artigo 37º – Estabelece os Requerentes:

1. Qualquer agrupamento de produtores interessado, ou, em casos excepcionais, um produtor individual, pode solicitar a proteção

---

[554] UE (2008a).

de uma denominação de origem ou de uma indicação geográfica. Podem participar no pedido outras partes interessadas.

2. Os produtores apenas podem apresentar pedidos de proteção relativos aos vinhos por eles produzidos.

3. No caso de uma denominação que designe uma área geográfica transfronteiriça ou de uma denominação tradicional relacionada com uma área geográfica transfronteiriça, pode ser apresentado um pedido conjunto.

A Secção 3, "Procedimento de concessão de proteção", diz que:

Artigo 38º – Procedimento nacional preliminar:

1. Os pedidos de proteção de uma denominação de origem ou de uma indicação geográfica, nos termos do artigo 34.º, de vinhos originários da Comunidade são sujeitos ao procedimento nacional preliminar definido no presente artigo.

2. O pedido de proteção é apresentado no Estado-Membro de cujo território deriva a denominação de origem ou indicação geográfica.

3. O Estado-Membro examina o pedido de proteção a fim de verificar se preenche as condições estabelecidas no presente capítulo.
   O Estado-Membro lança um procedimento nacional, garantindo uma publicação adequada do pedido e prevendo um período de pelo menos dois meses a contar da data de publicação durante o qual qualquer pessoa singular ou coletiva, com um interesse legítimo e estabelecida ou residente no seu território, pode opor-se à proteção proposta, mediante apresentação de uma declaração devidamente fundamentada ao Estado-Membro.

4. Se considerar que a denominação de origem ou a indicação geográfica não cumpre as exigências aplicáveis, inclusive, eventualmente, por ser incompatível com a legislação comunitária em geral, o Estado-Membro recusa o pedido.

5. Se considerar que as exigências aplicáveis estão satisfeitas, o Estado-Membro:
   a) publica o documento único e o caderno de especificações, pelo menos, na Internet, e
   b) transmite à Comissão um pedido de proteção que contenha, no mínimo, as seguintes informações:

i) o nome e o endereço do requerente,

ii) o documento único a que se refere a alínea d) do nº 1do artigo 35º,

iii) uma declaração do Estado-Membro em que este considera que o pedido apresentado pelo requerente preenche as condições previstas no presente regulamento,

iv) a referência da publicação prevista na alínea a).

Estas informações são transmitidas numa das línguas oficiais da Comunidade ou acompanhados de uma tradução autenticada numa dessas línguas.

6. Os Estados-Membros introduzem as disposições legislativas, regulamentares e administrativas necessárias para dar cumprimento ao presente artigo até 1 de Agosto de 2009.

7. Se um Estado-Membro não dispuser de legislação nacional em matéria de proteção de denominações de origem e de indicações geográficas, pode, a título transitório apenas, conferir, a nível nacional, proteção ao nome, de acordo com as condições do presente capítulo, com efeitos a partir do dia em que o pedido é apresentado à Comissão. Essa proteção nacional transitória cessa na data em que for decidido aceitar ou recusar o registo nos termos do presente capítulo.[555]

O Artigo 39º – refere o Exame pela Comissão:

1. A Comissão torna pública a data de apresentação do pedido de proteção de uma denominação de origem ou de uma indicação geográfica.

2. A Comissão examina se os pedidos de proteção referidos no nº 5 do artigo 38º cumprem as condições estabelecidas no presente capítulo.

3. Sempre que considere que as condições estabelecidas no presente capítulo estão reunidas, a Comissão publica no **Jornal Oficial da União Europeia** o documento único a que se refere a alínea d) do nº 1 do artigo 35º e a referência da publicação do caderno de especificações prevista no nº 5 do artigo 38º Caso contrário, é decidido, nos termos do nº 2 do artigo 113º, recusar o pedido.

---

[555] UE (2008a).

INDICAÇÕES GEOGRÁFICAS

O Artigo 40º – Dá o "Procedimento de oposição":

No prazo de dois meses a contar da data de publicação prevista no primeiro parágrafo do nº 3 do artigo 39º, qualquer Estado-Membro ou país terceiro, ou qualquer pessoa singular ou coletiva com um interesse legítimo, estabelecida ou residente num Estado-Membro diferente do que pediu a proteção ou num país terceiro, pode opor-se à proteção proposta, mediante apresentação à Comissão de uma declaração devidamente fundamentada relativa às condições de elegibilidade estabelecidas no presente capítulo.

No caso das pessoas singulares ou coletivas estabelecidas ou residentes num país terceiro, a declaração é apresentada, quer diretamente, quer através das autoridades do país terceiro em causa, no prazo de dois meses referido no primeiro parágrafo.[556]

O Artigo 41º – Refere à Decisão sobre a proteção:

Com base na informação à disposição da Comissão, decidir-se-á, nos termos do nº 2 do artigo 113º, conferir proteção à denominação de origem ou indicação geográfica que cumpre as condições estabelecidas no presente capítulo e é compatível com a legislação comunitária, ou recusar o pedido sempre que essas condições não sejam satisfeitas.[557]

Na Secção 4 há o tratamento dado aos Casos específicos:

Artigo 42º – "Homonímia":

1. O registro de uma denominação, para a qual tenha sido apresentado um pedido, homônima ou parcialmente homônima de uma denominação já registrada em conformidade com o presente regulamento deve ter na devida conta as práticas locais e tradicionais e o risco de confusão.

    Não são registradas denominações homônimas que induzam o consumidor em erro, levando-o a crer que os produtos são originários de outro território, ainda que sejam exatas no que se refere ao território, à região ou ao local de origem dos produtos em questão.

    A utilização de uma denominação homônima registrada só é autorizada se, na prática, a denominação homônima registrada pos-

[556] UE (2008a).
[557] Idem.

232

teriormente for suficientemente diferenciada da denominação já registrada, tendo em conta a necessidade de garantir um tratamento equitativo aos produtores em causa e de não induzir o consumidor em erro.

2. O nº 1 aplica-se, *mutatis mutandis*, quando a denominação para a qual tenha sido apresentado um pedido seja homônima ou parcialmente homônima de uma indicação geográfica protegida como tal ao abrigo da legislação dos Estados-Membros.

   Os Estados-Membros não registram indicações geográficas que não sejam idênticas para fins de proteção ao abrigo da sua legislação em matéria de indicações geográficas se uma denominação de origem ou indicação geográfica estiver protegida na Comunidade em virtude da lei comunitária aplicável às denominações de origem e indicações geográficas.

3. Salvo disposição em contrário prevista nas regras de execução da Comissão, quando uma casta de uva de vinho contenha ou constitua uma denominação de origem protegida ou uma indicação geográfica protegida, esse nome não é utilizado na rotulagem dos produtos abrangidos pelo presente regulamento.

4. A proteção de denominações de origem e indicações geográficas de produtos abrangidos pelo artigo 34.º não prejudica as indicações geográficas protegidas aplicáveis às bebidas espirituosas na acepção do Regulamento (CE) nº 110//2008 do Parlamento Europeu e do Conselho, de 15 de Janeiro de 2008, relativo à definição, designação, apresentação, rotulagem e proteção das indicações geográficas das bebidas espirituosas (1) e vice-versa.[558]

O Artigo 43º – Dá os "Motivos de recusa da protecção":

1. Não são protegidos como denominação de origem ou indicação geográfica nomes que se tornaram genéricos. Para efeitos do presente capítulo, entende-se por "nome que se tornou genérico" o nome de um vinho que, embora corresponda ao local ou à região onde esse produto foi inicialmente produzido ou comercializado, passou a ser o nome comum de um vinho na Comunidade.

---

[558] UE (2008a).

Para determinar se um nome se tornou genérico devem ser tidos em conta todos os fatores pertinentes, nomeadamente:

a) A situação existente na Comunidade, nomeadamente em zonas de consumo;

b) As disposições legislativas nacionais ou comunitárias aplicáveis.

2. Não são protegidos como denominações de origem ou indicações geográficas os nomes cuja proteção, atendendo à reputação e à notoriedade de uma marca, forem susceptíveis de induzir o consumidor em erro quanto à verdadeira identidade do vinho.[559]

O Artigo 44º – Estabelece a "Relação com marcas registradas":

1. Sempre que uma denominação de origem ou uma indicação geográfica seja protegida ao abrigo do presente regulamento, é recusado o registo de uma marca que corresponda a uma das situações referidas no nº 2 do artigo 45º e diga respeito a um produto de uma das categorias constantes do anexo IV, caso o pedido de registo da marca seja apresentado após a data de apresentação à Comissão do pedido de proteção da denominação de origem ou da indicação geográfica e a denominação de origem ou a indicação geográfica seja subseqüentemente protegida.

   As marcas registradas em violação do disposto no primeiro parágrafo são consideradas inválidas.

2. Sem prejuízo do nº 2 do artigo 43º, uma marca cuja utilização corresponda a uma das situações referidas no nº 2 do artigo 45º, e que tenha sido objeto de pedido ou de registro ou, nos casos em que tal esteja previsto pela legislação em causa, que tenha sido estabelecida pelo uso, no território comunitário antes da data de apresentação à Comissão do pedido de proteção da denominação de origem ou da indicação geográfica, pode continuar a ser utilizada e renovada, não obstante a proteção de uma denominação de origem ou de uma indicação geográfica, sempre que não incorra nas causas de invalidade ou de caducidade previstas na Primeira Diretiva 89/104/CEE do Conselho, de 21 de Dezembro de 1988, que harmoniza as legislações dos Estados-Membros em matéria de marcas (1) ou no

---

[559] UE (2008a).

SOB A UE

Regulamento (CE) nº 40/94 do Conselho, de 20 de Dezembro de 1993, sobre a marca comunitária (2).

Em tais casos, a utilização da denominação de origem ou da indicação geográfica é permitida juntamente com a das marcas em causa.[560]

Na Secção 5 há disposição sobre Proteção e controle:

Artigo 45º – "Proteção":

1. As denominações de origem protegidas e as indicações geográficas protegidas podem ser utilizadas por qualquer operador que comercialize um vinho produzido em conformidade com o caderno de especificações correspondente.
2. As denominações de origem protegidas e as indicações geográficas protegidas e os vinhos que utilizam esses nomes protegidos em conformidade com o caderno de especificações são protegidos contra:

    a) Qualquer utilização comercial direta ou indireta de um nome protegido:

    i) por produtos comparáveis não conformes com o caderno de especificações do nome protegido, ou

    ii) na medida em que tal utilização explore a reputação de uma denominação de origem ou de uma indicação geográfica;

    b) Qualquer usurpação, imitação ou evocação, ainda que a verdadeira origem do produto ou serviço seja indicada ou que o nome protegido seja traduzido ou acompanhado por termos como "gênero", "tipo", "método", "estilo", "imitação", "sabor", "como", ou similares;

    c) Qualquer outra indicação falsa ou falaciosa quanto à proveniência, origem, natureza ou qualidades essenciais do produto, que conste do acondicionamento ou da embalagem, da publicidade ou dos documentos relativos ao produto vitivinícola em causa, bem como o acondicionamento em recipientes susceptíveis de criar uma opinião errada sobre a origem do produto;

    d) Qualquer outra prática susceptível de induzir o consumidor em erro quanto à verdadeira origem do produto.

---

[560] UE (2008a).

INDICAÇÕES GEOGRÁFICAS

3. As denominações de origem protegidas ou indicações geográficas protegidas não devem tornar-se genéricas na Comunidade, na acepção do nº 1 do artigo 4º.
4. Os Estados-Membros tomam as medidas necessárias para impedir a utilização ilegal das denominações de origem protegidas e das indicações geográficas protegidas a que se refere o nº 2.[561]

O Artigo 46º – Dispõe sobre o "Registro":

A Comissão estabelece e mantém um registo eletrônico, acessível ao público, das denominações de origem protegidas e das indicações geográficas protegidas de vinhos.[562]

O Artigo 47º – Estabelece a "Designação da autoridade de controlo competente":

1. Os Estados-Membros designam a autoridade ou autoridades competentes responsáveis pelos controles no que se refere às obrigações impostas pelo presente capítulo, em conformidade com os critérios estabelecidos no artigo 4º do Regulamento (CE) nº 882/2004.
2. Os Estados-Membros garantem que qualquer operador que satisfaça o disposto no presente capítulo tenha direito a ser abrangido por um sistema de controles.
3. Os Estados-Membros notificam à Comissão a autoridade ou autoridades competentes referidas no nº 1. A Comissão torna públicos os respectivos nomes e endereços e atualizá-los periodicamente.[563]

O importantíssimo Artigo 48º – Estabelece "Verificação da observância do caderno de especificaçõcs":

1. No que respeita a denominações de origem protegidas e indicações geográficas protegidas relativas a áreas geográficas da Comunidade, a verificação anual da observância do caderno de especificações, durante a produção e durante ou após o acondicionamento do vinho, é garantida:

   a) Pela autoridade ou autoridades competentes referidas no nº 1 do artigo 47º, ou

---

[561] UE (2008a).
[562] Idem.
[563] UE (2008a).

b) Por um ou mais organismos de controlE, na acepção do ponto 5 do segundo parágrafo do artigo 2º do Regulamento (CE) nº 882/2004, que funcionem como organismos de certificação de produtos em conformidade com os critérios estabelecidos no artigo 5º desse regulamento.
Os custos de tal verificação são suportados pelos operadores a ela sujeitos.

2. No que respeita a denominações de origem protegidas e indicações geográficas protegidas relativas a áreas geográficas de países terceiros, a verificação anual da observância do caderno de especificações, durante a produção e durante ou após o acondicionamento do vinho, é garantida por:
    a) Uma ou mais autoridades públicas designadas pelo país terceiro, ou
    b) Um ou mais organismos de certificação.

3. Os organismos de certificação referidos na alínea b) do nº 1 e na alínea b) do nº 2 devem respeitar e, a partir de 1 de Maio de 2010, ser acreditados, de acordo com a norma européia EM 45011 ou com o ISO/IEC *Guide* 65 (Requisitos gerais para organismos de certificação de produtos).

4. Quando a autoridade ou autoridades referidas na alínea a) do nº 1 e na alínea a) do nº 2 do presente artigo verifiquem a observância do caderno de especificações, devem oferecer garantias adequadas de objetividade e de imparcialidade e ter ao seu dispor o pessoal qualificado e os recursos necessários para o desempenho das suas tarefas.[564]

O Artigo 49º – Dá "Alterações ao caderno de especificações":

1. Qualquer requerente que satisfaça as condições previstas no artigo 37º pode solicitar a aprovação de uma alteração ao caderno de especificações de uma denominação de origem protegida ou de uma indicação geográfica protegida, nomeadamente para ter em conta a evolução dos conhecimentos científicos e técnicos ou para rever a delimitação da área geográfica a que se refere o artigo 35º, nº 2, segundo parágrafo, alínea d). O pedido deve descrever as alterações propostas e apresentar a respectiva justificação.

2. Sempre que a alteração proposta dê origem a uma ou várias alterações do documento único referido na alínea d) do nº 1 do artigo 35º,

---

[564] UE (2008a).

os artigos 38º a 41º aplicam-se, *mutatis mutandis,* ao pedido de alteração. Todavia, se a alteração proposta for apenas menor, é tomada uma decisão, nos termos do nº 2 do artigo 113º, sobre a aprovação da alteração sem seguir o procedimento previsto no nº 2 do artigo 39º e no artigo 40º e, em caso de aprovação, a Comissão procede à publicação dos elementos referidos no nº 3 do artigo 39º.

3. Sempre que a alteração proposta não dê origem a qualquer alteração do documento único, aplicam-se as seguintes regras:

   a) Se a área geográfica se situar num Estado-Membro, este se pronuncia sobre a alteração e, em caso de parecer favorável, publica o caderno de especificações alterado e informa a Comissão das alterações aprovadas e da respectiva justificação;

   b) Se a área geográfica se situar num país terceiro, cabe à Comissão determinar se a alteração proposta deve ser aprovada.[565]

O Artigo 50º – Estabelece condições de "Cancelamento":

Pode ser decidido, nos termos do nº 2 do artigo 113º, por iniciativa da Comissão ou a pedido devidamente fundamentado de um Estado-Membro, de um país terceiro ou de uma pessoa singular ou coletiva que tenha um interesse legítimo, cancelar a proteção de uma denominação de origem ou de uma indicação geográfica se já não estiver assegurada a observância do caderno de especificações correspondente.

Os artigos 38º a 41º – Aplicam-se *mutatis mutandis.*[566]

O Artigo 51º – Regra "Nomes de vinhos atualmente protegidos":

1. Os nomes de vinhos protegidos em conformidade com os artigos 51º e 54º do Regulamento (CE) nº 1493/1999 e o artigo 28º do Regulamento (CE) nº 753/2002 ficam automaticamente protegidos ao abrigo do presente regulamento. A Comissão inscreve-os no registo previsto no artigo 46º do presente regulamento.

2. No que respeita aos nomes de vinhos protegidos já existentes a que se refere o nº 1, os Estados-Membros transmitem à Comissão:

   a) Os processos técnicos previstos no nº 1 do artigo 35º; b) As decisões nacionais de aprovação.

---

[565] UE (2008a).

[566] Idem.

3. Os nomes de vinhos a que se refere o nº 1 relativamente aos quais não sejam apresentados até 31 de Dezembro de 2011 as informações referidas no nº 2 perdem a proteção ao abrigo do presente regulamento. A Comissão toma a correspondente medida formal de remoção de tais nomes do registo previsto no artigo 46º.

4. O artigo 50º não se aplica aos nomes de vinhos protegidos já existentes a que se refere o nº 1. Pode ser decidido, até 31 de Dezembro de 2014, por iniciativa da Comissão e nos termos do nº 2 do artigo 113º, cancelar a proteção dos nomes de vinhos protegidos já existentes a que se refere o nº 1 do presente artigo que não satisfaçam as condições estabelecidas no artigo 34º.

A Secção 6, "Disposições gerais", dá no seu Artigo 52º:

Regras de execução:
As regras de execução do presente capítulo são aprovadas nos termos do nº 1 do artigo 113º.

Essas regras podem, em especial, compreender derrogações à aplicabilidade das regras e requisitos estabelecidos no presente capítulo, na medida em que digam respeito:

a) A pedidos pendentes de proteção de denominações de origem ou indicações geográficas;

b) À produção de certos vinhos com uma denominação de origem protegida ou uma indicação geográfica protegida numa área geográfica nas imediações da área geográfica de origem das uvas;

c) A práticas tradicionais de produção de certos vinhos com denominação de origem protegida.[567]

O Artigo 53º – Estabelece as "Taxas":
Os Estados-Membros podem exigir o pagamento de uma taxa destinada a cobrir as despesas por eles efetuadas, incluindo as despesas decorrentes do exame dos pedidos de proteção, das declarações de oposição, dos pedidos de alteração e dos pedidos de cancelamento ao abrigo do presente regulamento.[568]

---

[567] UE (2008a).
[568] UE (2008a).

INDICAÇÕES GEOGRÁFICAS

O CAPÍTULO 5 estabelece as "Menções tradicionais":

Artigo 54º – Definição:
1. Por "menção tradicional", entende-se uma menção tradicionalmente utilizada nos Estados-Membros relativamente a produtos referidos no nº 1 do artigo 33º para:
   a) Indicar que o produto tem uma denominação de origem protegida ou uma indicação geográfica protegida ao abrigo da legislação comunitária ou do Estado-Membro;
   b) Designar o método de produção ou de envelhecimento ou a qualidade, a cor, o tipo de lugar ou um acontecimento ligado à história do produto com uma denominação de origem protegida ou uma indicação geográfica protegida.
2. As menções tradicionais são reconhecidas, definidas e protegidas nos termos do nº 1 do artigo 113º.[569]

O Artigo 55º – Estabelece "Proteção":
1. Só podem ser utilizadas menções tradicionais protegidas para produtos que tenham sido produzidos em conformidade com a definição referida no nº 2 do artigo 54º.
   As menções tradicionais são protegidas contra a utilização ilegal. Os Estados-Membros tomam as medidas necessárias para impedir a utilização ilegal das menções tradicionais.
2. As menções tradicionais não devem tornar-se genéricas na Comunidade.[570]

O Artigo 56º – Oferece "Regras de execução":
As regras de execução do presente capítulo são aprovadas nos termos do nº 1 do artigo 113º, em especial no que diz respeito:
a) Ao procedimento de concessão de proteção;
b) Ao nível específico de proteção.[571]
O Regulamento 1308 de 2013, que dispõe sobre a organização comum dos mercados agrícolas, dispõe sobre o regime de autorizações para plan-

---

[569] Idem.
[570] UE (2008a).
[571] Idem.

tações de vinhas, a partir do art. 62. Os Estados-Membros podem restringir as autorizações de replantio em zonas com denominação de origem, desde que assim recomendado pelas organizações profissionais. No artigo 77, estipula-se sobre a certificação do lúpulo. O Regulamento é vastíssimo. É neste que se encontram os tais "cadernos de especificações".

A denominação de origem para o vinho vem definida no art. 93. Vale conferir, porque no item 2 a) considera-se que "determinados nomes utilizados tradicionalmente constituem uma denominação de origem se designam um vinho".

3.4. Regulamento UE 1576/89, CE n. 110 de 2008 e alterações

O Regulamento 1576/1989[572] dava as regras gerais que definem, descrevem e listam as *spirit drinks*"[573].

A lista contém *Rum, Whisky, Brandy, Vodka* etc.

Não aceita o "tipo qualquer coisa" e determina que os nomes listados se façam acompanhar de suas Indicações Geográficas para não enganar o consumidor[574].

Foi revogado e substituído pelo REGULAMENTO (CE) Nº 110/2008 DO PARLAMENTO EUROPEU E DO CONSELHO de 15 de Janeiro de 2008, relativo à definição, designação, apresentação, rotulagem e proteção das indicações geográficas das bebidas espirituosas e que revoga o Regulamento (CEE) nº 1576/89 do Conselho.[575]

Seu Anexo II lista as seguintes bebidas (produtos) e dá com algum detalhamento seus padrões de identidade e qualidade:

1. *Rum*
2. *Whisky* ou *Whiskey*
3. Aguardente de cereais
4. Aguardente vínica
5. *Brandy* ou *Weinbrand*
6. Aguardente bagaceira ou bagaço de uva
7. Aguardente de bagaço de frutos
8. Aguardente de uva seca ou *raisin brandy*

---

[572] UE (1989).
[573] *Regulation laying down general rules on the definition, description and presentation of spirit drinks.*
[574] *Rhum* da Martinica, *Scotch Whisky*, Aguardente do Alentejo, *Brandy* de Jerez etc.
[575] UE (2008b).

9. Aguardente de frutos
10. Aguardente de sidra e aguardente de perada
11. Aguardente de mel
12. *Hefebrand* ou aguardente de borras
13. *Bierbrand* ou *eau-de-vie de bière*
14. *Topinambur* ou aguardente de topinambos
15. *Vodka*
16. Aguardente de (seguida do nome do fruto) obtida por maceração e destilação
17. *Geist* (associado ao nome do fruto ou da matéria-prima utilizada)
18. Genciana
19. Bebida espirituosa zimbrada
20. *Gin*
21. *Gin* destilado
22. *London gin*
23. Bebida espirituosa com alcaravia
24. *Akvavit* ou *aquavit*
25. Bebida espirituosa anisada
26. *Pastis*
27. *Pastis de Marseille*
28. *Anis*
29. *Anis* destilado
30. Bebida espirituosa com sabor amargo ou *bitter*
31. *Vodka* aromatizado
32. Licor
33. *Crème* de (seguido do nome do fruto ou da matéria-prima utilizada)
34. *Crème de cassis*
35. *Guignolet*
36. *Punch au rhum*
37. *Sloe gin*
38. *Sambuca*
39. *Maraschino, Marrasquino* ou *Maraskino*
40. *Nocino*
41. Licor à base de ovos ou *advocaat, avocat* ou *advokat*
42. Licor de ovos
43. *Mistrà*
44. *Väkevä glögi* ou *spritglögg*

45. *Berenburg* ou *Beerenburg*
46. Néctar de mel ou de hidromel
47. outras bebidas espirituosas: o *Rum-Verschnitt* e o *slivovice*

Dentro do tema *spirit drinks*, o que nos interessa mais de perto é o rum por sua semelhança com a cachaça.

Vejamos o que dizia nossa legislação e comparemos os seus termos com os da norma 110/08[576] que como vimos acima não menciona a cachaça como um *spirit drink*:

DECRETO Nº 4.851, DE 2 DE OUTUBRO DE 2003.

Altera dispositivos do Regulamento aprovado pelo Decreto nº 2.314, de 4 de setembro de 1997, que dispõe sobre a padronização, a classificação, o registro, a inspeção, a produção e a fiscalização de bebidas.

Art. 91 – Aguardente de cana é a bebida com graduação alcoólica de trinta e oito a cinqüenta e quatro por cento em volume, a vinte graus Celsius, obtida de destilado alcoólico simples de cana-de-açúcar ou pela destilação do mosto fermentado de cana-de-açúcar, podendo ser adicionada de açúcares até seis gramas por litro.

Art. 92 – Cachaça é a denominação típica e exclusiva da aguardente de cana produzida no Brasil, com graduação alcoólica de trinta e oito a quarenta e oito por cento em volume, a vinte graus Celsius, obtida pela destilação do mosto fermentado de cana-de-açúcar com características sensoriais peculiares, podendo ser adicionada de açúcares até seis gramas por litro, expressos em sacarose.

Art. 93 – *Rum, rhum* ou ron é a bebida com a graduação alcoólica de trinta e cinco a cinqüenta e quatro por cento em volume, a vinte graus *Celsius*, obtida do destilado alcoólico simples de melaço, ou da mistura dos destilados de caldo de cana-de-açúcar e de melaço, envelhecidos, total ou parcialmente, em recipiente de carvalho ou madeira equivalente, conservando suas características sensoriais peculiares.[577]

---

[576] UE (2008b).
[577] Brasil (2003a).

Atualmente, os arts. 52, 53 e 54 do Decreto n. 6.871 de 4 de junho de 2009[578] dispõem sobre cachaça e rum.

Cotejando com o REGULAMENTO (CE) Nº 110/2008 DO PARLA-MENTO EUROPEU E DO CONSELHO. Anexo II.

a) Entende-se por rum:

  i) Uma bebida espirituosa produzida exclusivamente por fermentação alcoólica e destilação, quer de melaços ou xaropes provenientes da produção do açúcar de cana, quer do próprio sumo da cana-de-açúcar, destilada a menos de 96 % vol., de modo a que o destilado apresente de forma perceptível as características organolépticas específicas do rum, ou

  ii) Uma bebida espirituosa produzida exclusivamente por fermentação alcoólica e destilação do sumo de cana-de-açúcar que apresente as características aromáticas específicas do rum e possua um teor de substâncias voláteis igual ou superior a 225 gramas por hectolitro de álcool a 100 % vol. Esta bebida espirituosa pode ser colocada no mercado com o termo «agrícola», qualificando a denominação de venda «rum», acompanhado de qualquer uma das indicações geográficas dos Departamentos Franceses Ultramarinos e da Região Autônoma da Madeira registradas no anexo III;

b) O título alcoométrico volúmico mínimo do rum é de 37,5 %.[579]

Como se vê a confusão entre cachaça e rum continua grande, tênue sua diferença descritiva e percebe-se, assim, porque nossa cachaça é chamada (e taxada como) rum lá fora.

No Anexo III do Regulamento estão listadas as Indicações Geográficas das *spirit drinks* e sua condição de uso que copia o que estava disposto no Regulamento anterior.

O Artigo 15º define o tema[580]:

Indicações Geográficas:

1. Para efeitos do presente regulamento, entende-se por indicação geográfica uma indicação que identifique uma bebida espirituosa

---

[578] Disponível em: < http://www.planalto.gov.br/ccivil_03/_Ato2007-2010/2009/Decreto/D6871.htm>. Acesso em: 17 de janeiro de 2016.

[579] UE (2008b).

[580] O Regulamento não trata das DO's

como sendo originária do território de um país, ou de uma região ou lugar desse território, sempre que determinada qualidade, reputação ou outra característica sejam essencialmente imputáveis à sua origem geográfica.

2. As indicações geográficas referidas no nº 1 encontram-se registadas no anexo III.

3. As indicações geográficas registradas no anexo III não se podem tornar genéricas.

   As denominações que se tenham tornado genéricas não podem ser registradas no anexo III.

   Entende-se que a denominação de uma bebida espirituosa se tornou genérica quando passou a ser a denominação comum de uma bebida espirituosa na Comunidade, embora esteja relacionada com o lugar ou a região onde o produto foi originalmente produzido ou colocado no mercado.

4. As bebidas espirituosas que ostentem uma indicação geográfica registrada no anexo III devem cumprir todas as especificações constantes da ficha técnica prevista no nº 1 do artigo 17º.[581]

ANEXO III

Indicações Geográficas:

Categoria de produto Indicação geográfica País de origem (a origem geográfica exata é descrita no dossiê técnico).

1. Rum
   Rhum de la Martinique França
   Rhum de la Guadeloupe França
   Rhum de la Réunion França
   Rhum de la Guyane França
   Rhum de sucrerie de la Baie du Galion França
   Rhum des Antilles françaises França
   Rhum des départements français d'outre-mer França
   Ron de Málaga Espanha
   Ron de Granada Espanha
   Rum da Madeira Portugal
   Ron de Guatemala Guatemala

---

[581] UE (2008b).

2. Whisky/Whiskey
Scotch Whisky Reino Unido (Escócia)
Irish Whiskey/Uisce Beatha Eireannach/Irish Whisky (1) Irlanda
Whisky español Espanha
Whisky breton/Whisky de Bretagne França
Whisky alsacien/Whisky d'Alsace França

3. Aguardentes de cereais
Eau-de-vie de seigle de marque nationale luxembourgeoise Luxemburgo
Korn/Kornbrand Alemanha, Áustria, Bélgica
(Comunidade Germanófona)
Münsterländer Korn/Kornbrand Alemanha
Sendenhorster Korn/Kornbrand Alemanha
Bergischer Korn/Kornbrand Alemanha
Emsländer Korn/Kornbrand Alemanha
Haselünner Korn/Kornbrand Alemanha
Hasetaler Korn/Kornbrand Alemanha
Samanė Lituânia

4. Aguardentes vínicas
Eau-de-vie de Cognac França
Eau-de-vie des Charentes França
Eau-de-vie de Jura França
Cognac França
A denominação "*Cognac*" pode ser completada por um dos seguintes termos:
- *Fine* França
- *Grande Fine Champagne* França
- *Grande Champagne* França
- *Petite Fine Champagne* França
- *Petite Champagne* França
- *Fine Champagne* França

Categoria de produto Indicação geográfica País de origem (a origem geográfica exacta é descrita no *dossier* técnico):
- *Borderies* França
- *Fins Bois* França
- *Bons Bois* França
- *Fine Bordeaux* França
- *Fine de Bourgogne* França

- *Armagnac* França
- *Bas-Armagnac* França
- *Haut-Armagnac* França
- *Armagnac-Ténarèze* França
- *Blanche Armagnac* França
- *Eau-de-vie de vin de la Marne* França
- *Eau-de-vie de vin originaire d'Aquitaine* França
- *Eau-de-vie de vin de Bourgogne* França
- *Eau-de-vie de vin originaire du Centre-Est* França
- *Eau-de-vie de vin originaire de Franche-Comté* França
- *Eau-de-vie de vin originaire du Bugey* França
- *Eau-de-vie de vin de Savoie* França
- *Eau-de-vie de vin originaire des Coteaux de la Loire* França
- *Eau-de-vie de vin des Côtes-du-Rhône* França
- *Eau-de-vie de vin originaire de Provence* França
- *Eau-de-vie de Faugères/Faugères* França
- *Eau-de-vie de vin originaire du Languedoc* França
- *Aguardente de Vinho Douro* Portugal
- *Aguardente de Vinho Ribatejo* Portugal
- *Aguardente de Vinho Alentejo* Portugal
- *Aguardente de Vinho da Região dos Vinhos Verdes* Portugal
- *Aguardente de Vinho da Região dos Vinhos Verdes de Alvarinho* Portugal
- *Aguardente de Vinho Lourinhã* Portugal
- *Сунгурларска гроздова ракия/Гроздова ракия от Сунгурларе/ /Sungurlarska grozdova rakya/Grozdova rakya from Sungurlare*, Bulgária
- *Сливенска перла (Сливенска гроздова ракия/Гроздова ракия от Сливен)/Slivenska perla (Slivenska grozdova rakya/Grozdova rakya from Sliven)*, Bulgária
- *Стралджанска Мускатова ракия/Мускатова ракия от Стралджа/Straldjanska Muscatova rakya/Muscatova rakya from Straldja*, Bulgária
- *Поморийска гроздова ракия/Гроздова ракия от Поморие/ /Pomoriyska grozdova rakya/Grozdova rakya from Pomorie*, Bulgária
- *Русенска бисерна гроздова ракия/Бисерна гроздова ракия от*
- *Русе/Russenska biserna grozdova rakya/Biserna grozdova rakya*
- *from Russe*, Bulgária

INDICAÇÕES GEOGRÁFICAS

- *Бургаска Мускатова ракия/Мускатова ракия от Бургас/ /Bourgaska Muscatova rakya/Muscatova rakya from Bourgas,* Bulgária
- *Добруджанска мускатова ракия/Мускатова ракия от*
- *Добруджа/Dobrudjanska muscatova rakya/muscatova rakya from*
- *Dobrudja,* Bulgária
- *Сухиндолска гроздова ракия/Гроздова ракия от Сухиндол/ /Suhindolska grozdova rakya/Grozdova rakya from Suhindol,* Bulgária
- *Карловска гроздова ракия/Гроздова Ракия от Карлово/Karlovska grozdova rakya/Grozdova Rakya from Karlovo,* Bulgária
- *Vinars Târnave* Roménia
- *Vinars Vaslui* Roménia
- *Vinars Murfatlar* Roménia
- *Vinars Vrancea* Roménia
- *Vinars Segarcea* Roménia
  (continua)[582]

Esta longa transcrição visa exibir a confusão que pode se fazer – e se faz – entre 'produto' e 'indicação geográfica': produto na primeira linha é **rum** e indicação geográfica é rum **da Martinica** e assim por diante.

Sugestiva – e muito esclarecedora – a apresentação de 'aguardente vínica' como produto na linha 4 e seu equivalente como Indicação Geográfica que vem também com os acréscimos qualitativos internos do local: *Eau-de-vie de Cognac* França, *Cognac* França (A denominação "Cognac" pode ser completada por um dos seguintes termos:

- *Fine* França
- *Grande Fine Champagne* França
- *Grande Champagne* França
- *Petite Fine Champagne* França
- *Petite Champagne* França
- *Fine Champagne* França[583]

Fica, assim, clara a distinção entre produto (aguardente vínica, por exemplo) e a IG *Cognac* como o nome do local em que se produz aguardente vínica típica, regional e peculiar.

[582] UE (2008b).
[583] Idem.

248

E esta constatação nos dá consciência do perigo de termos cachaça como produto e cachaça do Brasil como IG: o produto deve ser 'aguardente de cana' e a IG cachaça como o Bem que emana de local típico, regional e peculiar.

Outro tema de reflexão deve ser a distinção entre *whisky* como produto e suas IG's *Scotch Whisky* Reino Unido (Escócia).

- *Irish Whiskey/Uisce Beatha Eireannach/Irish Whisky* (1) Irlanda
- *Whisky español* Espanha
- *Whisky breton/Whisky de Bretagne* França
- *Whisky alsacien/Whisky d'Alsace* França[584]

O Artigo 16º trata das proteções:

Proteção das indicações geográficas:

Sem prejuízo do artigo 10º, as indicações geográficas registradas no Anexo III são protegidas contra:

a. Qualquer utilização comercial, direta ou indireta, por produtos não abrangidos pelo registro, na medida em que esses produtos sejam comparáveis à bebida espirituosa registrada com essa indicação geográfica ou na medida em que essa utilização explore a reputação da indicação geográfica registrada;

b. Qualquer utilização abusiva, imitação ou evocação, ainda que a verdadeira origem do produto seja indicada ou que a indicação geográfica seja traduzida ou acompanhada por termos como "gênero", "tipo", "estilo", "processo", "aroma" ou quaisquer outros termos similares;

c. Qualquer outra indicação falsa ou falaciosa na designação, apresentação ou rotulagem do produto quanto à sua proveniência, origem, natureza ou qualidades essenciais, susceptível de transmitir uma impressão errada sobre a sua origem; e

d. Qualquer outra prática susceptível de induzir o consumidor em erro quanto à verdadeira origem do produto.[585]

---

[584] UE (2008b).
[585] Idem.

O Artigo 23º relaciona marcas e IG:

Relação entre marcas e indicações geográficas:

1. O registro de uma marca que contenha ou consista numa indicação geográfica registrada no anexo III deve ser recusado ou invalidado se a sua utilização conduzir a qualquer das situações referidas no artigo 16º.

O grande perigo está no item seguinte:

2. Na observância da legislação comunitária, uma marca cuja utilização configure uma das situações referidas no artigo 16º, que tenha sido objeto de um pedido de registro, registrada ou, nos casos em que tal seja possibilitado pela legislação aplicável, adquirida pelo uso de boa fé no território comunitário, quer antes da data de proteção da indicação geográfica no país de origem, quer antes de 1 de Janeiro de 1996, **pode continuar a ser utilizada,** não obstante o registro de uma indicação geográfica, desde que não haja causas para declarar a invalidade ou a extinção da marca como previsto na Primeira Diretiva 89/104/CEE do Conselho, de 21 de Dezembro de 1988, que harmoniza as legislações dos Estados-Membros em matéria de marcas (1), ou no Regulamento (CE) nº 40/94 do Conselho, de 20 de Dezembro de 1993, sobre a marca comunitária (2).
3. Não são registradas indicações geográficas quando, atendendo à reputação e à notoriedade de uma marca e à duração da sua utilização na Comunidade, o seu registro for susceptível de induzir o consumidor em erro quanto à verdadeira identidade do produto.

CONCLUSÃO

O primeiro problema está em identificar com clareza quando se valer dos benefícios da IG, quando se valer da marca de certificação (ou marca coletiva) e quando se valer dos registros no IPHAN.

Bem identificada, a solução tem a ganhar produtores e consumidores. Mais ainda o Brasil, com sua diversidade, poderá se valer da IG para ganhos materiais e espirituais consideráveis.

O segundo problema está na nomenclatura: usa-se IP? Abandona-se o uso? Substitui-se por IG? Usa-se DO? Acrescenta-se letra à IG e à DO (IGP e DOP, por exemplo, dentre vários)?

No decorrer do trabalho, já tínhamos exarado opinião: somos favoráveis ao uso de IG como genérico de que defluem IP, IG e DO, nesta ordem, como espécie; desconsideramos os acréscimos de letras à IP, IG e DO deixando à organização local a nomenclatura que bem entender.

Não aceitamos que uma IG seja considerada genérica se na origem não o é; não aceitamos que uma IG seja registrada como marca; não aceitamos o uso de expressões como "tipo" etc. para camuflar má fé e em caso de homonímia deve prevalecer o nome mais famoso, ou o mais antigo, ou o que melhor expressar aquilo que se deseja nomear.

A organização da IG deve ser a mais livre possível: em casos de fraude etc. deixe-se à lei penal o enquadramento e que vá preso o que atentar contra o bom espírito que norteia a fundação de uma IG.

Propomos que, algumas vezes, o uso da IG como "Bem" ou da IG como "local ou pequeno ponto determinado" possa ser propriedade de uma só pessoa jurídica ou física o que afronta o que se lê na doutrina, ou seja, que a IG é sempre propriedade comum dos integrantes da área delimitada.

Finalmente a IG deve abarcar tanto o nome geográfico do local como o do Bem que de lá emana.

REFERÊNCIAS

ABBAGNANO, Nicola. **Dicionário de Filosofia**. São Paulo: Martins Fontes, 1998. (Coleção Os Pensadores).

ALMEIDA, Alberto Francisco Ribeiro de. A Proteção das Denominações de Origem Vitivinícolas no Âmbito do Comércio Internacional – O Caso da Denominação de Origem, Vinho do Porto. In: Seminário Internacional Os Vinhos de Qualidade e o Desenvolvimento das suas Regiões de Produção. Viseu, maio 1997. **Actas**. Viseu: Publicação Andov, 1997. p. 27-ss.

_____. A disciplina jurídica da denominação de origem Porto: os direitos nacional, comunitário e internacional aplicáveis. In: ANTUNES, Teresa. **Guia do cidadão e da empresa na vitivinicultura**. Lisboa: Editora Civis, 1998. p. 197-ss.

_____. **Denominação de origem e marca**. Coimbra: Coimbra Editora, 1999. 443 p.

APROVALE – Associação de Produtores de Vinhos Finos Vale dos Vinhedos. **Regulamento da IPVV**. Bento Gonçalves, 2001.

ARENDT, Hannah. **Entre o passado e o futuro**. São Paulo: Editora Perspectiva, 2001.

BRASIL. Decreto lei nº 25, de 30 de novembro de 1937. Organiza a Proteção do Patrimônio Histórico e Artístico nacional. **Diário Oficial da União**. Rio de Janeiro, 6 e 11 dez. 1937. Disponível em: <http://www.planalto.gov.br/CCIVIL/Decreto-Lei/Del0025.htm>.

_____. Lei 3.924, de 26 de julho de 1961. Dispõe sôbre os monumentos arqueológicos e pré-históricos. **Diário Oficial da União**. Brasília, 27 jul. 1961. Disponível em: <http://www.planalto.gov.br/ccivil_03/leis/1950-1969/L3924.htm>.

_____. Superior Tribunal Federal (2ª Turma). Recurso extraordinário. Não viola o art. 4 do acordo de Madrid, de 14.4.1891, decisão que admite a denominação champagne, champanhe ou campanha em vinhos espumantes nacionais – conceitos de 'denominação de origem' e 'indicação de procedência'- dissidio jurisprudencial não evidenciados. Não conhecimento do recurso extraordinário. RE 78835/GB. Societé Anonyme Lanson Pére et Fils contra União Federal, Peterlongo & Cia e outros. Relator: Ministro Cordeiro Guerra. Guanabara, 25 nov. 1974. **DJ.** Guanabara, 28 fev. 1975. Disponível em: <http://www.jusbrasil.com.br/filedown/dev0/files/JUS/STF/IT/RE_78835_GB%20_26.11.1974.pdf>.

_____. Constituição (1988). **Constituição da República Federativa do Brasil.**

INDICAÇÕES GEOGRÁFICAS

Brasília: Senado, 1988. Disponível em: <http://www.planalto.gov.br/ccivil_03/**constituicao/constituiçao**.htm>.

_____. Lei nº 8078, de 11 de setembro de 1990. Dispõe sobre a proteção do consumidor e dá outras providências. **Diário Oficial da União**. Brasília, 1990. Disponível em: <http://www.planalto.gov.br/ccivil_03/leis/l8078.htm>.

_____. Decreto nº 1.263, de 10 de outubro de 1994. Ratifica a declaração de adesão aos arts. 1º a 12 e ao art. 28, alínea l, do texto da revisão de Estocolmo da Convenção de Paris para Proteção da Propriedade Industrial. **Diário Oficial da União**. Brasília, 1994a. Disponível em: <http://www.leonardos.com.br/Vademecum/TI%5CDecretos%5CD%201263-1994%20(CUP).pdf>.

_____. Decreto nº 1.355, de 30 de dezembro de 1994. Promulgo a Ata Final que Incorpora os Resultados da Rodada Uruguai de Negociações Comerciais Multilaterais do GATT. **Diário Oficial da União**. Brasília, 1994b. Disponível em: <http://www.desenvolvimento.gov.br/arquivo/legislacao/decretos/decreto1355.pdf>.

_____. Lei nº 9.008, de 21 de março de 1995. Cria, na estrutura organizacional do Ministério da Justiça, o Conselho Federal de que trata o art. 13 da Lei nº 7.347, de 24 de julho de 1985, altera os arts. 4º, 39, 82, 91 e 98 da Lei nº 8.078, de 11 de setembro de 1990, e dá outras providências. **Diário Oficial da União**. Brasília, 1995. Disponível em: <http://www.planalto.gov.br/ccivil_03/Leis/L9008.htm#art4>.

_____. Lei nº 9279, de 14 de maio de 1996. Regula direitos e obrigações relativos à propriedade industrial. **Diário Oficial da União**. Brasília, 1996. Disponível em: <http://www.planalto.gov.br/ccivil_03/Leis/L9279.htm>.

_____. Lei º 9610, de 19 de fevereiro de 1998. Altera, atualiza e consolida a legislação sobre direitos autorais e dá outras providências. **Diário Oficial da União**. Brasília, 1998. Disponível em: <http://www.planalto.gov.br/ccivil_03/leis/l9610.htm>.

_____. Decreto nº 3.551, de 04 de agosto de 2000. Institui o Registro de bens Culturais de Natureza Imaterial que constituem patrimônio cultural brasileiro, cria o Programa Nacional do Patrimônio Imaterial e dá outras providências. **Diário Oficial da União**. Brasília, 2000. Disponível em: <http://www.planalto.gov.br/ccivil_03/Decreto/D3551.htm>.

_____. Decreto nº 4.062, de 21 de dezembro de 2001. Define as expressões "cachaça", "Brasil" e "cachaça do Brasil" como indicações geográficas e dá outras providências. **Diário Oficial da União**. Brasília, 2001. Disponível em: <https://www.planalto.gov.br/ccivil_03/decreto/2001/d4062.htm>.

_____. Lei nº 10.406, de 10 de janeiro de 2002. Institui o Código Civil. Diário Oficial da União. Brasília, 2002. Disponível em: <http://www.planalto.gov.br/CCIVIL/leis/2002/L10406.htm>.

_____. Decreto nº 4.851, de 2 de outubro de 2003. Altera dispositivos do Regulamento aprovado pelo Decreto no 2.314 , de 4 de setembro de 1997, que dispõe sobre a padronização, a classificação, o registro, a inspeção, a produção e a fiscalização de bebidas. Diário Oficial da União. Brasília, 2003a. Disponível em: <http://www.jusbrasil.com.br/legislacao/49861/decreto-4851-03>.

_____. Lei nº 10.683, de 28 de maio de 2003. Dispõe sobre a organização da Presidência da República e dos Ministérios, e dá outras providências. Diário Oficial da União. Brasília, 2003b. Disponível em: <http://www.planalto.gov.br/ccivil_03/LEIS/2003/L10.683.htm>.

_____. Decreto nº 5.351, de 21 de janeiro de 2005. Aprova a Estrutura Regimental e o Quadro Demonstrativo dos Cargos em Comissão e das Funções Gratificadas do Ministério da Agricultura, Pecuária e Abastecimento, e dá outras providências. **Diário Oficial da União**. Brasília, 24 jan. 2005. Disponível em: <http://www.planalto.gov.br/ccivil_03/_ato2004-2006/2005/Decreto/D5351.htm>.

_____. Decreto nº 5.753, de 12 de abril de 2006. Promulga a Convenção para a Salvaguarda do Patrimônio Cultural Imaterial, adotada em Paris, em 17 de outubro de 2003, e assinada em 3 de novembro de 2003. Diário Oficial da União. Brasília, 13 abr. 2006a. Disponível em: <http://www.jusbrasil.com.br/legislacao/59837/decreto-5753-06>.

_____. Decreto nº 5.741, de 30 de março de 2006. Regulamenta os arts. 27-A, 28-A e 29-A da Lei nº 8.171, de 17 de janeiro de 1991, organiza o Sistema Unificado de Atenção à Sanidade Agropecuária, e dá outras providências. Diário Oficial da União. Brasília, 2006b. Disponível em: <http://www.planalto.gov.br/ccivil_03/_Ato2004-2006/2006/Decreto/D5741.htm>.

_____. Decreto nº 6.177, de 1 de agosto de 2007. Promulga a Convenção sobre a Proteção e Promoção da Diversidade das Expressões Culturais assinada em Paris em 20 de outubro de 2005. **Diário Oficial da União**. Brasília, 2007. Disponível em: <https://www.planalto.gov.br/ccivil_03/_ato2007-2010/2007/decreto/d6177.htm >.

CAMEMBERT. Historique. Disponível em: <www.camembert-aoc.org/htm/historique.htm>. Acesso em: 27 jul. 2005.

CERQUEIRA, João da Gama. Tratado da Propriedade Industrial. 2. ed. São Paulo: RT, 1982. v. 1.

DONADIO, Luiz Carlos. Laranja Pêra. Boletim Citrícola. UNESP, FUNEP, EECB. n. 11, dez., 1999. Disponível em: <http://www.estacaoexperimental.com.br/documentos/BC_11.pdf>. Acesso em: 13 jan. 2016.

ESPANHA. Ley nº 24, de 10 de Julio de 2003. De la Viña e del Vino. **Boletín Oficial del Estado**. Madrid, 2003.

FERRAZ JÚNIOR, Tercio Sampaio. **Estudos da Filosofia do Direito**: Reflexões sobre Poder, a Liberdade, a Justiça e o Direito. São Paulo: Atlas, 2002.

FRÕES, Carlos Henrique. Tribunal do Rio de Janeiro garante proteção à indicação geográfica famosa. **Revista da ABPI**, São Paulo, n. 79, p. 68-71, nov./dez. 2005.

GONÇALVES, Marcos Fabrício Welge. **Propriedade Industrial e a Proteção dos Nomes Geográficos, Indicações Geográficas, Indicações de Procedência e Denominações de Origem**. Curitiba: Juruá Editora, 2007.

GROTTI, Dinorá Adelaide Musetti. **As agencias reguladoras**. Revista Eletronica de Direito Administrativo Economico n. 6, maio, junho, julho, IDPB, IBDP, Salvador: 2006, p. 1-30. Disponível em: <www.direitodoestado.com> Acesso em: 04 de janeiro de 2016.

HUME, David. **Tratado da natureza humana**. São Paulo: Editora UNESP, 2000.

INAO – L'Institut national de l'origine et de la qualité. Desenvolvido pelo INAO. Disponível em: <http://www.inao.gouv.fr>. Acesso em: 02 mar. 2008.

_____. Pedido de Registro (Bureau National Interprofessionel Du Cognac). **Revista de Propriedade Intelectual**, Rio de Janeiro, n. 1527, 11 abr. 2000b.

INDICAÇÕES GEOGRÁFICAS

Disponível em: <http://www.inpi.gov.br/menu-esquerdo/indicacao/andamento-processual>.

_____. **Indicação Geográfica**. Rio de Janeiro: INEP. Disponível em: <http://www.inpi.gov.br/menu-esquerdo/indicacao/index_html>. Acesso em: 15 jul. 2005.

_____. **Indicação Geográfica passo-a-passo**. Rio de Janeiro: INEP. Disponível em:<http://www.inpi.gov.br/menu-esquerdo/indicacao/o-pedido-de-indicacao-geografica>. Acesso em: 26 dez. 2007.

_____. Disponível em: **O que é Indicação Geográfica**. Disponível em: <http://nit.unemat.br/indicacao_geografica.php>. Acesso em: 15 jan. 2016.

_____. Instrução Normativa n. 25 de 2013. Disponível em: www.inpi.gov.br. Acesso em: 05 de jan. de 2016.

IPHAN – Instituto do Patrimônio Histórico e Artístico Nacional. Desenvolvido pelo IPHAN/Ministério da Cultura. Disponível em: <http://portal.iphan.gov.br/portal/montarPaginaInicial.do>. Acesso em: 15 abr. 2008.

LANDOWSKI, Eric. **A Sociedade Refletida**: Ensaios de Sociossemiótoca. São Paulo: EDUC/Pontes, 1992.

LEVITT, Theodore. Marketing myopia. **Harvard Business Review**, July./Aug. 1960.

MAPA – Instrução Normativa nº 13, de 29 de junho de 2005. Aprova o Regulamento Técnico para Fixação dos Padrões de Identidade e Qualidade para Aguardente de Cana e para Cachaça. **Diário Oficial da União**. Brasília, 2005a. Disponível em: <http://extranet.agricultura.gov.br/sislegis-consulta/consultarLegislacao.do;jsessionid=6f2338bff6908e39c5c717ea399059926a0873b6b843da34df202fb50ead333e.e3uQb3aPbNeQe3

8Kah0Tc38Pch50?operacao=visualizar&id=12386>.

_____. Portaria nº 85, de 10 de abril de 2006. Aprova o Regimento Interno da Secretaria de Desenvolvimento Agropecuário e Cooperativismo. Diário Oficial da União. Brasília, 2006. Disponível em: <http://extranet.agricultura.gov.br/sislegis-consulta/consultarLegislacao.do?operacao=visualizar&id=16792>.

MARCELLINNI, Rusty. Queijo do Serro: o português do Alto do Jequitinhonha. **O Estado de São Paulo**, São Paulo, p. 2, 28 jun. 2007. Paladar. Disponível em <http://txt.estado.com.br/suplementos/paladar/2007/06/28/paladar-1.93.18.20070628.20.1>. Acesso em: 02 jul. 2007.

MARQUES, Claudia Lima. Superação das antinomias pelo diálogo das fontes: o modelo brasileiro de coexistência entre o Código de Defesa do Consumidor e o Código Civil de 2002. **Revista de Direito do Consumidor RT**, v. 51, p. 34-67, jul./set. 2004.

MERCOSUL. CMC. Decisão nº 08, de 14 de agosto de 1995. **Protocolo de harmonização de normas sobre propriedade intelectual no MERCOSUL, em matéria de marcas, indicações de procedência e denominações de origem**. Assunção, 1995. Disponível em: <http://www.mercosur.int/msweb/portal%20intermediario/pt/index.htm>.

MIRANDA, F. C. Pontes de. **Tratado de Direito Privado**: parte especial. Tomo XVII. 3. ed. Rio de Janeiro: Editora Borsoi, 1971.

MONTEIRO, Washington de Barros. **Curso de direito civil**. 29. ed. São Paulo: Saraiva, 1997.

O'CONNOR, B. **Geographical Indications in national and international law**. Belgium: O'CONNOR and Company, Mar. 2003.

OIV – Organisation Internationale de la Vigne et du Vin. RESOLUTION ECO 3/99. **Indications Geographiques et homonymes**. França, 1999. Disponível em : <http://news.reseau-concept.net/images/oiv/client/Resolution_Eco_FR_1999_03.pdf>.

_____. Desenvolvido pela OIV. Disponível em: <http://www.oiv.int>. Acesso em: 25 fev. 2008.

ONU – Organização das Nações Unidas. **Paris Convention for the Protection of Industrial Property**. Genebra, 20 Mar. 1883. Disponível em: <http://www.wipo.int/export/sites/www/treaties/en/ip/paris/pdf/trtdocs_wo020.pdf>.

_____. **Madrid agreement**: concerning the international registration of marks. Genebra, 14 Apr. 1891. Disponível em: <http://www.wipo.int/export/sites/www/madrid/es/legal_texts/pdf/madrid_agreement.pdf>.

_____. **Acordo de Lisboa**: protecção das denominações de origem e ao seu registro internacional. Genebra, 31 out. 1958. Disponível em: <http://www.wipo.int/lisbon/en/legal_texts/lisbon_agreement.htm>.

OLSZAK, Norbert. **Droit appellations d'origine et indications de provenance**. Paris: Éditions Tec & Doc, 2001.

PIERANGELI, José Henrique. **Crimes contra a propriedade industrial e crimes de concorrência desleal**. São Paulo: Revista dos Tribunais, 2003. 216 p.

PORTO, Patrícia Carvalho da Rocha. **A proteção legal das indicações geográficas no Brasil**: sistema de controle e sua aplicabilidade. 2005. 82 f. Monografia – Curso de direito, Universidade Estácio de Sá, Rio de Janeiro, 2005.

PORTUGAL. Decreto-lei nº 166, de 26 de junho de 1986. Aprova o regulamento da denominação de origem Vinho do Porto. **Diário da Assembleia da República**. Lisboa, 1986.

PUGLIESI, Márcio. **Por uma Teoria do Direito**: Aspectos Micro-Sistêmicos. São Paulo: RCS Editora, 2005.

ROBINSON, Jancis. **The Oxford Companion to Wine**. Inglaterra: Oxford University, 1994.

ROCHA FILHO, Sylvio do Amaral. **Previsibilidade decisória**: a busca de sentença que satisfaça os atores do direito. 2005. Dissertação (Mestrado) – Faculdade de Direito, Pontifícia Universidade Católica de São Paulo, São Paulo, 2005.

_____. A importância das indicações geográficas. **Gazeta Mercantil**, São Paulo, p. A3, 07 fev. 2006.

SÃO PAULO (Estado). Lei nº 10.247, de 22 de outubro de 1968. Dispõe sobre a competência, organização e o funcionamento do Conselho de Defesa do Patrimônio Histórico, Arqueológico, Artístico e Turístico do Estado, criado pelo Artigo 128 da Constituição Estadual e dá outras providências. **Assessoria Técnico-Legislativa**. São Paulo, 1968. Disponível em: <http://www.cultura.sp.gov.br/StaticFiles/SEC/Condephaat/Legislacao/Lei_n%C2%BA_10.247_anexo_2.pdf>.

_____. Constituição (1989). Constituição do Estado de São Paulo. São Paulo: Assembléia Legislativa, 1989.

SÃO PAULO (Município). Lei nº 14.406, de 21 de maio de 2007. Institui o Programa Permanente de Proteção e Conservação do Patrimônio Imaterial do Município de São Paulo. Diário Oficial do Município de São Paulo. São Paulo, 25 maio 2007a. Disponível em: <http://www3.prefeitura.sp.gov.br/cadlem/secretarias/negocios_juridicos/cadlem/integra.asp?alt=22052007L%20144060000>.

INDICAÇÕES GEOGRÁFICAS

_____. Lei nº 14.516, de 11 de outubro de 2007. Altera e acrescenta dispositivos à Lei nº 10.032, de 27 de dezembro de 1985, alterada pela Lei nº 10.236, de 16 de dezembro de 1986, e dá outras providências. Diário Oficial do Município de São Paulo. São Paulo, 12 out. 2007b. Disponível em: <http://www3.prefeitura.sp.gov.br/cadlem/secretarias/negocios_juridicos/cadlem/integra.asp?alt=12102007L%20145160000>.

TONIETTO, Jorge. **O conceito de denominação de origem**. Bento Gonçalves: Embrapa-CNPUV, 1993. p. 56-58.

UE – União Europeia. Conselho da União Europeia. Regulamento (CE) nº 1576, de 29 de maio de 1989. Estabelece as regras gerais relativas à definição, à designação e à apresentação das bebidas espirituosas. **Jornal Oficial da Comunidade**. Bruxelas, 1989.

_____. Regulamento (CE) nº 3897, de 16 de dezembro de 1991. Relativo às regras gerais para a designação e apresentação dos vinhos e dos mostos de uvas e altera o Regulamento (CEE) nº 2392/89. **Jornal Oficial da Comunidade**. Bruxelas, 1991.

_____. Regulamento (CE) nº 2081, de 14 de julho de 1992. Relativo à proteção das indicações geográficas e denominações de origem dos produtos agrícolas e dos gêneros alimentícios. **Jornal Oficial da Comunidade**. Bruxelas, 1992a. Disponível em: <http://europa.eu.int/smartapi/cgi/sga_doc?smartapi!celexapi!prod!CELEXnumdoc&lg=PT&numdoc=31992R2081&model=guichett>.

_____. Regulamento (CE) nº 2082, de 14 de Julho de 1992. Relativo aos certificados de especificidade dos produtos agrícolas e dos gêneros alimentícios. **Jornal Oficial da Comunidade**. Bruxelas, 1992b.

_____. Regulamento (CE) nº 40/94, de 20 de dezembro de 1993. Sobre marca comunitária. Jornal Oficial Comunidade. Bruxelas, 1993a.

_____. Regulamento (CE) 2037/93, de 27 de julho de 1993. Estabelece normas de execução do Regulamento (CEE) nº 2081/92 do Conselho relativo à protecção das indicações geográficas e denominações de origem dos produtos agrícolas e dos géneros alimentícios. **Jornal Oficial da Comunidade**. Bruxelas, 1993b.

_____. Regulamento (CE) nº 535, de 17 de março de 1997. Altera o Regulamento (CEE) nº 2081/92 relativo à protecção das indicaçõesgeográficas e denominações de origem dos produtos agrícolas e dos géneros alimentícios. Jornal Oficial da Comunidade. Bruxelas, 1997.

_____. Regulamento (CE) nº 1493, de 17 de maio de 1999. Estabelece a organização comum do mercado vitivinícola. Jornal Oficial da Comunidade. Bruxelas, 1999.

_____. Regulamento (CE) nº 509, de 20 de março de 2006. Relativo às especialidades tradicionais garantidas dos produtos agrícolas e dos gêneros. **Jornal Oficial da Comunidade**. Bruxelas, 2006a.

_____. Regulamento (CE) nº 510, de 20 de março de 2006. Relativo à protecção das indicações geográficas e denominações de origem dos produtos agrícolas e dos géneros alimentícios. **Jornal Oficial da Comunidade**. Bruxelas, 2006b.

_____. Regulamento (CE) nº 1898, de 14 de dezembro de 2006. Estabelece regras de execução do Regulamento (CE) n.o 510/2006 do Conselho relativo à protecção das indicações geográficas e denominações de origem dos produtos agrícolas e dos géneros alimentícios. **Jornal Oficial da Comunidade**. Bruxelas, 2006c.

_____. Regulamento (CE) nº 479, de 29 de abril de 2008. estabelece a organização comum do mercado vitivinícola, que altera os Regulamentos (CE) nº 1493/1999, (CE) nº 1782/2003, (CE) nº 1290/2005 e (CE) nº 3/2008 e que revoga os Regulamentos (CEE) nº 2392/86 e (CE) nº 1493/1999. **Jornal Oficial da Comunidade**. Bruxelas, 2008a.

_____. Parlamento Europeu. Conselho da União Europeia. Regulamento (CE) nº110, de 15 de janeiro de 2008. Relativo à definição, designação, apresentação, rotulagem e protecção das indicações geográficas das bebidas espirituosas e que revoga o Regulamento (CEE) nº 1576/89 do Conselho. **Jornal Oficial da Comunidade**. Bruxelas, 2008b.

WATZLAWICK, Paul; BEAVIN, Janet Helmick; JACKSON, Don D. Pragmática da Comunicação Humana. São Paulo: Cultrix, 2008.

WIPO – Word Intellectual Property Organization. **Standing committee on the law of trademarks, industrial designs and geographical indications**. Genebra: International Bureau, 2001.

_____. Desenvolvido pela WIPO. Disponível em: <http://www.wipo.int/portal/index.html.en>. Acesso em: 6 fev. 2008.

WTO – Word Trade Organization. Agreement on trade-related aspects of intellectual property rights (TRIPS). In: **Annex 1C of the Marrakesh Agreement**. Genebra, 15 Apr. 1994a. Disponível em: <http://www.wto.org/english/docs_e/legal_e/27-trips.pdf>.

_____. General agreement on tariffs and trade 1994 (GATT 1994). In: **Annex 1A of the Marrakesh Agreement**. Genebra, 15 Apr. 1994b. Disponível em: <http://www.wto.org/english/docs_e/legal_e/06-gatt.pdf>.

_____. Desenvolvido pela WTO. Disponível em: < http://www.wto.org>. Acesso em: 20 fev. 2008.

SOBRE O AUTOR

Sylvio do Amaral Rocha Filho

Doutor em Direito das Relações Sociais, Direito Comercial, subárea Propriedade Imaterial -Indicação Geográfica (2009), e Mestre em Filosofia do Direito (2002), ambas pela Pontifícia Universidade Católica de São Paulo. Em 1971, graduou-se em Direito pela Faculdade de Direito do Largo de São Francisco da Universidade de São Paulo (OABSP 26.950) e desde 1975 é sócio fundador da Amaral Rocha Sociedade de Advogados.

Foi Presidente do Conselho Deliberativo da ABRABE – Associação Brasileira de Bebidas – entidade representativa do setor e que congrega todos os importadores, produtores nacionais, produtores multinacionais, industriais de aguardente e o Duty Free. Eleito em Abril de 87 para o biênio 87/88, reeleito em abril de 89 para o biênio 89/90 e reeleito em abril de 91 para o biênio 91/92, esteve, por seis anos, à frente da Associação. Já em seu primeiro mandato, idealizou e lavrou o estudo que redundou na Lei 7798 de 10/07/89, mudando de ad valorem para ad rem (alíquota específica) o cálculo de IPI na bebida quente, o que, historicamente, contribuiu para a eclosão do mercado.

É o 1º brasileiro após a II Guerra Mundial a receber por decreto governamental francês o título de CHEVALIER DE L'ORDRE DU MÉRITE AGRICOLE, 1989. Pertence a inúmeras Confrarias Enofílicas, dentre as quais, Chevalier de la CONFRERIE DES CHEVALIERS DU TASTEVIN – Bourgogne, França, 1989; Commandeur de la COMMANDERIE DU BONTEMPS DE MEDOC ET DE GRAVES, Bordeaux, França, 1991; Chevalier de la CONFRERIE DES VIGNERONS DE SAINT VINCENT – Mâcon,

França, 1990; Cavaleiro da CONFRARIA DO VINHO DO PORTO – Porto, Portugal, 1989; Cavaleiro da CONFRARIA DOS ENÓFILOS DA BAIRRADA – Bairrada, Portugal, 1990.

É Membro da Comissão Fundadora, Instaladora e Directiva do SOLAR DO VINHO DO PORTO no BRASIL, primeiro fora de Portugal, e seu vice-presidente de 1988 até maio de 1999 e Vice-presidente do Porto Vintage Club de 1988 até 1999.

De novembro de 1993 a maio de 1996, escreveu e apresentou um bloco sobre enogastronomia no programa Comando da Madrugada, do jornalista Goulart de Andrade, inicialmente no SBT e posteriormente na rede Manchete, divulgando aproximadamente 120 diferentes temas genéricos sobre o assunto.

De 2010 a 2014 exerceu o cargo de Vice Presidente da ABG – Academia Brasileira de Gastronomia, tornando-se seu Presidente e assumindo o quatriênio - 2014/2018 - de seu mandato.

ÍNDICE

APRESENTAÇÃO	9
PREFÁCIO	13
INTRODUÇÃO	41
CONSIDERAÇÕES PRELIMINARES	45

PARTE 1
CONSIDERAÇÕES FUNDAMENTAIS QUE DELIMITAM
A VASTIDÃO DO INSTITUTO

1. INDICAÇÕES GEOGRÁFICAS	55
2. NATUREZA JURÍDICA	119

PARTE 2
COMO SE MANIFESTAM NO MUNDO

1. DEFINIÇÕES LEGAIS	155
2. WIPO. WTO. IWO	205
3. SOB A UE	215

CONCLUSÃO	251
REFERÊNCIAS	253
SOBRE O AUTOR	261